本书系教育部人文社科青年基金项目“高等教育转型中的国家行为研究”（16YJC880068）、教育部人文社会科学研究规划基金项目“‘金砖四国’高等教育转型研究”（15YJA880005）成果。

高等教育转型中的国家行为

金砖四国之比较

孙伦轩 著

图书在版编目（CIP）数据

高等教育转型中的国家行为：金砖四国之比较／孙伦轩著．—北京：中国社会科学出版社，2019.8

ISBN 978－7－5203－5263－5

Ⅰ.①高…　Ⅱ.①孙…　Ⅲ.①高等教育—教育改革—对比研究—巴西、俄罗斯、印度、中国　Ⅳ.①G649.1

中国版本图书馆 CIP 数据核字(2019)第 216036 号

出 版 人　赵剑英
责任编辑　马　明
责任校对　王福仓
责任印制　王　超

出　　版　中国社会科学出版社
社　　址　北京鼓楼西大街甲 158 号
邮　　编　100720
网　　址　http://www.csspw.cn
发 行 部　010－84083685
门 市 部　010－84029450
经　　销　新华书店及其他书店

印　　刷　北京明恒达印务有限公司
装　　订　廊坊市广阳区广增装订厂
版　　次　2019 年 8 月第 1 版
印　　次　2019 年 8 月第 1 次印刷

开　　本　710×1000　1/16
印　　张　19
插　　页　2
字　　数　242 千字
定　　价　89.00 元

序

陈·巴特尔*

跨入21世纪后的第二年即2001年，美国经济学家吉姆·奥尼尔首次提出“金砖国家”这个概念，金砖“BRIC”一词，选取新兴经济体国家巴西（Brazil）、俄罗斯（Russia）、印度（India）、中国（China）四国英语单词的第一个字母，按顺序排列组合而成，与英语单词“Brick”的拼法相似，因此，巴西、俄罗斯、印度、中国这四国被称为“金砖国家”。经过近20年的发展，作为新兴经济体国家的代表，“金砖国家”不仅成为影响世界经济晴雨表的重要增长极，而且成为抗衡欧美发达国家的重要国际政治力量。在“金砖国家”的崛起过程中，作为培养高级专门人才的高等教育发挥了非常重要的作用。因此，无论是在高等教育研究领域，还是在比较教育研究范畴，“金砖国家高等教育”成为重要的话语体系。如2007年斯坦福大学启动“金砖国家”高等教育跨学科国际研究项目，出版《全球经济变化中的大学规模扩张：金砖国家的成功?》（*University Expansion in a Changing Global Economy*：*Triumph of the BRICS*?）；2013年，波士顿学院出版《全球高等教育的未来与学术职业：金砖国家与美国》（*The Global Future of Higher Education and the Academic Profession*：*The BRICs and the United States*）；2015年9

* 陈·巴特尔，南开大学教授，博士生导师，哈佛大学燕京学者，剑桥大学访问学者。

月巴西科学院召开发展中国家高等教育论坛，出版《金砖国家高等教育：高等教育与社会契合检验》（*Higher Education in the BRICS Countries: Investigating the Pact Between Higher Education and Society*）。我国学术界似乎对于这一新生事物兴趣不大，根据笔者掌握的资料，相关的立项不是很多，针对这一主题的专门学术成果并不多见。国内举办的比较大的相关国际学术会议仅有一次，2015 年 10 月金砖国家大学校长论坛在北京召开，其中，专门设立“新挑战、新回应：21 世纪金砖国家高等教育改革”（New Challenges, New Responses: Higher Education Reform of BRICS in the 21st Century）专题会议。为改变这一局面，开拓这一领域的研究，我从 2010 年开始在南开大学高等教育研究所开设了选修课“金砖国家高等教育研究专题”，并指导研究生开展相关的研究。孙伦轩的博士论文《“金砖四国”高等教育转型研究》便是这一研究的成果之一。

孙伦轩是我的博士开门弟子，2012 年他从众多考生中脱颖而出，成为我们团队的一员。他生性聪慧，问题意识强，各门课程成绩优秀，在学期间发表了多篇高水平论文，还获得了国家奖学金和学校优秀博士论文培育基金。博士毕业后在天津师范大学教育科学学院任教，去年还到美国匹兹堡大学访学一年。这些经历为其今后的学术生涯奠定了坚实的基础。现在展现在读者面前这本《高等教育转型中的国家行为——“金砖四国”之比较》的专著就是在其博士论文基础上修改提炼而成。细细研读，本书有以下几个特点，在此与读者交流，并为序。

第一，视野独特。“金砖四国”虽然政治体制、历史文化不尽相同，但是其现代高等教育均属后发外生型，其转型都遵循从精英到大众再到普及的路径。那么，从哪个视角来探索作为新兴经济体代表的后发外生型？“金砖四国”的高等教育转型及其动力就成为关键。它们是亦步亦趋地依附于欧美发达国家高等教育转型的老路呢，还是独辟蹊径，走出一条有别于欧美国家原发内生型高等教育发展的新道？无疑这是一个具有重要学术价值和现实意义的研究课题。孙伦轩为此找到了一把利器，即政治学的国家行为视角。正如作者在书中所言，“本书的理论基点在于‘金砖四国’的高等教育转型发生于‘政府主导’的情境之下，即这种转型很大程度上是一种‘国家行动’或‘政府行为’，这与20世纪40年代之后在西方发达国家发生的‘原生转型’有显著区别”。并在此基点基础上，通过冲击—回应模式和政治合法性理论建构了分析“金砖四国”高等教育转型的理论模型。最后，作者通过研究，认为“金砖四国”的高等教育转型过程既不等同于欧美等发达国家与地区的“原生性”转型，也不是对上述国家和地区的“趋同性”依附发展，而是一种以满足国家与社会发展需求为目的，以“政府主导”为核心机制的“外生性”转型。与其他社会系统相比，高等教育系统是一个开放的、复杂的和自组织的系统。因此，多学科、跨学科研究范式就成为高等教育研究之必需。伯顿·克拉克（Burton R. Clark）主编的《高等教育的观点：八个学科的比较的观点》，从历史的、政治的、经济的、组织的、文化的、社会学的地位、科学社会学及政策分析的八个不同视角对高等教育进行研究与分析。在某种意义上，它成为比较高等教育方法论的著作；无独有偶，潘懋元在其主编的《多学科观点的高等教育研究》中认为，高等教育的基本理论，无论是宏观的外部关系或微观的内部结构研究，都涉及诸多学科的支持，从多学科、多视角去审视、探索，才能比较全面和深入地理解高等教育的本质、功能与价值，掌握高等教育的内外关系规律。孙伦轩的这部专著正是采用了政治学的视角，从另一个方面印证了高等教育研究的多学科属性。值得一提的是，我所在的南开大学周恩来政府管理学院的多学科共存生态环境，为其最终选择政治学的视角提供了条件。本院由政治学、社会学、公共管理和心理学四个一级学科，由政治学系、社会学系、行政管理系、社会工作与社会政策系、国际关系系、社会心理学系、高等教育研究所等组成。无论是在教学方面，还是在研究方面，抑或是在学院文化方面，其跨学科的建制在培养学生的多学科思维，开展跨学科研究等方面具有自己独特的优势，极利于多学科视野高等教育研究的开展。孙伦轩博士便是这种学科生态及学院文化的受益者之一。

第二，研究规范。博士论文的标准，除了要具有创新之外，还要有一定的难度，工作量要大。“金砖四国”不仅在政治、经济、社会及文化方面差异大，而且在高等教育系统发展的各个方面也不尽相同，如何在多样性中把握统一性，如何跨越差异去探寻其背后的发展逻辑具有一定的难度，对于研究者提出了巨大的挑战。孙伦轩博士敢于克服困难，迎接挑战，勇气可嘉。“金砖四国”高等教育转型研究自然是一种比较研究。而可比性（Comparability）无疑是比较学科共同面临的问题之一，是比较研究成立的合理性前提。“比较学科中的可比性是对研究对象间关系的表征，是同质性与异质性的统一，并具有客观性与主观性双重属性”①。因此，比较研究不仅要求研究者根据客观事物的属性及特点，表征它们之间的关系，而且要人为规定可比性的内涵，并据此对研究对象进行能动的取舍。可比性问题在比较教育学中尤为特殊，澳大利亚比较教育学家特雷舍韦（A. R. Trethewey）认为，科学合理的比较教育研究必须保证两点：概念内涵一致；资料收

① 迟旭、周世厚：《是什么使比较成为可能？——论比较教育中的可比性》，《外国教育研究》2009年第4期。

集与数据统计的方式与标准一致。[①] 孙伦轩的这一研究成果，不仅清晰地定义了其概念的内涵，而且对其研究对象可比性进行了交代。在某种程度上，可以说这是一部较为规范的比较高等教育的力作。这里择其一二，举例说明，不再长篇赘述。比如，他在其著作的开篇就论证了“金砖四国”高等教育转型的可比性和引入政府主导模式的合理性。在可比性论证方面，他提出的“金砖四国”所具有的历史相似性、规模巨大性、同时代性等共同基础为其研究提供了可比性的前提。笔者认为这种可比性具有一定的普遍意义，不仅适用于“金砖四国”高等教育转型研究，而且可以推至“金砖四国”其他领域的比较研究，在“金砖国家”研究方面具有方法论意义；而政府主导的社会转型模式的合理性论证则来源于作者对四国历史发展与政治文化传统的把握。他为此所做的立论如“对于‘金砖四国’的高等教育转型来说，历史承袭下来的这种明显的文化形式和规章制度形式的核心特征就是‘政府主导’”“‘金砖四国’都曾与社会主义‘中央集权’的意识形态结下不解之缘，他们在 20 世纪 80 年代左右开始经济现代化与政治民主化建设之前，都曾经有过‘中央集权’的历史经历，而‘政府主导’也因此成为四国改革过程中的文化基因”，等等，在历史描述和文化分析方面颇具功底。

第三，逻辑清晰。讲究逻辑性是学术研究的基本要求，也是判断博士论文是否合格的最重要的标准之一。通常我们把“创新性、严谨性、清晰性”作为评价一篇博士论文的三项基本标准。除了创新性之外，严谨性和清晰性都与逻辑性密切相关。学术论文或者博士论文的写作是一个把你脑中的观点用准确、清晰的学术话语表达

---

① 1976 年，特雷舍韦在著作《比较教育引论》（Introducing Comparative Education）中，利用 14 页的篇幅阐述了该领域易犯的错误。

出来的过程。“从根本上说，一种学术思想在头脑中停留的时候与它真正被写出来的时候，对于逻辑严谨性的要求是不同的。后者的要求显然更高。”[①] 孙伦轩博士的这部专著，语言流畅，层次分明、逻辑清楚。首先用冲击—回应模式和政治合法性理论确立自己的分析框架。其次，运用这一框架对于“金砖四国”高等教育转型形态进行了梳理，认为量质并举是转型之后形成的基本形态。在转型过程中，一方面“金砖四国”在政府主导的情境下通过数量扩张实现了高等教育大众化；另一方面这四国政府集中投入公共资金建设少数精英型的研究型大学，以延续精英化时代的教育质量。接着作者从内外两个方面阐述了“金砖四国”量质并举的高等教育转型的动力。从高等教育系统内部看，居高不下或节节攀升的高等教育收益率是促使政府扩大高等教育入学率的主要动力之一；而在系统外部，知识经济中知识生产与运用的日益重要则推动政府斥公共巨资建设研究型大学。再次，面对内外部力量的推拉，在国家主义和资源限制的双重语境下，政府通过国家回应的策略从“钱”与“权”两个维度形成转型机制。通过成本分担和分化策略来整合资源，通过制度设计来达成不同层级大学自主权的分化，以同时实现高等教育大众化和研究型大学之建设。最后，在分析转型形态、动力及机制的基础上得出结论。“金砖四国”的高等教育转型是以政府为行为主体，以获得政治合法性为根本动力，以满足民众需求和国家需要为主要目的，以财政分权为主要机制的转型。并且指出，过分依靠“政治逻辑”，忽视了内生的“教育逻辑”，使得转型缺乏人文关怀，教育公平的差距不断加大是“金砖四国”高等教育转型过程中累积的主要问题。

---

① 唐正东：《博士论文写作的再创造》，《中国高校社会科学》2017 年第 1 期。

总之，本专著是一部视野独特、研究规范、逻辑清晰的成果，在解释新兴经济体国家不同于欧美发达国家的高等教育转型模式方面，在证明发展中国家的政府参与和主导高等教育转型的合理性方面，在解构西方主导的高等教育发展话语体系、彰显“金砖国家”在发展世界高等教育的贡献等方面，具有重要的学术价值和现实意义。应该指出的是本专著还存在一些不足，如作者在梳理“金砖四国”高等教育转型动力时，还存在着注重“求同”而忽略“存异”，在对转型归因时还存有强调政府主导的国家行为而忽略了市场、院校及社会的力量的倾向，在保持“金砖四国”比较的资料收集与数据统计的方式与标准一致性方面，在挖掘“金砖四国”高等教育转型差异的深层文化基因等方面有进一步提升的空间。瑕不掩瑜，希望作者在今后的研究中再接再厉，不断产出更新更好的成果。

2019 年 7 月于南开大学

前　言

“金砖四国”的高速发展离不开高质量人力资源的支撑，承担人才培养之责的高等教育系统转型意义重大。虽然四个国家自20世纪80年代后的高等教育转型在过程和目标上都指向以西方高等教育为蓝本的现代高等教育，采用与欧美等发达国家和地区所趋同的分权、市场化等政策，但两种转型模式仅是“形似而非神似”，存在本质的区别。

“金砖四国”的高等教育转型是一种政府主导的自上而下的转型。“政府主导”模式的形成，既有历史原因，也有现实原因。从历史角度看，“政府控制”是四国社会发展的一种文化基因，不会在国家和社会转型过程中被轻易改变。从发展现实来看，四国尚未建立较为稳定的制度化政治秩序和社会秩序，政府保持对整个社会的控制与统摄能力非常有必要，高等教育同样适合这个逻辑。然而，在“金砖四国”的高等教育转型过程中，四国政府扮演的角色不再是“依附性政府”或“掠夺性政府”，而是转型成为一种“自主性政府”。这种政府关注社会的整体长远利益，是一个有着独特价值偏好的独立行动者。

“金砖四国”的政府内嵌于高等教育转型过程中，以获得帮助其维持长久统治的政治合法性为终极目的，依据“冲击—回应”模式制定高等教育转型的诸多策略。转型过程中，“金砖四国”不断增长的高等教育收益率形成内部冲击，而四国日益卷入的“知识经济”则从外部冲击着它们的高等教育系统。为了回应系统内外的冲击，“金砖四国”选择了高等教育大扩张（数量）和建设研究型大学（质量）。为了同时达成上述目标，在政府公共资金受到限制的发展现实面前，四国政府自主性地选择了“成本分担与分化”以及“扩大大学自主权”的策略。在这个过程中，政府发挥的作用无与伦比，这与西方国家反复强调弱化政府作用形成鲜明对比。“政府主导”的高等教育转型模式在“金砖四国”中形成“量质并举”的局面，但转型过分依靠“政治逻辑”，忽视了内生的“教育逻辑”，使其缺乏人文关怀，教育公平的差距不断加大。从四国内部比较来看，巴西和印度（民主国家）相较于中国与俄罗斯（威权国家）更注重改善教育不公，值得中国改革者学习。未来，“金砖四国”的高等教育将以此为目标，以提高非精英大学的教育质量为突破点，继续在转型之路上前行。

目　录

第一章

问题提出与研究设计

第一节　问题的提出

一　研究缘起

虽然全球化和国际化之声迭起，但民族国家仍然是当代全球政治语境中最典型的组织形式和最重要的分析单位，以民族国家的高等教育系统为研究对象的高等教育转型研究成为高等教育和比较教育研究领域的重中之重。现有研究大多以现代化理论作为基本研究范式，努力探讨民族国家现代化与其高等教育变革之间的内在联系。[①] 这些研究大多隐含一个预设的前提：现代化是民族国家高等教育改革与发展的过程特征，其结果往往是形成具有现代意义的高等教育体系。然而，现代化范式往往以西方发达国家的发展经验作为评判非西方社会及文化的标准，进而引申出与西方国家发展路径趋同的对策建议。这种范式最终形成一种“依附性假象”，将非西方社会的变革过程视为一种被迫和缺乏主体动力的追随、学习西方国家的过程，西方思想的冲击则是整个过程的主要驱动力。这显然并不一定符合历史的真相。以中国为例，中国高等教育系统的当代

---

① “现代化”是指人类社会从工业革命以来所经历的一场涉及社会生活诸领域的深刻的变革过程。这一过程以某些既定特征的出现作为完结的标志，表明社会实现由传统向现代的转变。

转型，尽管在过程和目标上都指向以西方高等教育为蓝本的现代高等教育，但首先应以满足中国作为一个民族国家在国家建设和民族复兴过程中的需要为前提，以传统高等教育的改造和承袭为基本路径。也就是说，现代化理论只能呈现出一个表面的“意象”，即今天的高等教育是如何在学习和借鉴西方的过程中逐渐形成的，但真正推动高等教育系统转型的动力仍然来自国家内部。柯文指出：“中国的问题是中国人在中国经历的，衡量这些问题之历史重要性的准绳应是中国的，而不是西方的。”① 他的批判性分析提供了一种有效的路径和方法，即回到“中国人按照自己历史的逻辑惯性塑造一个现代中国”这样一个主线索上来。对于当代中国来说，这条主线索主导着改革开放后国家转型的方方面面，即为政府主导的自上而下的改革逻辑，这也使得“政府主导”成为反思当代中国高等教育转型的关键。显然，这与欧美等国家与地区主张的“市场逻辑”大相径庭，进一步印证以西方发达国家经验勘误中国现实的不合理性。此外，中国是当今世界最大的发展中国家之一，市场经济体制与社会政治秩序仍未健全，经济发展仍是此类国家的头等命题。欧美等发达国家和地区已经基本建立较为稳定的制度化政治秩序和社会秩序，它们的政府除了加强国防、维护社会安全、提供公共物品外，最重要的经济职能就是管理和规范市场，进行宏观调控，并采取措施使社会相对公平。因此，新自由主义极力主张的政府职能最小化，只有在市场失效的领域政府才能介入。这种观点一定程度上在西方发达国家是成立的，但不能将其盲目迁移到发展中国家。对于以“经济与社会发展”为第一要务的发展中国家来说，西方国家的“大社会、小政府”的治理逻辑可能并不适合，政府主导可能才是发展中国家谋求发展的

---

① ［美］柯文：《在中国发现历史——中国中心观在美国的兴起》，林同奇译，中华书局2002年版，第58—60页。

必经之路。高等教育系统作为整个社会的子系统，同样适用于上述逻辑与规律。因此，我们有必要从中国以及更广大发展中国家的现实情境中考虑高等教育转型的内在动力，这可能是一种新的高等教育转型理论的突破口。

既然欧美等发达国家与地区的经验不能简单移植到中国现实，那么，全球范围内是否有与中国相似的国家样本？幸运的是，新兴经济体中的“金砖四国”在发展逻辑上具有很大的相似性。虽然巴西和印度是西方眼中的民主国家，但它们与俄罗斯和中国的当代转型至少有以下三个共有基础：其一，历史上的相似性。“金砖四国”都曾与社会主义“中央集权”的意识形态结下不解之缘。中国和俄罗斯自不必言说，巴西于1964—1985年间处于军人执政的状态，印度自独立之后则一直处于尼赫鲁家族掌控的国大党控制之下。可以说，“金砖四国”在20世纪80年代发力进行现代化建设之前，各国政府尤其是中央政府一直在国内拥有“绝对控制”的权威。其二，规模上的巨大性。“小国易治”，其经验也很可能成为一种偶然性的存在。但“金砖四国”都堪称大国，人口规模分别位列世界第一、第二、第五和第九，国土面积分别位列第一、第三、第五和第七；2006—2008年，四国经济平均增长率为10.7%，四个巨人每走一步都让世界为之震撼，国家转型的背后定有深刻的必然性逻辑值得挖掘。其三，时间上的同时代性。就“金砖四国”当代的高等教育转型来说，虽然其开始时间和转型过程有先后和快慢之别，但它们在形态学时间观念上具有非常鲜明的同时代特征。在规模扩张方面，都处于从高等教育精英化向高等教育大众化迈进的过程中；在治理体系方面，都处在从“国家中心”向“社会中心”的转变当中；在教育质量方面，都处于追赶欧美等发达国家和地区的进程当中。可以说，四国在高等教育的转型战略、途径以及策略等方面，具有高度的可比性。

选择“金砖四国”作为研究对象，又应该从哪个角度切入其高等教育系统的转型过程呢？要想以“金砖四国”为样本提炼出一种新的高等教育转型模式，就必须将其与先发的欧美等发达国家和地区相区别。中国高等教育转型的主要线索是政府主导的自上而下的改革，这既是一种历史承袭，也是中国作为最大的发展中国家力行改革的现实基础。那么，“政府主导”这一线索是否贯穿于其他三个国家高等教育转型的整个过程当中？这是本书的立论基点，在此做简要回答。

从历史承袭的角度来看，俄罗斯现代意义上的大学，是为改变和摆脱国家落后面貌，超越西欧众多强国，从上层权力模式直接降生的。苏联解体之前的俄罗斯高等教育分别经历过“帝俄时期”和“苏联时期”，这两个时期的发展均受到俄罗斯“国家主义”政治文化传统的影响，其核心特征就是中央集权与国家干预。巴西的高等教育则深受葡萄牙殖民历史和军人执政的影响。前者使得巴西未能建立起实质性的资产阶级共和政体，世袭宗主国（葡萄牙）的君主立宪制，并最终演变成以“总统制”为核心的联邦共和制，成为一种新形式的“集权统治”。随后，1964—1985 年巴西实行了长达 21 年的军人统治，其特征是高度集权、严厉压制与专家治国，高等教育在此期间成为一种政治活动。对于南亚大国印度来说，它实行的虽然是联邦制，但印度联邦政府（中央政府）并未彻底放松对高等教育系统的控制，而是在与各州政府（地方政府）的博弈中逐渐分权。无论如何，权力依然掌控在央地两级政府当中，央地政府博弈控制成为印度高等教育扩张前的核心特征。从制度形成和历史承袭的角度来说，长时间历史积淀所形成的制度和文化不会被轻易改变。因此，虽然“金砖四国”自 20 世纪 80 年代左右开始经济现代化与政治民主化建设，但“政府干预”仍然是“金砖四国”现代化转型过程中的文化基因，会持续发挥作用。高等教育的转型也不例外，后文将会对此进行详述。[①] 从“金砖四国”所处的发展阶段来看，它们仍然处在追赶西方发达国家的进程当中，且在全球舞台上扮演着越发重要的角色，并大有挑战发达国家的趋势。如此情形之下，政府必须保证对整个国家的统摄与操控能力，无论其政体类型是民主国家还是威权国家。因此，不管是过去还是现在，保证四国政府对内部事务的统治能力仍然是“金砖四国”现代化进程的主旋律，高等教育的转型亦在此范畴之内。这一主线索与欧美等发达国家所主张的“市场自由论”之区别，正是本书的假设原点与立论基点。基于上述的比较逻辑和历史情境，本书拟以“金砖四国”的高等教育系统为对象，以“政府主导”为中心寻找理论基础和构建分析框架，对该系统的转型形态、动力、机制进行阐述分析，并将这一转型过程与欧美等发达国家和地区的转型模式进行比较，试图提炼出一种新的转型理论来解释发展中大国的高等教育转型，证明其合理性。

二　研究意义

通过将“金砖四国”的高等教育转型逻辑与西方国家的进行比较，以及“金砖四国”内部的两两比较，本书具有以下理论意义和实践价值。

（一）理论意义

根据高盛公司的预测，2050 年，“金砖四国”将超越英国、法国、意大利和德国在内的西方发达国家，与美国和日本一起跻身全球新的六大经济体。对这四个发展中大国的高等教育转型进行研究，可能会提炼出一种完全不同于发达国家的发展模式。这种高等

① 本书的时间节点选自 20 世纪 80 年代左右到 21 世纪第一个十年，这是因为大部分研究认为“金砖四国”开始经济现代化与政治民主化的时间为：巴西（1985 年军人执政结束）；俄罗斯（1991 年苏联解体）；印度（1984 年政治民主化）；中国（1978 年改革开放）。

教育转型模式以“政府主导”为核心特征，以满足国家和社会发展的需要为动力，以集中资源进行追赶式发展并兼顾社会公平为路径。这种新的转型模式不仅存在于中国，还存在于其他众多的发展中国家，尤以“金砖四国”为代表，它有望突破现有研究中“西方中心主义”的局限，具有十分深刻的理论意义。

（二）实践价值

“金砖四国”的高等教育系统能否培养出高质量的人力资源，是它们能否如期跻身全球新六大经济体的关键。通过对四个国家在近20年中的高等教育转型进行分析，本书有望回答上述问题，并进一步预测全球高新技术市场是否正在向新兴国家转移。此外，通过跨国比较四国的高等教育转型进程，求同存异，能够为未来“金砖四国”在高等教育领域的合作与携手共进提供实践基础。对中国的高等教育转型来说，因为印度、俄罗斯和巴西相较于西方发达国家来说与中国有更多的共有基础和类似的现实背景，因此本书内部的中印、中俄、中巴等比较能够为中国当前的高等教育转型提供更切实际的指导建议。

三　主要概念

（一）高等教育转型

所谓转型，是指事物的结构形态、运转模型和人们观念的根本性转变过程。不同转型主体的状态及其对客观环境的适应程度，决定转型内容和方向的多样性。转型是一个主动求变的过程，是一个创新的过程。[①] 高等教育是一种以研究高深学问、培养高级专门人才为目的的教育，高等教育系统的转型则是整个国家和社会转型的有机构成，与国家发展和社会需求的转变息息相关，与其他社会子

① 邵国良、王满四：《高等教育的转型升级与经济的转型升级——以广州市及其市属本科高校为例》，《教育与经济》2012年第1期。

系统的转型紧密相连。关于高等教育转型的定义，不同的研究者有不同的见解。从广义上说，教育史学者眼中的高等教育转型是指一国高等教育从传统向现代转型的完整历史与结果，即传统高等教育如何逐步蜕变为现代的高等教育体系、制度、形式、观念，以及构筑起高等教育现代性的所有特征。[①②] 针对中国当代的高等教育发展现实来看，高等教育大众化是中国当代高等教育发展的核心特征。这一过程伴随高等教育在量和质的方面发生根本性变化，一定程度上标志着该系统的真正转变。因此，许多学者将高等教育由精英向大众的转变过程称为高等教育转型。[③] 此外，也有学者十分关注中国高等教育转型的背景因素，即从计划经济向市场经济转轨，并进而将高等教育在管理体制（从集权向分权转变）、高校所有制（从政府举办向政府与民间混合举办转变）、融资体制（从政府拨款向多渠道融资转变）等方面的变革总结为高等教育的转型。[④⑤] 对于许多研究微观大学组织的学者来说，高等教育转型在高校层面意味着决策层按照外部环境的变化，对高校的办学理念与定位、体制与机制、人才培养模式、师资队伍结构、学科专业结构、课程设置与教学改革、科研创新体系等进行大范围的动态调整和创新，将旧的发展模式转变为符合当前时代要求的新模式，推进学校办学由低水平向高水平发展。[⑥]

---

① 荀渊：《中国高等教育从传统向现代的转型——对 1901—1936 年间中国高等教育变革的考察》，博士学位论文，华东师范大学，2002 年。

② 李明华：《时务学堂的创办及其对湖南高等教育近代转型的影响研究》，硕士学位论文，湖南师范大学，2011 年。

③ 王华峰：《基于系统科学的高等教育转型发展研究》，博士学位论文，天津大学，2002 年。

④ 别荣海：《高等教育转型中的政府与高校关系重塑》，《中国行政管理》2011 年第 9 期。

⑤ 胡建华：《论近年来的我国高等教育转型》，《南京师大学报》（社会科学版）2008 年第 6 期。

⑥ 邵国良、王满四：《高等教育的转型升级与经济的转型升级——以广州市及其市属本科高校为例》，《教育与经济》2012 年第 1 期。

本书中的高等教育转型与上述概念有一定出入。首先，本书并不是从现代化理论出发，传统高等教育系统如何构筑现代性特征并不是本书的核心关注点。其次，自 20 世纪 80 年代，“金砖四国”的高等教育转型过程并不完全等同于高等教育大众化的过程，因为俄罗斯在此之前已经完成高等教育的大众化过程。再次，“金砖四国”中的中国和俄罗斯有从计划经济向市场经济转轨的经历，但巴西和印度没有，这意味着这种经济体制转型的背景因素不符合后两个国家的现实。最后，本书的研究层次聚焦在宏观的高等教育系统，而不是微观的学校组织，因此以高校为行动主体的定义不符合本书。除了研究层次，本书从“金砖四国”的政府主导传统出发，分析四国政府如何通过变革高等教育来满足国家与民众的需求，进而获得政治合法性的过程，而这一过程最终影响到高等教育系统内部的要素构成与结构变化。因此，本书中“金砖四国”的高等教育转型是指政府主导情境下构成高等教育的诸要素如学生、教师以及教学、管理、融资等体制在一定的内外部条件作用下发生的部分质变和量变的过程。

（二）“金砖四国”

本书选择“金砖四国”作为实证案例的考察对象，是因为印度、俄罗斯、巴西和中国作为世界上最大的四个新兴经济体，都是某种意义上的“巨型国家”。一般认为，小国的故事容易被人们视为一种偶然现象，或者地方性知识。反之，如果一个大国获得了成功，人们则很难将其视为偶然或幸运，而是认为其中定存在深刻的必然性逻辑。所以，对正处于社会转型和经济转型中的四个发展中大国进行比较，是一个非常重要和意义重大的课题。高等教育系统的扩张和变革，往往与经济的快速增长相得益彰。根据吉姆·奥尼尔的预测：“到 2050 年，世界经济格局将重新洗牌，‘金砖四国’将超越包括英国、法国、意大利、德国在内的西方发达国家，与美国、日本一起跻身全球新的六大经济体。”[①]四国能否达到这个预期，很大程度上取决于四国的高等教育系统能否为经济发展提供高质量的人力资源。如今，21 世纪已经过去将近 20 年，“金砖四国”的民族复兴之路几乎走过 40 年，四国的高等教育无论在数量还是质量方面都获得举世瞩目的成就。

在数量方面，从 2005 年到 2010 年，“金砖四国”的大学毕业生达到 4000 万人，相当于美国加利福尼亚州的人口总量，如此数量级的增长甚至在一定程度上改变全球高等教育的格局。1990 年，巴西、印度和中国的大学在校生大约是 850 万人，此时总人口只有三国 1/8 的美国却有 1300 万人。有研究测算：1990 年，巴西的高等教育入学率只相当于美国 1935 年的水平，印度相当于美国 1920 年的水平，中国更甚，入学率甚至只有印度的 1/3，相当于欧洲 20 世纪 30 年代的精英体系。现在，四个国家已经进入或超越高等教育大众化时代，凭借庞大的人口基数，中国和印度拥有世界上最庞大的高等教育系统，巴西和俄罗斯甚至已经迈入高等教育普及化的时代。在质量方面，“举国追赶”给四国的少数精英特权大学带来庞大的整体资源和自主权，帮助它们在世界大学排名中获得大幅度“爬升”。根据 2014 年泰晤士世界大学排名，中国（北京大学、清华大学）、俄罗斯（莫斯科大学）、巴西（圣保罗大学）的顶尖大学先后跻身世界前 100 名，印度理工学院也排进前 200 名。

本书没有将“金砖国家”的新成员南非纳入考察对象，是因为本书在方法论上使用基于个案的国别比较。比较研究要遵循一定的“共有基础”，即罗伯特·杰维斯（Robert Jervis）所说的

① 《金砖国家》：百度百科，http：//baike. baidu. com/view/4970223. htm？ fr = aladdin。

“共性最大化原则”：在假定其他变量完全相同的情况下，通过对某个单向变量的比较以验证一个命题的有效性和普遍性。[①] 如果不能满足这一条件却要强行进行比较，则会失去比较研究应有的意义。在笔者看来，南非并没有与其他“金砖四国”进行比较的共有基础。吉姆·奥尼尔认为，南非或许并非“金砖扩编”的最佳选择。这是因为，南非的经济规模太小，虽然它是非洲最富庶的国家之一，但目前其经济规模为3500亿美元，比其他“金砖四国”要小得多。俄罗斯的经济规模约为1.6万亿美元，是南非的5倍，印度则与俄罗斯相当。巴西目前的经济规模接近2万亿美元，中国的经济规模则更大，约为5.5万亿美元，已经成为世界第二大经济体。南非经济仅占全球国内生产总值的0.5%，“金砖四国”中每个国家所占的比例都超过2%，中国经济的份额更是接近10%。[②] 在院校数量方面，南非有20余所综合型大学、15所理工大学和100多所教育学院。[③] 按照其高等教育发展规划，从2005年到2010年，南非公立高校入学规模年均增长2%，即由2005年的73.5万人提高到2010年的82万人。[④] 可以说，这样的院校规模和高等教育入学规模及增长速度都难以与其他“金砖四国”匹敌。鉴于此，本书并未将“彩虹之国”南非纳入考察范围。

（三）政府干预

根据《辞海》的定义，干预指“过问别人的事情”。在现实理解中，“干预”已经不仅仅局限于对别人的事情，也包括对自己事

---

① Jervis, R., *System Effects: Complexity in Political and Social Life*, New Jersey: Princeton University Press, 1998, p. 73.

② 中国金融信息网：“金砖先生”奥尼尔：南非与“金砖四国”有差距，http://www.xinhua08.com/news/gjcjyw/hqcx/201101/t20110107_217030.html。

③ 刘亮亮、李雨锦：《南非高等教育的发展近况研究》，《世界教育信息》2010年第3期。

④ 顾建新：《南非高等教育变革及其主要成效》，《比较教育研究》2008年第11期。

情的过问与介入。“政府干预”，广义的含义为国家和政府对内部事务及国际事务的干涉、介入等。[①] 在经济学中，政府干预或国家干预亦称宏观调控，是政府对国民经济的总体管理，是国家政府特别是中央政府的经济职能。它是国家在经济运行中，为了促进市场发育，规范市场运行，对社会经济总体的调节与控制，主要表现为：国家利用经济政策、法规、计划、指导和必要的行政管理，对市场经济的有效运作发挥调控作用。在社会学界，政府干预的领域拓宽至医疗卫生、教育发展、国防安全等诸多公共领域，核心意义仍然是政府在行使或发挥某种职能。通常而言，经济学家更关注“干预”的方式和效率，社会学家更关注“干预”的价值和意义。在“干预”的内容方面，有学者认为它包括“介入、调节、协调、调控和管理的全部内容”[②]。

本书参照中国学者陈超的定义，把“金砖四国”的政府干预高等教育转型的行为看作政府行使并强化自己行政职能的表现，将其定义为政府根据国家利益、政策目标和社会意志行使和强化各种行政职能，并迫使被干预对象服从政府目标的行为。本书中，这种行为主要指政府强化其高等教育职能，对高等教育系统的外部环境施加影响，并介入该系统转型的各种政策和非政策行为。[③]

第二节　文献综述

一　关于高等教育转型的理论探讨

在西方学者早期探索的高等教育系统转型理论中，尤以马丁·

① 陈超：《中国重点大学制度建设中的政府干预研究》，广东高等教育出版社 2009 年版，第 8—9 页。

② 单飞跃、卢代富：《需要政府干预：经济法视域的解读》，法律出版社 2005 年版，第 425 页。

③ 陈超：《中国重点大学制度建设中的政府干预研究》，广东高等教育出版社 2009 年版，第 10 页。

特罗（Martin Trow）的“高等教育大众化”理论最受关注。该理论是特罗在深入研究欧美等国家和地区的高等教育发展过程中的量变与质变问题之后提出的，一定程度等同于上述国家的高等教育转型理论。其核心内容是，当一个国家高等教育的毛入学率不超过15%时，处于精英高等教育阶段，其性质不会发生根本性改变；超过15%时，即进入高等教育大众化阶段，开始具有大众化的性质；毛入学率超过50%时，进入高等教育的普及化阶段，新的高等教育模式随即出现。高等教育模式从精英向大众再向普及的转变，是一个从量变到质变的飞跃过程。在这个过程中，高等教育的理念、功能、学校类型与规模、学校课程与教学形式、学生学习经历以及高等教育内部管理等质的规定性都会发生相应的变化。这一理论散见于特罗的《从高等教育向普及高等教育转化思考》（1970年）、《高等教育的扩张与转变》（1972年）等长篇论文当中。[①] 随后，马丁·特罗又提出高等教育的“四模式论”，认为一个国家或地区高等教育的发展受到来自教育内部和外部多种因素的影响，从而在大众化发展中形成不同的发展模式，即传统精英主义、精英改革主义、传统扩张主义、扩张改革主义。[②] 随后，日本、英国和德国等国家的学者从本国高等教育发展实践出发，不断修正、充实和完善上述理论，其中日本学者的贡献非常突出。天野郁夫是最早将高等教育大众化理论引入日本的学者之一，他结合美国、欧洲、日本等国家和地区高等教育发展现实和高等教育大众化不同路径的比较分析，提出通过制度类型论来补充和完善马丁·特罗的大众化理论，并根据高等教育制度类型设定了从精英向大众高等教育过渡的多条

① 贺国庆、王保星、朱文富：《外国高等教育史》，人民教育出版社2006年版，第424—434页。

② 关红姣：《西部高等教育现代化转型研究》，硕士学位论文，西北大学，2012年。

路径。[①②] 日本学者有本章在考察日本高等教育大众化过程中，发现许多青年人为了满足工作和生活的需要，会反复“回炉”到大学接受继续教育，且呈不断上升的趋势。他认为，这个现象显著区别于马丁·特罗的大众化理论，将其冠名为“后大众阶段”，并将其定位在大众化阶段后期和普及化阶段的初期，提出“大众化高等教育”经过“后大众阶段”过渡后，有可能转变为“终身学习阶段”。[③] 此外，英国学者皮特·斯卡特（Peter Scott）和伊丽莎白·G. 艾德伍兹（Elizabeth G. Edwards）分别发表了《大众化高等教育的意义》和《面向每一个人的高等教育》，他们基于英国的现实分别阐述了政府、文化、社会和高等教育的关系以及大众化进程中来自不同社会阶层的学生人数的变化，并对马丁·特罗的理论进行修正。[④]

在国内，不同研究者对高等教育转型的概念有多样的见解，是因为他们在研究视角、方法和对象的选取上存在差异。首先，从史学视角出发的研究最具有穿透力。荀渊考察了1901—1936年间中国高等教育从传统向现代的转型过程。在研究中，他提出要以转型范式替代现代化范式，才能更为全面地认识、理解近代高等教育的变革。中国高等教育在近代的转型中，尽管在过程和目标上都指向以西方高等教育为蓝本的现代高等教育，但首先以传统高等教育的改造和承袭为基础和前提。通过对历史的考察，他认为“西学东渐”是近代中国高等教育转型的起始点；知识分子是近代中国高等

---

① 天野郁夫、陈武元：《高等教育的发展阶段学说与制度类型论》，《教育研究》2003年第8期。

② 天野郁夫、陈武元：《高等教育大众化：日本的经验与教训》，《高等教育研究》2006年第10期。

③ 郝瑜：《论陕西高等教育大众化及其实现途径》，博士学位论文，华中科技大学，2004年。

④ 邵波：《我国高等教育大众化进程中的应用型本科教育研究》，博士学位论文，南京师范大学，2009年。

教育转型的主导力量；近代高等教育转型是一个累进的、不间断的变迁过程，这个过程中，思想转型是先导，体制转型是核心，知识体系是转型的关键所在。[①] 李明华研究了维新运动时期（1895—1898 年）的时务学堂对近代湖南高等教育转型的影响，探究了时务学堂与旧式传统书院的特性差异以及湖南近代高等教育转型的“湖湘特色”，认为时务学堂发挥了核心作用，具有十分重要的历史地位。[②]

其次，也有学者独辟蹊径，从马克思主义哲学以及系统哲学的角度来审视中国高等教育转型的理论问题。孙长智以马克思主义教育观来审视教育与人和社会发展的辩证关系，批判地分析中国高等教育转型过程中出现的以人为本与市场取向、大众教育与精英教育、教育公平与教育效率、学术自由与科层体制、教育全球化与本土化等诸多矛盾，指出这些矛盾的根源在于未能把握好高等教育的公益性与功利性双重属性之间的合理关系，市场化逻辑与行政化逻辑冲击了高等教育的自主性逻辑，使得高等教育背离其自身的价值理念和社会功能。[③] 王华峰从系统科学的视角，运用复合系统的相关理论对中国高等教育转型发展的相关问题进行研究，对高等教育的质量、规模、结构和效益之间的关联进行分析，给出高等教育系统内部协调发展的概念模型。[④] 胡建华对中国当代的高等教育转型进行系统分析，将其主要特点概括为空间上的全方位、时间上的加速度和程度上的深层次。在推动这个转型过程中，计划经济向市场经济的转轨及社会主义市场经济制度的逐渐发展具有根本性的作

① 荀渊：《中国高等教育从传统向现代的转型——对 1901—1936 年间中国高等教育变革的考察》，博士学位论文，华东师范大学，2002 年。

② 李明华：《时务学堂的创办及其对湖南高等教育近代转型的影响研究》，硕士学位论文，湖南师范大学，2011 年。

③ 孙长智：《中国高等教育转型矛盾的哲学反思》，博士学位论文，吉林大学，2007 年。

④ 王华峰：《基于系统科学的高等教育转型发展研究》，博士学位论文，天津大学，2002 年。

用；国家政府是另一根本因素；学习外国高等教育的先进经验以及由此而带来的高等教育理念的深刻变化，则构成一种思想文化背景。[①]

再次，在中国高等教育从传统向现代的转型过程中，向西方发达国家学习、借鉴先进经验仍不失为一种途径，因此，国别比较也是此领域一种重要的研究视角和方法。刘兆宇将19世纪英格兰高等教育由传统向现代的转型当作原生的高等教育现代化典型进行分析。他认为，这次转型的社会历史基础包括英国的民主传统、自由主义思潮、科学教育思潮、工业革命等，原生动力是人们的物质需要和精神需求，并进而通过社会力量、政党和政府以及外来影响得以发挥作用，使得高等教育的价值取向由单一的精英教育走向精英教育和大众教育并存，科技教育和人文教育逐步融合，教育方式从单纯的知识传授转变为研究和教学相结合。[②] 王华峰等人对美国、英国和日本高等教育转型的基本模式、历程与特征进行比较，总结了以下四条共同特征，即以社会需求为主导方向；以多样化发展为目标；国营和民营合作办学以及转型过程中有一个快速发展期等。[③] 任玉珊分析了美国、日本和英国在20世纪中叶的高等教育转型过程，认为该过程催生了“新大学”，并推动了高等教育大众化的步伐。这些新大学包括：美国的以公立学校为主的州立大学、社区学院；日本的以私立学校为主的专门学校、专修大学；英国的多科技术学院；德国的高等专业学院等。在中国，则表现为专科学校合并或升格而成的“城市大学”和“应用型本科院校”等，它们是中

---

① 胡建华：《论近年来的我国高等教育转型》，《南京师大学报》（社会科学版）2008年第6期。

② 刘兆宇：《19世纪英格兰高等教育转型研究》，博士学位论文，河北大学，2007年。

③ 王华峰、韩文秀、李全生：《世界典型国家高等教育转型发展的比较研究》，《天津商学院学报》2005年第1期。

国高等教育转型的有机构成之一。[①] 然而，杨东铭关于中国应用型高等教育转型的研究显示，这一进程在顶层上，管理体制僵化，条块分割严重；在中层上，办学规模虽大，自主办学受限；在基层上，教学模式固化，普适能力不强。而国家高等教育的发展战略、经济社会文化发展的新态势以及师生与家长的新期待都要求并驱动此类院校转型发展，这一过程必须通过壁垒突破与协调创新来实现。[②] 阮克雄将20世纪80年代后中越高等教育改革当作“苏式”高等教育的转型发展进行比较研究。20世纪70年代之后，中越两国先后进行改革开放，高等教育所面临的主要课题是逐步改变计划经济体制时期的高等教育制度，建立与市场经济体制相适应的新高等教育制度。[③] 相较于中国，越南是被动学习苏联，学习时间更长，学习内容更广泛，学习效果更深刻，在时间、深度和广度上受到苏联的影响都较中国深刻，因此需要越南政府投入更多的决心、时间和精力来帮助其实现高等教育转型。

最后，无论研究者选用何种研究视角和方法，其终极目的是探究中国高等教育转型的动力和机制。胡瑞文等对大众化阶段的人才供求态势对高等教育转型所提出的要求进行解答，他认为2020年中国有望进入高等教育普及化阶段，这一形势的重大变化呼唤高等教育转型发展，要求各级各类高等学校重新科学定位与合理分工，并在科类专业结构和人才培养规格方面做出重大调整。邵国良等以广州市及其本科高校为例分析了地方高等教育转型与地方经济转型升级之间的互动关系。广州建设国家中心城市及其经济转型升级需

① 任玉珊：《高等教育转型发展与“新大学”的形成》，《长春工程学院学报》（社会科学版）2007年第1期。

② 杨东铭：《壁垒突破与协同创新：应用型高等教育转型升级之路》，《职业技术教育》2013年第6期。

③ 阮克雄：《中越高等教育改革的比较研究——20世纪80年代后“苏式”高等教育的转型发展》，博士学位论文，华东师范大学，2014年。

要科技教育文化的强力支撑，这既为广州市属本科高校的转型升级带来了巨大压力，也为其转型升级提供了强大的动力和支持。为了回应这一外部需求，市属本科高校必须以服务地方经济转型升级为实现自身转型升级的目标取向，构建具有战略性特征与综合整体。功能的人才培养体系、具有先进性特征与服务引领功能的学科及科研创新体系、具有前沿性特征与国际化功能的中外合作体系。[①] 关红姣以西部地区 12 个省份的普通高校为研究对象，对中国西部高等教育现代化转型的背景、现状、障碍、影响因素和路径选择进行分析。她认为，西部经济社会的发展水平影响对高等教育的支撑能力，是推进现代化转型的基础性和绝对性力量；不同的经济、政治、文化和制度背景以及相应的高等教育战略和政策，形成不同的高等教育发展路径。[②] 郑顺利分析了新中国成立以来中国国防教育转型的动因，认为国防教育先后经历三次转型，转型动因分别与国家安全环境与战略、社会需要与教育思想以及兵役制度的变革息息相关。[③] 别荣海对中国高等教育转型过程中的政府与高校关系进行探究。他认为，中国高等教育在从计划体制向市场体制以及从精英化向大众化的转型过程中，对高校和政府的关系提出新的要求，也提供了空间和现实可能性。重塑两者关系的具体路径包括：合理界定政府在高等教育发展中的角色，提高政府服务于高校发展的能力；积极建立与完善高校法人制度，培育高校自我治理能力；大力发展高等教育中介机构，由其充当政府与高校之间的调节机制。[④] 肖国芳分析了中国高等教育转型发展面临的就业压力快速增大、国

---

① 邵国良、王满四：《高等教育的转型升级与经济的转型升级——以广州市及其市属本科高校为例》，《教育与经济》2012 年第 1 期。

② 关红姣：《西部高等教育现代化转型研究》，硕士学位论文，西北大学，2012 年。

③ 郑顺利：《建国以来我国国防教育转型的动因研究》，硕士学位论文，厦门大学，2007 年。

④ 别荣海：《高等教育转型中的政府与高校关系重塑》，《中国行政管理》2011 年第 9 期。

际化办学中自主权失控、竞争失序、质量、公平、异化六大风险，提出在政策管理上需要确立科学的风险意识和风险观念，提高高等教育公共政策的科学性和执行力，加强风险防范的责任体系建设。[①]

可以说，中外学者都对高等教育转型进行了不懈的研究，具有非常重要的建设性意义。但也必须看到，已有研究还有进一步深入和完善的必要。首先，正如本书在概念界定中阐述的那样，高等教育转型并不简单地等同于“高等教育大众化”。随着全世界范围内诸多国家高等教育系统向普及化的纵深发展，大众化已经不再成为许多国家高等教育转型的基本目标。在本书中，俄罗斯和巴西的高等教育系统已经越过大众化阶段向普及化发展，但它们的高等教育系统仍然处于转型当中。其次，大部分研究以现代化理论为分析范式和理论基础。例如，绝大部分国别比较的对象都是西方发达国家，足以看出西方发达国家充满“现代性”的高等教育发展模式对中国改革的影响。当然，已经有学者提出要以转型范式替代现代化范式，但这种试探并未得到足够重视。最后，在探究高等教育转型动力与机制的过程中，人才供求、经济转型以及社会发展等因素都被视为重要的转型动力，但在这些因素中未能引申出一个主要动力，即符合中国国情且能够解释大部分事实的原动力。对于当代中国高等教育改革的实践而言，国家或政府及其行为，无论在何种意义、何种程度上被凸显都不过分。一些研究注意到高等教育转型中的政府行为及其作用，但西方国家现代化进程中的政府行为很明显地区别于发展中国家在当代谋求发展中的政府行为。政府行为在高等教育转型过程中发挥广泛作用的模式，是否适用于其他发展中国家？无论它们属于哪种政体类型，这都是一个非常有价值的理论问题。

---

① 肖国芳：《我国高等教育转型发展中的风险共存及政策管理》，《高校教育管理》2014 年第 5 期。

二　“金砖四国”高等教育之比较

由于提出“金砖四国”这个概念才十余年，加之概念的传播与接受需要一段时间，因此学界以“金砖四国”作为一个整体对象的研究并不多见，绝大多数研究集中在国际关系领域，探讨“金砖四国”对全球治理和国际新秩序的影响，教育学领域探究“金砖四国”开展教育合作的研究少之又少。本书将集中搜索关于“金砖四国”高等教育转型的研究，包括四国整体经济体制的比较，作为研究的背景资料。

（一）四国比较

近年来，“金砖四国”在国际政治格局中扮演的角色越来越重要。这种话语权是基于整体竞争力而得来，因此，高等教育领域开始关注对四国高等教育竞争力的比较。吴家鹏研究了“金砖四国”教育平等程度与高等教育竞争力之间的关系。他认为，教育平等程度越高，越能够直接提升一个国家的高等教育竞争力，但这种促进作用具有一定的滞后性。通过分析世界银行和世界经济论坛的数据，研究认为“金砖四国”中，俄罗斯的教育平等程度最高，高等教育竞争力最强；印度的教育平等程度最低，高等教育竞争力最弱；中国的教育平等程度稍微领先于巴西，高等教育竞争力也领先于巴西。[①] 李建忠根据世界经济论坛《2008 年全球竞争力报告》和瑞士洛桑国际管理发展学院《2008 年世界竞争力年报》的数据，比较分析了“金砖四国”的教育竞争优势。实证结果表明，“金砖四国”的教育竞争优势指数中，俄罗斯排在第一，印度排在第二，中国第三，巴西第四。[②]

---

①　吴家鹏：《“金砖四国”教育平等程度与高等教育竞争力关系的研究》，载《2010 年中国教育经济学学术年会论文集》，2010 年，第 1—9 页。

②　李建忠：《“金砖四国”教育竞争优势的比较》，《世界教育信息》2009 年第 7 期。

正如前文所述，“金砖四国”的跨越式发展是建立在政府具备强大调控能力的基础之上，因此，政府作用是现有研究的一大热点。钟惠波和郑秉文从趋同性和根植性的角度比较分析了“金砖四国”在国家创新体系中的政府作用。他们认为，一方面，“金砖四国”政府政策的协调在国家创新体系建构及国家创新能力演进方面具有关键性作用，四国创新政策正日益呈现趋同性，逐渐接近最佳国际实践；另一方面，“金砖四国”的创新体系缺乏某种根植性，只有从本国特定的经济社会条件和全面发展的视角来考虑本国的创新政策，才有可能构建一个高效的国家创新体系。[①] 朱炎军从政府管理的角度比较了“金砖四国”的高等教育质量保障体系，围绕政策法规、质量保障机构及其责任和活动体系两条线对四国的高等教育质量保障体系建设进行研究。他认为，四国在经济发展程度和背景等诸多方面存在相似之处，尤其是社会经济发展对高等教育的需求方面，因此希望揭开其他三国在质量保障体系方面的做法，由此为中国的质量保障体系改善提供借鉴。[②]

此外，研究者还较为关注高等教育发展对经济增长和社会公平的影响。乔琳通过菲德尔模型考察了“金砖五国”教育投资对经济增长的外溢效应。实证结果表明：“金砖五国”教育投资对经济的促进作用明显，其中俄罗斯和中国的促进作用较大，巴西、印度和南非次之；教育投资对非教育部门的产出具有显著的外溢效应，其中印度的外溢效应最大，中国、俄罗斯和南非三国教育的外溢效应相差不大。此外，“金砖五国”普遍存在教育部门要素效率低于非教育部门的现象，巴西和南非两国部门间的生产力差异较大，俄罗

---

① 钟惠波、郑秉文：《“金砖四国”在“国家创新体系”中政府作用的比较：趋同性与根植性的分析角度》，《现代经济探讨》2011年第9期。

② 朱炎军：《“金砖四国”高等教育质量保障体系比较研究——基于政府管理的视角》，硕士学位论文，上海师范大学，2010年。

斯最小。[①] 马丁·卡诺依（Martin Carnoy）等以“金砖四国”为例检验了知识经济中高等教育扩张与收入分配平等之间的关系。四个国家的经验表明：其一，金砖国家的高等教育大规模扩张本身并未降低收入不平等。其中，中国的高等教育扩张加剧了收入不平等，其他金砖国家的高等教育扩张对收入不平等的影响微不足道。其二，金砖国家高等教育公共补贴在不同收入群体间的分配差异很大。[②]

再让我们来看看两国之间进行比较的研究成果。其实，与以上四个国家之间进行比较的研究不同，早在20世纪90年代，关于四个国家之间的“两两比较”就变得流行起来，并就一些主题展开激烈的争鸣。不过，按照排列组合理论，在这些“两两比较”中应该有六种比较方式，由于本书的兴趣主要在于将其他三国高等教育转型过程与中国进行比较，中国是所有比较的中心，所以对于“俄罗斯与印度比较”“巴西与印度比较”和“俄罗斯与巴西比较”相关研究，本书有意地加以忽略。

（二）两国比较

1. 中印比较

比较教育学泰斗菲利普·G. 阿特巴赫等非常关注亚洲国家尤其是中国和印度的高等教育，他们从艰难的历史、当代特征、治理、资助、参与世界、研究型大学、学术职业和学术文化、入学机会与均等的挑战、私人供给和两国高等教育的未来等十个方面系统比较了中印两国高等教育的历史演变、当代发展和未来期望，认为中国和印度的高等教育质量将不仅对这两个重要国家自身，而且对全球高等教育系统都将产

① 乔琳：《“金砖五国”教育投资对经济增长的外溢效应——基于菲德尔模型的实证研究》，《中央财经大学学报》2013年第4期。

② 马丁·卡诺依、罗朴尚、格雷戈里·安卓希查克等：《知识经济中高等教育扩张是否促进了收入分配平等化：来自金砖国家的经验》，《北京大学教育评论》2013年第4期。

生重大影响。[①]

印度大学附属制是中国学界非常感兴趣的话题之一。曲恒昌认为独具特色的印度大学附属制对推进印度高等教育大众化进程，促进印度成为世界高等教育大国发挥了关键作用。他详细阐述了印度大学附属制的利弊及改革历史，认为印度这一举措的总体方向是可取的，但路途漫漫。季诚钧将印度大学附属制与中国独立学院制度进行比较。在详细阐述附属制基本状况的基础上，他认为印度大学附属制推进了印度高等教育大众化的进程，节省了大量的公共高等教育费，使国家把资金集中投向一批重点建设大学。然而，从管理体制上看，大学对附属学院的管理缺位，大学与附属学院存在管理冲突；从办学水平上看，附属学院教育质量较低，声誉不佳；从外部考试制度来看，制度运作不善，被人诟病。[②] 对于中国的独立学院来说，要控制独立学院的规模，避免规模膨胀；使独立学院走向独立，避免长期依附；合理设置专业，避免设置大量的人文社科专业；坚持大学与社会联合办学的举措，避免克隆母体学校。[③]

印度理工学院是国内学者聚焦的另一个话题。叶赋桂从创建、发展、体制和入学等维度详细介绍了印度理工学院的概况，并分别详细阐述了七所分校的情况，认为印度理工学院的崛起有以下原因：首先，印度政府长期一贯的重视和支持，并给予其充分的办学自主权；其次，印度理工学院长期坚持为国家服务；再次，是其国际化的视野和优良的师资质量；最后，是其高水平的教学研究以及强大的校友会队伍。[④] 叶赋桂、罗燕研究了印度理工学院如何通过

① ［美］菲利普·G. 阿特巴赫、覃文珍：《巨人觉醒：中国和印度高等教育系统的现在和未来》，《大学教育科学》2010 年第 4 期。

② 季诚钧：《印度大学附属制对我国独立学院的启示》，《教育研究》2007 年第 7 期。

③ 季诚钧：《印度附属学院与我国独立学院的比较》，《浙江师范大学学报》（社会科学版）2007 年第 2 期。

④ 叶赋桂：《印度理工学院的崛起》，《清华大学教育研究》2003 年第 3 期。

国际合作的方式走上一流大学之路。他们认为，各分校主要是通过国际合作的方式，获得了苏联、美国、德国等发达国家在教学资源和财力上的援助，大大提高了印度理工学院的教学科研水平，并顺利走上国际化的道路。[①] 黄碧泉认为，印度理工学院的成功不仅应归功于政府的大力支持和国际社会的援助等这些宏观的外部原因，其深层次的原因在于学院内部的一些独到的管理特色。首先，印度理工学院独特的三级治理结构，架构了以学术为主导地位的大学制度，保证学院拥有充分的自治权；其次，学院有严厉的教学风格，形成产学研相结合的实践课程与国际化的教学管理特色；再次，在科研上通过承载学院科研的三个层面，走与国内外高水平合作的道路，把科研与人才培养相结合，使印度理工学院科学研究硕果累累；最后，学院在国际化的资源视野下，通过各种人力资源项目及课内外活动来提升师资水平，开发学生能力，保证学院师生的优秀素质。[②]

印度高等教育政策及其反映出的高等教育管理体制也是备受国人关注的焦点之一。施晓光采用历史制度主义的方法，考察和梳理印度高等教育政策的演变及其制度变迁过程，并对印度高等教育政策的呈现方式、内容的规定性予以概括和总结，阐述了印度未来高等教育发展目标和实施策略等问题。张学强、许可峰通过政策研究比较了中印两国的高等教育民族公平问题。他们分析了两者所基于的不同历史传统和现实国情，论述和比较它们的发展演变、主要特征以及当前面临的问题，着重指出中国高等教育招生民族优惠政策面临的核心问题是促进经济社会和教育发展的“地区平衡”，而印度高等教育招生预留政策面临的核心问题则是处理好不同利益集团

① 叶赋桂、罗燕：《国际合作：印度理工学院的一流大学之路》，《比较教育研究》2005 年第 5 期。

② 黄碧泉：《印度理工学院管理特色研究》，硕士学位论文，中南大学，2007 年。

之间的“政治平衡”。[①] 安双宏阐述了印度中央政府和联邦政府分别对高等教育系统进行管理的模式，他认为印度中央政府对高等教育实行分权管理，联邦政府才是高等教育宏观管理的主体。从理论上说，中央与地方合作管理的体制有利于调动各方面的积极性和主动性，但是由于印度政党政治的弊端和社会各种复杂因素的制约，中央和地方政府在管理高等教育的过程中合作并不顺利，造成高等教育管理政出多门、条块分割、难以有效进行全国性改革的局面。[②] 戚兴宇、谢娅专门研究了印度政府和大学之间的关系，他们认为印度府校关系有三个核心内容：中央集权与地方分权相结合的管理体制、公私合作的“伙伴关系”办学模式以及“政校分开、管办分离”的运行机制。政府则通过立法规范、政策引导、经济调控以及发挥教育中介组织作用等途径来干预和影响大学，这对厘清中国政府和大学之间的关系有重要的启示。[③] 周采比较了中印两国的高等教育体制，认为印度中央政府对大学的控制是有限的，是一种分权体制，主要通过大学拨款委员会来管理，对大学的内部事务无权干涉。相比之下，中国政府则完全没有理顺与高校的关系，主要表现在政府行政干预权力过大以及政府的自我授权行为等。[④] 雷鸣、杨文武从高等教育的办学体制、投资体制和管理体制三个方面比较了中印两国高等教育基本情况。在办学体制方面，中国正在改革政府单一办学模式，逐渐建立多种形式办学的新模式，印度实行公私并行的高等教育办学体制；在投资体制方面，中国建成政府财政拨款为主、多渠道筹资的高等教育投资体制，印度实行公私混合筹资的

---

① 张学强、许可峰：《“优惠政策”与“预留政策”——民族公平视域下的中、印高等教育招生政策比较》，《比较教育研究》2010 年第 2 期。

② 安双宏：《印度政府对高等教育的管理》，《比较教育研究》2006 年第 8 期。

③ 戚兴宇、谢娅：《印度政府与大学的关系及启示》，《南亚研究季刊》2010 年第 2 期。

④ 周采：《印度高等教育发展及其启示》，《南京师大学报》（社会科学版）2008 年第 2 期。

体制；在管理体制方面，中国建立国家和省级政府两级管理、以省级政府统筹协调为主的新体制，印度则实行中央和联邦两级管理、分权自治的体制。[①]

高等教育跨越式发展是印度高等教育转型的核心特征之一。李云霞和汪继福研究了这种发展的动因及影响，认为印度独立后高等教育的跨越式发展主要源于社会经济发展的需要及政府的政策倾斜、人口快速增长对高等教育发展的需求以及西方教育思想、教育模式的影响。这使得印度高等教育规模迅速扩大，国家工业快速发展，科技实力空前加强，但也导致教育结构失衡、知识分子失业和人才外流等问题。[②] 安双宏则认为，印度高等教育规模快速扩张的原因在于政府的政治意愿以及管理上的失控，这种扩充导致学术水平较低且浪费严重、专业结构严重失衡造成大量毕业生待业、高等教育改革难有突破且积重难返等问题。[③] 郑勤华则从印度高等教育角度分析了知识分子失业的原因：其一，高等教育质量下降；其二，专业设置不合理；其三，教学内容陈旧，严重脱离市场的实际需求。[④] 万晓玲等研究了印度高校毕业生就业状况的统计评估体系，认为影响其毕业生就业的因素有以下几个方面：其一，高校入学人数大幅度增加，给就业带来很大压力；其二，社会失业率偏高影响大学毕业生就业；其三，高等教育体制落后，专业设置、教学内容严重脱离市场需求。[⑤] 王超、王秀彦整体上描绘了印度高等教育的发展战略，他们认为印度高等教育规模大、投入高；重点扶持理工技术类教育；具有政府资助高、对学生收费低等战略特点，因此，

---

① 雷鸣、杨文武：《中国和印度高等教育体制比较》，《南亚研究季刊》2010 年第 2 期。

② 李云霞、汪继福：《印度高等教育跨越式发展的动因及影响》，《外国教育研究》2006 年第 11 期。

③ 安双宏：《印度高等教育规模快速扩充的后果及其启示》，《教育研究》2000 年第 8 期。

④ 郑勤华：《印度的高等教育扩展与知识失业》，《教育与经济》2005 年第 1 期。

⑤ 万晓玲、吴松、邵松林：《印度高校毕业生就业状况评估及启示》，《比较教育研究》2006 年第 2 期。

印度高等教育系统培育出几所较高水平的大学。这促进了印度科技产业尤其是软件业的发展，提高了印度的科技竞争力，取得了巨大成就。但印度高等教育的非常规发展战略存在以下问题：其一，高等教育的迅速发展以牺牲初中等教育为代价；其二，高等教育顶端院校的优异表现以其他各类院校质量低劣为代价；其三，高等教育的受益群体有限，下层阶级接受高等教育的机会极少；其四，人才流失，知识分子失业问题严重；其五，对经济发展的促进作用有限；其六，印度高等教育的发展并没有改善底层妇女的生活状况和社会地位。①

2. 中俄比较

俄罗斯近年来组建的联邦大学和创新型大学与中国的世界一流大学建设如出一辙，因此备受关注。王丽伟将“联邦大学”的组建置于《俄罗斯教育优先发展规划》的框架下进行分析，阐述了联邦大学的组建背景、组建方式、特殊身份及其面临的质疑，认为联邦大学肩负特殊使命，拥有特殊地位，享受特殊拨款和实施特殊管理。② 联邦大学受到俄罗斯本土声音的质疑，俄罗斯科学院院长尤里·奥西波夫认为用 3 年时间将联邦大学建成世界一流水平是乌托邦式的空想。③ 单春艳、谭苗苗认为组建联邦大学是实现俄罗斯区域高等教育均衡发展的重要途径，在服务区域经济社会发展中发挥重要的作用与功能。这种区域高等教育一体化不仅需要良好的政策法律环境，也需要考虑区域间高等教育的均衡发展。同时，构建高校与社会力量合作的有效机制也极为重要。④ 李芳认为，俄罗斯联

---

① 王超、王秀彦：《印度高等教育的发展战略及启示》，《大学》（学术版）2011 年第 1 期。

② 王丽伟：《俄罗斯“教育优先发展规划”框架下“联邦大学”的组建及问题分析》，《比较教育研究》2012 年第 12 期。

③ 俄罗斯新闻网：《俄罗斯科学院院长：联邦大学 3 年后仍无法达世界水平》，《世界教育信息》2011 年第 3 期。

④ 单春艳、谭苗苗：《组建联邦大学：俄罗斯区域高等教育均衡发展新路径》，《现代教育管理》2012 年第 6 期。

邦大学组建的目的是满足高等教育改革的需要，组建的性质是自上而下由政府付费的强制性改革，组建的原则是以点带面，联邦大学享有诸多特权的同时也有相应的义务。[①]

俄罗斯教育政策和转型策略是国内研究的热点之一。杜岩岩、尚航从目标定位、组织管理和人才培养三个维度探讨了创新经济背景下俄罗斯高等教育转型的策略，他们认为，在目标上，俄罗斯正从传统教学科研转向为创新经济发展服务；在组织管理上，正从线性机械管理转向矩阵式有机管理；在人才培养上，从知识本位转向能力本位。[②] 王建平、荣光宗认为，俄罗斯高等教育政策自苏联解体以来经历了深刻的时代转型，表现为办学主体多元化、管理方式多层化、培养规格多极化、经费投入多样化、招生录取统一化以及教育目标、专业结构和教学内容方面的变革。[③] 杜岩岩把俄罗斯高等教育体制的渊源变革分为四个阶段：一是以学习欧洲高等教育为特征的初创时期；二是以中央集权、意识形态化为特征的前苏联时期；三是以西方大学理念为主导的后苏联时期；四是以国家创新发展战略为主旨的体制创新时期。[④] 她进一步认为，在国家创新发展战略背景下，俄罗斯实施了国家干预下的新公共管理体制改革：改变大学法人地位，提高“自治机构”比例；调整结构布局，重新分类定位；实施竞争拨款方式，优化资源配置；转变政府职能，提高管理绩效；完善法律调节机制，注重制度创新，从而实现高等教育从结构到制度的创新发展。[⑤] 宋洪雨描述了2003—2008年间俄罗斯高等教育的重大变革，包括俄罗斯国家优先教育计划和博洛尼亚进

---

① 李芳：《俄罗斯组建联邦大学述评》，《比较教育研究》2010年第2期。

② 杜岩岩、尚航：《创新经济背景下的俄罗斯高等教育转型策略》，《现代教育管理》2011年第6期。

③ 王建平、荣光宗：《论俄罗斯高等教育政策的时代转型》，《高教探索》2006年第5期。

④ 杜岩岩：《俄罗斯高等教育体制的源流考察及其创新发展》，《现代教育管理》2014年第1期。

⑤ 杜岩岩：《俄罗斯高等教育体制的变革》，《教育研究》2011年第12期。

程。他阐述了俄罗斯如何建立世界水平的国家级大学及优先教育计划的实施效果。[①] 刘淑华分析了21世纪初俄罗斯高等教育现代化的诸多新进展，包括扩大高等教育入学机会、提高高等教育办学质量和增加高等教育办学效益等方面。[②] 随后，她着重分析了俄罗斯实名制国家财政权的实施与成效，包括实施的背景、等级的确定、各级名额的确定、学校获取预算资金的方式和学生支付学费方式的变化等。[③] 廖彬彬则集中研究了俄罗斯高等教育的财政政策，描述了俄罗斯如何改变苏联时期由国家全部负担高等教育经费的做法，逐步向实现高等教育经费来源多元化和预算分级管理制度转变的过程。[④] 张男星从历史的角度将俄罗斯的村社文化与其高等教育变革联系在一起。俄罗斯传统的古老村社文化蕴含浓厚的"集体主义"和"国家主义"思想，它们在漫漫历史演进中形成俄罗斯人对集体和国家的深厚依赖与信任、对私有和市场的天然排斥与敌对；反映在高等教育方面就是强调和固守国家对高等教育的权力渗透与义务行使，并且视民众享受国家给予和保障的免费高等教育为当然。[⑤]

私立高等教育即俄罗斯的非国立高等学校，是俄罗斯高等教育扩张的重要途径之一。许适琳认为俄罗斯非国立高等教育已经成为俄罗斯高等教育的重要组成部分，它的快速健康发展既满足了人们对高等教育多样化的需求，又满足了转型期俄罗斯社会对各类人才

① 宋洪雨：《俄罗斯高等教育近五年重大改革研究》，硕士学位论文，哈尔滨工业大学，2009年。

② 刘淑华：《世纪初俄罗斯高等教育现代化的新进展》，《比较教育研究》2005年第6期。

③ 刘淑华：《实名制国家财政券：俄罗斯高等教育财政体制的可贵探索》，《比较教育研究》2005年第9期。

④ 廖彬彬：《俄罗斯高等教育财政政策及其实施研究》，硕士学位论文，厦门大学，2008年。

⑤ 张男星：《俄罗斯高等教育变革与传统的村社文化》，《华东师范大学学报》（教育科学版）2004年第2期。

的需要，极大地促进俄罗斯社会的恢复性发展。[①] 吕济峰详述了俄罗斯非国立高校产生、发展的社会背景和影响以及发展现状和未来趋势，并在中俄两国对比的基础上，基于民办高校的平等法律地位、竞争环境以及完善监督机制、评价体系等方面提出建议。[②] 肖甦、孙春梅探析了俄罗斯非国立高校的发展及其运营策略，认为其发展呈现出明显的不平衡特点，形成两极分化。其运行策略可以归纳为以下几个方面：其一，团结自治，谋求合作；其二，多渠道筹措经费；其三，多方式保障教学质量；其四，加强管理规范。[③]

3. 中巴比较

相比较于印度和俄罗斯，国内学者并不是很热衷于研究巴西的高等教育系统，可能是因为巴西位于南美洲，位置相距遥远，且文化差异巨大。随着巴西成为“金砖四国”之一，中巴比较的研究逐渐多了起来，高等教育领域也不例外。龙湲最早翻译了国外关于巴西高等教育改革的文章，解读了 1970—1990 年巴西高等教育政策的变革历程。1964—1985 年，巴西由军政府统治，其特点是大权在握的官僚机构拥有一切部门的决策权，国会只管立法。1985 年民主政体恢复之后，按 1988 年制定的新宪法，对立法部门和政府部门的职能做了重新规定，立法部门成了主要的决策者。此时重大决策均须得到立法部门批准，而且要经各政党协商。因此，巴西的高等教育政策可以分为独裁政权下（1970—1985 年）和恢复民主政体后（1985—　）两个阶段。[④] 蒋洪池也

---

① 许适琳：《俄罗斯社会转型期非国立高等教育改革发展问题的研究》，硕士学位论文，东北师范大学，2007 年。

② 吕济峰：《俄罗斯非国立高校的发展趋势研究》，硕士学位论文，上海师范大学，2006 年。

③ 肖甦、孙春梅：《俄罗斯非国立高校的发展及运营策略探析》，《比较教育研究》2009 年第 4 期。

④ 露西亚·克莱因、西蒙·施瓦茨曼：《1970—1990 年巴西高等教育政策》，龙湲译，《世界教育信息》1994 年第 2 期。

从历史的角度阐述了巴西高等教育宏观结构（层次结构、形式结构、分布结构）和体制（管理体制、投资体制、招生体制）经历过的移植、调整和变革过程。[①] 杨明、谢卿则聚焦巴西高等教育的财政改革，解析了其拨款模式如何从主要依赖增量拨款模式转向主要依据成就取向的拨款模式和公式拨款模式，从而提高自己的配置效率和生产效率。[②]

巴西领土面积巨大，且是一个多种族国家，高等教育区域发展和不同种族学生的入学机会不均衡所带来的高等教育公平问题备受研究者的关注。杜瑞军通过对巴西高等教育政策的梳理，对巴西高等教育的结构体系、受教育情况进行概要介绍，对巴西政府为推进教育公平所采取的措施以及面临的困难和问题进行深入分析。他认为，改进高等教育供给方式，完善学生资助手段，均衡质量和公平问题，是巴西高等教育未来发展面临的主要课题。[③] 刘希伟研究了巴西因种族差异而实施的高等教育肯定性行动，该行动的主要特征之一是基于种族来配置大学入学名额，但由于肯定性行动本身即构成一种“反向歧视”，加之推进速度与力度过于急促，巴西高等教育肯定性行动引发激烈的争议。[④] 石隆伟、刘艳菲认为，巴西高等教育的扩充政策非常不公平，私立高校和公立高校被区别对待是造成这种不公平的主要原因。[⑤]

随着巴西经济的日渐复苏，巴西高等教育的国际化和现代化进程逐渐走入研究者的视野。蒋洪池分析了巴西在高等教育现代化进程中如何平衡国际移植与本土化所采取的措施，包括重视高

---

① 蒋洪池：《巴西高等教育之嬗变》，《高等农业教育》2005 年第 1 期。

② 杨明、谢卿：《论巴西高等教育财政的改革》，《教育与经济》2003 年第 4 期。

③ 杜瑞军：《扩大的差距——巴西高等教育入学机会分配政策的变迁与面临的挑战》，《比较教育研究》2012 年第 10 期。

④ 刘希伟：《巴西高等教育肯定性行动探析》，《比较教育研究》2013 年第 9 期。

⑤ 石隆伟、刘艳菲：《不公平地扩充——审视巴西当前的高等教育政策》，《外国教育研究》2008 年第 4 期。

等教育立法，走教育法制化道路；改革高等教育管理模式，由政府控制走向政府监督；改革高等教育投资体制，引入市场机制；改革高等教育招生体制，实现高等教育大众化；大力发展研究生教育，重视科学研究；积极发展私立高等教育，实现高等教育多样化等。[①] 王正青则描述了巴西的高等教育国际化进程，阐述了其立体化的组织体系，包括联邦政府、大学组织协会、高等院校，以及采取的各种措施，包括构建与之相适应的管理体制、开展合作科研、推动人员流动、减少人才流失、拓宽合作网络等。[②] 黄斌分析了巴西高等教育国际化中的学生流动情况以及参与机构，认为教育机会不公平、教育法规不健全以及相关政策执行不到位等，是当今巴西高等教育国际化中面临的具体问题。[③] 吴刚则概述了巴西的高等教育国际化政策，认为这个进程由巴西联邦政府主导，以立法形式确立，通过学生国际交流、国际合作办学、国际远程教育等措施得以实现。[④]

（三）研究评价

对于中国研究者来说，俄罗斯和印度是与中国有直接领土毗邻关系的大国，且与中国在发展起点和速度上有很大相似性，因此，“龙熊之争”（中俄比较）和“龙象之争”（中印比较）近年来成为国内业界追逐的热点话题。此外，随着“金砖四国”在国际政治格局中的重要性日渐凸显，对四国经济和社会转型的研究如汗牛充栋，令读者目不暇接。然而，针对“金砖四国”高等教育转型的研究，还是存在一些问题和不足。

首先，研究较为碎片，未能形成系统。许多转型研究都选择将

① 蒋洪池：《巴西高等教育现代化策略研究》，《复旦教育论坛》2006 年第 1 期。

② 王正青：《高等教育国际化：巴西的因应策略与存在的问题》，《复旦教育论坛》2008 年第 3 期。

③ 黄斌：《巴西高等教育国际化的现状及问题》，《世界教育信息》2013 年第 22 期。

④ 吴刚：《巴西高等教育国际化政策概述》，《教育理论与实践》2013 年第 36 期。

高等教育系统中的高等学校作为研究对象，从组织生态学的“适者生存”角度来论证大学作为一个组织如何衍化从而适应其所在社会环境的命题，这是一种中观或者微观的研究。但是，高等教育转型是一个庞大、系统性的研究工程，无法通过一两个片面问题的研究而使其中的道理得到显现，需要系统和全方位的研究。在实际的研究过程中，很多研究都对如此重大的问题采取回避和绕道而行的策略，致使现有研究常常“只见树木，不见森林”，显得支离破碎。此外，在时间观念上，一个国家的发展和高等教育的转型都是长期的过程，并不能一蹴而就。如今，“金砖四国”还处在追赶发达国家的历史阶段，经济和政治体制亦在转型之中，高等教育体系也不例外，因此，对一些暂时性的问题不必因为夸大而扭曲事实。许多现有研究都是一种“短时段”研究，有些从历史角度出发研究经年往事而忽略当代发展，另外一些恰恰相反。固然短时段和中时段研究有其不可磨灭的价值，但正如法国著名历史学家布罗代尔所指出的那样，“只有借助于长时段历史观，才能更深刻地把握和理解人类社会的内在本质”，因为“长时段是社会科学在整个时间长河中共同从事观察和思考的最有用的河道”。[①] 鉴于以上两点，“金砖四国”高等教育转型过程中，许多关键因素和机制的内在联系尚未被挖掘，因此需要把“金砖四国”的高等教育转型置于整个历史长河中来考察，深入挖掘各种因素间的系统性联系，从而发现这个复杂进程的奥秘所在。

其次，意识形态倾向严重，缺乏公正性。不容置疑的是，学术研究与政治体制的关系错综复杂，容易致使学术观点受制于特殊意识形态和政治话语的影响。但对于跨国比较不同国家经济和社会转型过程这样的重大议题，公正客观应该是研究者时刻秉持的研究心

---

① 葛传红：《经济转型中的国家行为研究》，博士学位论文，复旦大学，2010年。

态。笔者在查阅上述文献的过程中能感知到，意识形态先行于客观研究，导致许多结论有失公正且具有高度的误导性。例如，在中印高等教育发展比较中，有研究者把印度高等教育的暂时落后归因于印度民主政体的“代价”；在中俄比较过程中，有研究者把俄罗斯在东欧剧变后采取的“休克疗法”视为洪水猛兽，而不考虑时代背景和历史细节。这些诋毁很大程度上是出于意识形态的偏见，需要在学术研究中加以规避。此外，也有许多学者唯“西方经验”马首是瞻，自觉或下意识地彰显欧美日等发达国家和地区相对于世界其他地区的优越感。事实上，许多处于发展赶超过程中的后发国家，其发展逻辑与早期的老牌工业国家在时代背景和转型路径上各有千秋，这正是对发展中国家转型进行研究的意义所在。所以，我们必须看到，世界不仅是西方的，东方（此处指发展中国家或第三世界国家）不应该被忽略。

最后，四国比较严重缺乏，单案例研究居多。虽然对于案例研究来说，不能以案例的数量来评判这种研究方法的品质，因为案例研究的品质在于它的效用而非案例的多少。有时候，单案例研究可以用于对一个广为接受的理论进行批驳或检验，或者用于一种启示性案例的研究。然而，案例研究一定程度上是一种定性研究，虽然有时要用到一些定量的数据和资料。定性研究的缺憾在于难以被操作化，不能重复验证，因此常常被认为缺乏“科学性”。从统计学的逻辑来看，这种缺憾往往可以通过增加案例的数量来弥补。“金砖四国”虽然都是当今世界的发展中大国，但任何一个国家的发展模式都具有一定的偶然性，能否代表所有发展中国家还有待检验。把“金砖四国”当作一个整体性对象进行研究，寻找其共性规律，则很大程度上增加了研究的信效度和说服力。

第三节 研究设计

一 理论构建

本书的理论基点在于“金砖四国”的高等教育转型发生于“政府主导”的情境之下，即这种转型很大程度上是一种“国家行动”或“政府行为”，这与20世纪40年代之后在西方发达国家发生的“原生转型”有显著区别。[①] 所谓国家行动，是指国家治理过程中，中央政府根据强有力的国家意志进行顶层设计，通过一系列制度化的策略，主要运用自上而下的实践逻辑达成治理目的的各类行为的总称。[②] 那么，“金砖四国”的高等教育转型是不是一种“国家行动”？国家的代理人即政府的行为是否会起到主导作用？理论上的原因何在？如果政府在高等教育转型的过程中起到主导性作用，政府会采取哪些行为？在诸多的政策选择中，“金砖四国”的政府为何唯独选择这些策略而不是其他？政府行为的终极目的何在？笔者结合已有文献和研究基础，试图构建起一个具有普遍解释力的理论框架来回答上述问题，并通过后文的研究进行验证。

（一）系统转型机制：冲击—回应模式

如上文所述，“金砖四国”都曾与社会主义“中央集权”的意识形态结下不解之缘，它们在20世纪80年代左右开始经济现代化与政治民主化建设之前，都有过“中央集权”的历史经历，“政府主导”因此成为四国改革过程中的文化基因，后文将对此详述。从

---

① 在现代化理论方面，一般把自下而上发生渐变的现代化称作原生现代化，把自上而下实行改革的现代化称为后发现代化。发展中国家由于对现代化的认识并不成熟，普遍采取后发现代化的策略，即采取自上而下的转型，高等教育也不例外。

② 徐永：《区域高等教育非均衡发展的形成机制及其检视：一个“国家行动”的解释框架》，《教育发展研究》2013年第19期。

制度形成和历史承袭的角度来说，长时间历史积淀所形成的制度和文化不会被轻易改变。费正清的中国研究中曾有这样的观点，即中国的文化一旦形成传统，就具有巨大的稳定性，即使有发展，也不过是内部稍作调整，除非外来作用，否则中国难以跳出传统的窠臼。对此，他进行过如下表述："传统中国不是不变的，也不是静态的或停滞的。正相反，它曾经有过不断的变化，并且变化多端。可是变化总是在一个明显的文化形式与规章制度形式的范围之内。这个无所不包的典型之所以能如此坚强持久，是因为在中国的地理范围内，中国规章制度——经济的、政治的、社会的、文化的——曾经在许多世纪发展了规模宏大的自给自足、平衡和稳定。"他还运用物理学原理分析道，"就物理学的动量的意义而言，联系性已经形成了惰性，积重难返，但还没有达到一成不变的地步"[①]。这就是著名的"冲击—回应模式"，其核心观点是中国的现代化模式是一种西方冲击、东方反应的模式。这种模式虽受到很多批判，认为它是"西方中心主义"的，忽视中国内生发展等，但从宏观上看无疑是正确的。事实上，这种模式已经被研究者大量运用在社会科学研究领域。例如，黄海刚研究了经济危机对美国高等教育系统的冲击以及后者的回应[②]；盛学军研究了全球化对金融监管法律制度的冲击以及后者的回应[③]；赵春丽研究了经济全球化对西方民主体系的冲击及后者的回应；[④] 等等。由此可见，"冲击—回应模式"对于系统转型研究具有适切性及较高的信效度。

对于"金砖四国"的高等教育转型来说，历史承袭下来的这种明显的文化形式和规章制度形式的核心特征就是"政府主导"，这

---

① ［美］费正清：《美国与中国》，张理京译，世界知识出版社 1999 年版，第 128—125 页。

② 黄海刚：《冲击与回应：经济危机中的美国高等教育》，《全球教育展望》2009 年第 3 期。

③ 盛学军：《冲击与回应：全球化中的金融监管法律制度》，《法学评论》2005 年第 3 期。

④ 赵春丽：《经济全球化背景下的西方民主：冲击与回应》，《长白学刊》2007 年第 3 期。

种特征被许多“国家主义”的研究所证实。他们认为：“在一国之内，国家对于社会、政治和经济发展来说是一个重要的和独立的影响因素，尤其在面临社会压力和危机面前，国家有它自身的利益以及政策偏好，而且还有将这些偏好强加于社会抗拒力量之上的冲动和能力，甚至是在违反主流民意的情况下，国家也有实行自我策划和推行政策的能力。”[①] 亚历山大·格申克龙（Alexander Gerschenkron）更是在其著作中证实，一国工业化的时机选择得越晚，国家在推动这个过程中所扮演的角色就越重要。[②] 阿图尔·科利（Atul Kohli）的印度经济研究也得出类似的结论。他说，在“后发现代化国家”中，这种现象非常普遍——在这些国家中，国家是发展的主要操作者。[③] 事实上，本书的研究对象“金砖四国”正是发动工业化较晚的后发现代化国家。因此，无论是从历史承袭还是从当代的发展现实来看，国家及其代理人政府在“金砖四国”现代化转型过程中发挥的作用无论在何种意义、何种程度上被凸显都不过分。

“金砖四国”的高等教育转型是整个国家和社会转型的有机构成，同样要受到上述逻辑的规制。那么，20 世纪 80 年代之后，“金砖四国”的高等教育系统受到哪些冲击？以“政府主导”为内核的高等教育系统又做出哪些回应呢？从现有的研究来看，“金砖四国”的高等教育系统至少受到来自国内和国外两方面的冲击。从国内来看，随着“金砖四国”经济的逐渐复苏，原本有限的高等教育机会已经不能满足民众的需要，因为大学学位意味着更高的工资回报和更广阔的职业前景。坚信高等教育能带来更高的经济回报可

---

① 葛传红：《经济转型中的国家行为研究》，博士学位论文，复旦大学，2010 年。

② Alexander Gerschenkron, *Economic Backwardness in Historical Perspective: A Book of Essays*, Cambridge MA: Belknap Press of Harvard University Press, 1962, p. 3.

③ Atul Kohli, *Democracy and Discontent, India's Growing Crisis of Governability*, New York: Cambridge University Press, 1990.

能不是政府和个人投资高等教育的唯一原因，但肯定是最重要的一个。因此，高等教育回报率的不断攀升在国内持续冲击着“金砖四国”转型中的高等教育系统，要求扩张传统的高等教育入学率，让更多的年轻人进入大学。从国外来看，知识经济在20世纪末正从根本上改变人类的经济增长方式，导致经济和社会生活发生全面而深刻的变革，并带来全新的经济思维和观念，推动经济理论的创新和经济科学的新发展。对于“金砖四国”来说，虽然知识驱动的经济增长初见成效，但知识的生产、分配和使用程度还远远不及发达国家。对知识经济的渴望从外部冲击着“金砖四国”的高等教育系统，因为大学尤其是高质量的研究型大学是知识与技术创新、传播与应用体系的核心构成。因此，我们提出两个理论假设：20世纪80年代后期，“金砖四国”高等教育收益率的不断攀升从内部冲击了各国当时的高等教育系统，是推动四国政府努力实现高等教育大众化的根本动力；全球化知识经济的到来则形成外部冲击，推动四个发展中大国举国建设研究型大学，保障一小部分精英大学的知识生产和人才培养质量。

与此同时，必须看到的是，“金砖四国”仍然是发展中大国，资源限制是四国现代化建设的关键瓶颈。其高等教育系统要想同时实现高等教育大众化和建设研究型大学，就必须突破资源的限制性瓶颈。具有主观能动性的国家及其代理人“政府”开始在融资和分权方面做文章，即通过高等教育的成本分担与分化政策、大学与政府之间的新型关系实现资源整合。在这样的转型机制中，“金砖四国”的高等教育顺利实现大众化，研究型大学也获得巨额的国家资助，但结果是：四国高等教育系统中不同层级的院校及不同利益相关者，所得到的国家资源也呈现出两极分化的态势。这在一定程度上损害了高等教育系统的整体性功能，进而形成严重的教育公平问题。这正是与欧美等发达国家高等教育转型的区别所在。上述理论框架如图 1—1 所示。

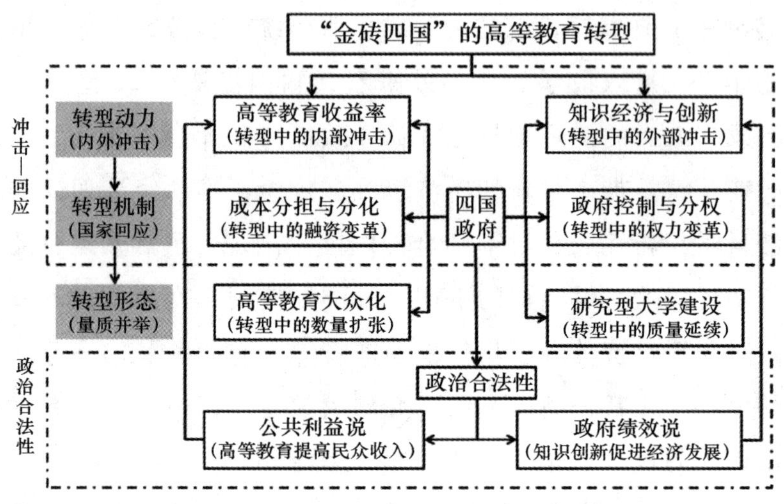

图 1—1 "金砖四国"高等教育转型的理论框架

（二）系统转型目的：政治合法性理论

从"冲击—回应"模式可以看出，"金砖四国"的高等教育转型确实很大程度上是一种国家行动或政府行为。"政府主导"的高等教育系统为了回应来自民族国家内部和外部的冲击，在教育资源受到限制的情况下选择教育成本分担与分化、不同层级大学自主权分化等政策，最终达成资源整合的目的，并实现高等教育的大众化和举国建设研究型大学的目标。那么，有主观能动性的政府为何会选择正面回应这些冲击？政府行为的根本动力和终极目标到底是什么？

事实上，这是政治学研究聚焦的重要问题之一。一般来说，权力（power）和权威（authority）是一个政治共同体需要关注的两个核心概念。权力对于政府来说是必需的，它是建立和维护秩序的必要手段。但权力对于构建一个良好有序的社会来说，仅仅是必要条件而非充分条件。马克思有经典论断："国家是维护统治的暴力机器”，但仅凭暴力无法维持长久稳定的秩序，还取决于被统治者对于这种统治或制度的认可程度。这种认可程度就是一种政治合法性，即政府基于被民众认可的原则实施统治的正统性或正当性。简言之，就是政府实施统治在多大程度上被公民视为合理的和符合道义的。[①] 对于民众而言，这意味着他们不再因为惧怕暴力而服从政府命令，而是出于对政府行为的认可和服从义务自觉遵守政府制定的规则。对于政府而言，这意味着它们具备多少依靠非暴力手段使被统治者自愿地接受其统治的能力。从这个角度看，暴力统治已经不再适用于当今的和平年代，任何政府行为的终极目的都应该是获得更多的政治合法性，从而让自己的统治长久地持续下去。

政治合法性的基础和要素非常广泛。马克斯·韦伯构建了三种理想模型来说明高度复杂的政治统治和政治服从的基础，即传统型：已经确定的习俗或习惯（例如世袭的君主制）；个人魅力型：政治领袖的非凡人格或超凡感召力（革命型的领袖和政权）；法理型：合理的规则和程序（现代官僚型）。正如上文所述，在现代社会，通过君主世袭或暴力革命来获得政治合法性已经不再可能，只能通过提升经济绩效和完善民主法治来获得。高等教育的转型发展是上述两种途径的重要构成。其一，根据政治合法性研究的公共利益说，任何政府政策都要保持与公共利益的一致性。如此看来，高等教育政策的转变也是为了寻求某种公共利益的最大化，并将这种公共利益最大限度地惠及全体人民。对于民众来说，高等教育所带来的切身利益的核心体现就是经济回报率。经济回报可能不是民众投资高等教育的唯一原因，但却是最重要的一个。从这个逻辑来看，高等教育的经济回报率是否上升，决定着民众投资高等教育的热情是否高涨，进而决定政府是

---

① 燕继荣：《论政治合法性的意义和实现途径》，《学海》2004 年第 4 期。

否会增加高等教育的入学率。在接下来的研究中，我们将会对20世纪80年代后“金砖四国”的高等教育收益率进行测算，以验证上述逻辑。在此提出以下理论假设：“金砖四国”高等教育收益率的不断攀升是推动四国政府努力扩大高等教育入学率并实现其高等教育大众化的根本动力。其二，根据已有研究的政府绩效说，政府绩效可以为威权政治体制提供合法性，保障政治秩序的稳定性。对发展中国家来说，这种政府经济的核心构成就是经济绩效，经济能否持续稳定地增长甚至关乎政治秩序的稳定性。然而，在当今的全球知识经济时代，高质量的经济发展开始日趋依赖创新知识的生产与运用，高等教育系统在国家创新系统中所扮演的角色也日趋重要。除了培养知识经济所需要的科技人力，高等教育系统在其中发挥的作用主要是“生产知识”，这一职能又主要依赖以产出高水平研究成果为主要目标的研究型大学。相较于知识传播来说，知识的生产过程更加复杂，难度也更大。因此，研究型大学成为民族国家创新体系中的一座座前沿堡垒，发挥着至关重要的作用。所以，对于“金砖四国”的高等教育系统转型来说，政府投入巨资建设研究型大学，是参与全球知识经济竞争的重要手段，也是政府通过高等教育获得政治合法性的主要途径，这是本书的另一个理论假设。总的来说，政府办人民满意的教育，反过来，人民的“满意”则反馈给政府以政治合法性。在本书中，这种“满意”就是让更多的民众获得接受高等教育的机会，并从这种机会中获得直接的经济收益；或者通过国家斥资新建研究型大学来促进经济发展，最终让民众获得间接的经济收益。

二 研究方法

（一）以民族国家为比较单位

分析单位是比较教育研究方法中的重要问题。以往的比较教育研究源于对国家教育问题的考虑，历来都是在国家层面进行，国家特性是其主要的解释元素。借用沃勒斯坦的经典评论："社会科学一向都是围绕国家这个中轴运转的。"[①] 这是因为，国家在组织与管理政治、经济、社会生活中发挥着主导作用，正是在国家这一层面可以找到最丰富的材料和数据。[②] 然而，在全球化和国际化的大背景下，"民族国家"枯萎之声迭起，"省域研究"和"城市研究"致使国家内部裂变，国际机构、跨国区域、后殖民主义以及世界体系的挑战也正在外部消解比较教育研究中的"民族国家"。[③] 那么，比较教育研究中的"民族国家"真的要枯萎了吗？本书又为何要以民族国家为比较单位呢？

现代民族国家诞生于1648年的《威斯特法利亚条约》，并逐渐成为人类政治生活的核心。根据保罗·赫斯特（Paul Hirst）和格雷厄姆·汤普森（Grahame Thompson）的定义，民族国家被认为是"最重要的政治团体，有权对当代认同的合法权威范围内的任何事物制定规则并进行管制。它是一种主权象征，因此任何一个民族国家都可以自主决定内部和外部政策的本质"[④]。然而，1989年发生的东欧剧变及其后果引起人们对于民族国家治理能力弱化的担心。许多研究鼓吹"国家水平上的治理逐步让位于全球层面"，笃信资本会愈加流动且无国界限制，跨国企业不仅仅是经济领域的关键行动者，同时也活跃于各种社会和政治议程当中。各种新的学术词语如"无边界的世界政治""全球政治""全球公民社会"似乎都在

---

① ［西班牙］何塞·加里多：《比较教育概论》，万秀兰等译，人民教育出版社2001年版，第128—140页。

② 蒋凯：《比较教育研究方法的相关问题分析》，《教育研究》2007年第4期。

③ 李云星：《比较教育研究中的"民族国家"：历史、挑战与应对》，《外国教育研究》2012年第6期。

④ Hirst, P., & Thompson, G., *Globalization in Question*, Cambridge: Polity Press, 1999, p. 258.

说明民族国家的主权和政府能力正在被侵蚀。[①] 这种经济全球化，以及随之带来的知识商品化和民族国家的撤退正在全球水平上重新塑造高等教育的发展，使后者呈现出一种国际化趋势。为了满足民众对更多高等教育机会的需求以及增加各国在全球竞争市场中的竞争力，以及应对公共财政危机所带来的资源限制，过去 20 年里，全球高等教育的趋势就是引入一系列新的策略来重塑治理体系，包括分权、企业化、市场化、私有化和商品化等。在这种背景下，许多市场导向的政策工具如商业银行、私有企业、工商组织以及校企伙伴关系等变得越来越普遍，在攫取外部资金方面被日益广泛地运用。教育融资策略的多样化以及行动者数量的增加，使得当代高等教育正在经历本质的治理变革，逐步从国家中心走向社会中心。这样的发展将会替代政府规划和科层控制，且不可避免地带来高校、市场和政府关系的重构。

上述事实性描述已经被大量现实所印证，但是否能够证明“民族国家的枯萎”，还有许多值得商榷之处。首先，也许大学如此大范围地国际化自中世纪以来从未出现过，它将是高等教育未来的关键组成。[②] 但国际化进程突飞猛进并不能说明民族国家的撤退。事实上，大学自创立以来一直是国际化的。中世纪大学的特征之一就是国际性，12 世纪博洛尼亚大学的学生来自欧洲各地，到 1500 年，大约有 50 所大学，其成员之间的国际性质更甚于今天的大学。[③] 正是大量的学生自由地从博洛尼亚到巴黎再到牛津，跨越国家或领土的边界，才造就了许多历史悠久的著名大学。这种跨国流动之意象被文艺复兴和欧洲启蒙运动进一步加固，使得许多学者成为当代社

① Garrett, G., “Shrinking States? Globalization and National Autonomy”, *The Political Economy of Globalization*, 2000, pp. 107 – 146.

② Altbach, P. G. & Teichler, U., “Internationalization and Exchanges in a Globalized University”, *Journal of Studies in International Education*, Vol. 15, No. 2, March 2001.

③ 蔡宗模：《论高等教育国家化范式及其危机》，《中国高教研究》2013 年第 5 期。

会全球行动者的原型。大学一直在宣扬世界主义的价值观念，每一所著名大学的自豪感通常都建立在国际认同的声望基础上。因此，我们可以很公平地认为大学现在是、过去也是一个国际机构，从历史的角度质疑其“国际化的趋势意味着民族国家的退出”是值得商榷的。其次，大量的研究显示，民族国家仍然保留对其领土范围内政治合法性的终极主张，尽管它需要应对外部环境变化带来的挑战。[①] 这些全球主义的怀疑论者认为：全球化有益于民族国家的重塑，驱使它们重构治理模式和改革公共管理方法。具体来说，现代国家将会充分运用全球化的机遇来塑造国内的政治议程，使其公共管理的改革合法化。通过采纳时髦的“全球实践”，例如分权、私有化和企业化等策略来管理公共部门，加之结合新自由主义的“经济理性”来减轻民族国家在提供和资助公共服务方面的负担，同时将政府和社会之间新的关系制度化，可以说，现代国家能够在应对全球化的挑战中获得重生。

在这个重生过程中，民族国家可能会获得新的再定义。其一，公共部门可能会受到更加严厉的管制。这可能源于英国的新右派或者撒切尔改革，并最终影响欧洲乃至整个世界。20 世纪 40 年代到 80 年代，许多欧洲国家都在持续地增加公共部门的规模，例如扩张公共安全、医疗卫生和教育项目。欧洲的高等教育大众化就是在这个时期完成的，大规模公共财政的资助使许多学生得以免费入学。政府对大学的管制较为宽松，后者享有充分的自主权。但是从 20 世纪 80 年代之后，福利国家无力承担的财政负担导致这种公共部门长期扩张的趋势反转，私有部门的管理方法被引入，以增加公共部门的运转效率。这种变革受到既有利益集团的强烈抵抗，并导

---

① Jayasuriya, K., “Globalization and the Changing Architecture of the State: The Regulatory State and the Politics of Negative Coordination”, *Journal of European Public Policy*, Vol. 8, No. 1, February 2001.

致自上而下的强制管理风格。几乎所有的国家都开始了大范围的公共行政改革，大学也被囊括其中。它被要求在技术转换和创新方面加大力度，减少运营成本，满足劳动力市场的需要，对社会需求增加关注等。为了达成这些目标，行政部门被赋予更多的权力，学术权力则受到相应的压制。由此可见，上述变革导致高等教育机构内部权力平衡的巨大变化，政府以一个更加自信的姿态积极干预高等教育治理。因此，大学受到的管制越来越严格，传统的政策工具在许多国家仍然被保留，新的治理手段也层出不穷。这种改革所表达的并不是“国家的退出”，而是国家治理高等教育的一种新形式。大学从远离尘世的象牙塔走向社会的中心位置，使得任何一个民族国家的政府都前所未有地关注到它。

其二，民主的复兴是民族国家重生的主要途径。一般认为，公共部门管理过程中，更多利益相关者的参与可以被当作政府回应公信力下降的一种途径。因此，新的变革过程中，会出现对先前被认为的“公知”的批判，因为他们垄断了专业知识并具有界定公共利益的能力。这使得多元利益相关者参与公共决策成为可能，世俗的知识在参与机会不断扩大的过程中逐渐有了影响力，这种趋势在医疗卫生和公共安全领域被观察到。在高等教育领域，民主复兴就意味着行政人员、学生和其他利益相关者更加频繁地参与到大学治理的过程当中。[①] 此外，还意味着大学作为一种公共部门应该担负一定的社会职能。大学是地方民主社会的关键构成，需要与多元利益相关者保持高强度互动。教学传递模式可能是非传统的，学术研究也应该更多地以实用为导向，科研议程要从学者根据学科需要来界定向转变成为了解决跨学科社会需要和问题。

---

① Mayntz, R., “University Councils: an Institutional Innovation in German Universities”, *European Journal of Education*, Vol. 37, No. 1, March 2002.

从上述描述来看，全球化和国际化等外部力量带来的高等教育变革，包括分权、企业化、市场化等新趋势并不意味着公共权力的消退和民族国家的枯萎，相反却使得民族国家治理体系的重构获得合法性。国家对大学的影响并不是走弱而是趋强，因此，大学受到的日趋严厉的管制，让多元利益相关者参与大学治理，是民主复兴的一个重要组成部分，有力地促使政府公信力的回升。伯恩·维特洛克（Bjorn Wittrock）说过："大学是与工业经济秩序和民族国家出现过程完全同步且不可缺少的一部分，而民族国家是最典型和最重要的政治组织形式。"[①] 概而述之，现代大学脱胎于民族国家而非中世纪文明，仅仅是在19世纪民族国家的经济体系被非常清晰地建立起来之后，它才获得了发展科学技术的身份特征。大学的管制和资助模式过去是、现在仍然是民族国家的；大学对民族国家文化的贡献过去是、现在仍然是巨大的，大学毕业生过去是、现在仍然是为国家所用的。因此，大学是十足意义上的国家机构，高等教育研究中的民族国家并没有枯萎，以国家为单位进行比较分析仍然具有重要意义，这也是本书的方法论意义所在。

（二）"金砖四国"的共有基础

巴林顿·摩尔认为："比较研究会有助于人们提出有价值的，有时甚至是意义全新的问题。"这使得比较研究既区别于也优于有趣实例的堆砌。然而，比较研究的核心议题即比较对象是否具有共有基础，往往难以得到保障。这种质疑是合理的，如果未能满足比较研究的条件而强行比较，不免会堕入"关公战秦琼"的尴尬之中，从而使比较研究失去应有的意义。所谓比较研究的共有基础，是指要遵循一种"共性最大化原则"，即在假定其他变量都完全相同的情况下，通过对某个单项变量的比较验证一个命题的有效性和

---

① Wittrock, B., "*The Modern University: The Three Transformations*", *The European and American University since* 1800, 1993, pp. 298 - 314.

普遍性。[①] 在比较教育研究中，这主要涉及研究对象的可比性和资料数据的可比性两个方面。一般而言，在选取教育现象进行比较研究时，要求被比较对象之间具有充分的相似性，同时具有明显的差异性，这样的比较才更有意义。[②] 有学者从空间、时间维度出发，将比较教育研究分为地域比较与时间比较。本书中的地域维度限定在国家层面，比较四个国家高等教育转型的相似性和差异性。然而，时间上的比较教育研究也很重要。“将比较努力主要集中在地域方面，而在时间方面付出很少或者根本不付出努力将可能产生单薄的、平面的，很可能是肤浅的结果”。[③] 原因在于，教育活动是一种动态的历史过程，所有的教育现象都会经历一个发生和发展的过程。从上述逻辑来看，本书对“金砖四国”的高等教育转型进行比较，是建立在以下三个共有基础之上的。

其一，历史上的相似性。在20世纪早期，“金砖四国”与社会主义“中央集权”的意识形态结下不解之缘。中国和俄罗斯（苏联）都曾经历社会主义革命，建立起高度集权的政治体制。在这方面，巴西与印度虽然并没有成为世界公认的社会主义国家，但在一定程度上，这两个国家都曾徘徊在社会主义的边缘。巴西于1964—1985年间一直处于军政府执政的状态，强制性是军人执政的核心特征，而印度自独立之后，一直处于尼赫鲁家族掌控的国大党控制之下。总的来说，“金砖四国”在20世纪80年代发力进行现代化建设之前，各国政府尤其是中央政府一直在其国内维持着“绝对控制”的状态。如今，在“金砖四国”里，“市场”与“民主”取代了“国家”与“革命”，“阶级斗争”与“计划经济”让位于“制度革新”和“国际接轨”，它们的大多数知识分子与政

① 葛传红：《经济转型中的国家行为研究》，博士学位论文，复旦大学，2010年。

② 蒋凯：《比较教育研究方法的相关问题分析》，《教育研究》2007年第4期。

③ Keeves, J. P., & Adams, D., “Comparative Methodology in Education”, *The International Encyclopedia of Education* (2nd), 1994, p. 952.

治领导人也随之皈依了市场经济与开放社会。[①]

在这样的背景下，四国的高等教育系统也经历了彻底的变革。20世纪的最后十年里，中国、印度和巴西（四国中的三国）的大学还仅仅只是为极少量的精英提供服务，类似于1965年左右的日本和欧洲以及20世纪40年代的美国。在此之前，三国的高等教育系统虽然经历一些扩张（中国在“文化大革命”期间有所减少），但仍然保持大学只为少数社会精英服务的传统。在随后的20年里，四国的高等教育入学率快速增长，进入大学深造已经不再是特权阶级才能享受的机会，普通家庭出生的学生也纷纷进入大学。在高等教育治理方面，高等教育的改革同其他管理部门一样，开始广泛采纳私有化、市场化和企业化等治理政策，拓宽资金渠道的同时让更多的利益相关者参与到高等教育治理过程当中。如今，与各国皈依市场经济和开放社会类似，四国的高等教育体系变得日益多元化，具有更强的竞争力。

其二，规模上的巨大性。“金砖四国”的任何一国都堪称大国，在人口规模上，中国、印度、巴西和俄罗斯分别位于世界的第一、第二、第五和第九名，四国人口总数占全球总人口的42%。[②] 在国土面积方面，俄罗斯、中国、巴西和印度分别位于世界的第一、第三、第五和第七名，四国的国土面积占世界总面积的26%。[③] 2006—2008年，四国经济平均增长率为10.7%。可以说，这四个巨人每走一步，都将惊天动地，让世界为之震撼。[④] 从历史的角度来看，这四个巨型国家的转型和发展将是人类社会的重要命题。因为与“金砖四国”相比，先行工业化的资本主义国家大多数规模较

---

① 葛传红：《经济转型中的国家行为研究》，博士学位论文，复旦大学，2010年。

② 2014年世界各国人口排名，http：//www. sundxs. com/phb/11625. html。

③ 世界各国国土面积排名，http：//www. zw7. net/guotumianjipaiming. htm。

④ 葛传红：《“金砖国家”经济转型的比较研究：一个基于文献的分析》，《复旦国际关系评论》2011年第1期。

小，如英国、德国、荷兰等，直到1776年美国建立，这种现状才得以改变。尽管美国是当今世界的唯一超级大国，但其建立初期也仅仅是一个中型国家，只有北美东海岸13个前殖民地而已。小国易治，这是从亚里士多德到孟德斯鸠乃至卢梭都坚持的主张。卢梭甚至在《社会契约论》中鲜明地提出“大国毁灭论”：一个体制过于庞大的共同体，就会在其自身的重压之下而削弱和破灭。[①] 这说明国家规模和治理效果之间存在尖锐矛盾。国家规模越大，国内的利益博弈就越复杂，治理结构的均衡也就难以达成。因此，“小国经验”很有可能是一种偶然性存在，而规模庞大的“金砖四国”想要成功转型并非易事，其近20年的高速发展背后定有深刻的必然性逻辑。

在高等教育方面，“金砖四国”自20世纪后20年开始扩张大学入学规模。1990年，巴西、俄罗斯、印度和中国的高等教育入学率分别是10.7%、19%、5.8%和1.9%，到2010年，上述四国的高等教育入学率分别达到34%、66%、17%和24%，均已迈入高等教育大众化时代甚至是普及化时代。考虑到各国的人口规模，“金砖四国”已经成为名副其实的高等教育大国。从比较研究对研究对象共有基础的要求来看，“金砖四国”的高等教育规模是处在相同等级上的。同时，正是其规模的巨大性，使得本书的意义无可替代。

其三，时间上的同时代性。人类关于时间的观念主要有两种：一种是“编年史时间观”，即以具体的年月日来书写历史；另一种则是“形态学时间观”，认为“各种文化只有处在相同的生存中的同一时间才能比较”[②]。前一种时间观较易理解，大多数历史学家在撰写历史时都会采用；后一种观念源于斯宾格勒将生物学的形态学

---

① ［法］让·雅克·卢梭：《社会契约论》，何兆武译，商务印书馆1980年版，第123页。

② 葛传红：《经济转型中的国家行为研究》，博士学位论文，复旦大学，2010年。

方法用来划分世界文化模式所形成的观念。社会发展历程可以从文化发展相同阶段的角度来理解，不同社会演变具有一种同时性特征，因此，世界文化可以分为“前文化”“文化”和“文明”三个阶段。汤因比对形态学时间观大为赞赏，并认为不同文明在经历大致相同的发展历程中，其实并不严格存在时间上的先后之别，而是在相同的演变阶段上，不同文明的演变故事完全具有相同的意义，因此，不同文明事实上存在高度的可比性。[①]

根据上述逻辑，虽然“金砖四国”的高等教育转型在发动时间和改革进程上有先后和快慢之别，但它们在形态学时间观念上具有非常鲜明的同时代特征。在高等教育规模扩张方面，四国都处于从高等教育精英化向高等教育大众化进程迈进甚至已经完成的过程当中。在高等教育治理体系方面，借着四国政治民主化和工业现代化的春风，各国的高等教育管理体制都处在从“国家中心”向“社会中心”的转变当中。在高等教育质量方面，“金砖四国”作为后起之秀，正处在追赶欧美日等发达国家和地区的进程当中。可以说，自20世纪90年代以来，无论在高等教育战略、转型途径、管理策略还是发展目标上，“金砖四国”都表现得非常相似，这说明它们都处在同样的演变阶段，具有高度的可比较性。

（三）具体方法

“过度阐释”和“阐述不足”是社会科学研究在运用微观和宏观方法时经常遭遇到的学术困境，学界一直在尝试并突破这种“微观理性”和“宏观结构”的界限。因此，社会科学的研究路径往往是从宏观角度提出问题和理论解释，然后用具象的微观事实来验证上述解释。本书也会遵循这一经典做法，在研究“金砖四国”高等教育转型过程中，常常从“宏观解释出发”，但也会从“微观来

① ［英］阿诺德·汤因比：《历史研究》，刘北城、郭小凌译，上海人民出版社2005年版，第10—65页。

验证宏观”，以超越这种“只见树木不见森林”或是“只见森林不见树木”的学术困境。[①] 鉴于此，本书中用到了以下几种方法，将宏观结构与微观事件结合起来进行考察。

其一，文献分析法。对于任何一项研究来说，文献分析都是一种经济有效的方法。搜寻并分析已有文献至少有两大好处：首先，前人的研究成果是正在进行的研究是否具有创新性的“参照物”，只有通过严谨周密地梳理已有研究成果，才能避免现有研究是重复的“无用功之作”。牛顿说过：“如果说我比别人看得更远些，那是因为我站在了巨人的肩上。”事实上，科学研究唯有在前人的基础上层层递进，才有可能不断向纵深发展。其次，虽然说每一项科学研究都意味着某种突破，但并不意味着对已有研究的轻视。事实上，海量文献中的信息和数据有巨大价值，值得后来者深入挖掘，成为现有研究获得数据的一种途径。尤其是对于社会科学研究来说，操作性较高且可信的数据来之不易，已有研究中的数据大有可为。当然，在挖掘并运用已有研究的数据过程中，要注意筛选信度和效度较高的数据。

文献分析贯穿本书的始终，体现在以下三个方面：第一，本书欲重申国家和政府在高等教育转型过程中的角色和功能，势必要汲取政治学、社会学等相关学科对国家角色的研究，来奠定本书的理论基础。第二，在描述分析“金砖四国”高等教育转型的具体形态、动力和机制时，本书需要充分借鉴四国在高等教育方面的法律法规、各种统计年报以及各国本土学者的研究数据。此外，各种涉及教育统计的国际组织所公布的数据库，如联合国教科文组织、经济合作与发展组织、世界银行等发布的数据也是本书力争获取并运用的重要信息。第三，本书每一阶段所得出的结论都是在占有大量

① 葛传红：《经济转型中的国家行为研究》，博士学位论文，复旦大学，2010年。

文献的基础上做出的，如果空谈理论而忽视教育活动的实际运行，任何可能的结论都不免成了无源之水，难免有穿凿附会与“过度阐释”之嫌。

其二，历史分析法。本书聚焦“金砖四国”高等教育转型中的国家行为，实质上是对“金砖四国”高等教育转型的一种政治学解读。正所谓“没有政治科学的历史无果，而没有历史的政治科学无根”[①]，将“金砖四国”的高等教育转型置于本国历史乃至世界历史的视野中加以考察和理解，非常有必要。正如上文所述，四个国家都曾徘徊在社会主义的边缘，国家控制和计划主义是社会主义国家的重要特征，这是我们理解四国政府强力掌控高等教育系统并参与高等教育转型的重要依据。然而，四个国家的历史背景又不完全一样，国情各异且各国所选的现代化道路不一，中俄继续坚持威权主义国家的道路，印巴则走向西方人眼中的“民主国家”。以历史叙事的方式来描述这些差异，是我们理解四国高等教育转型差异的重要方式。

其三，比较研究法。比较是确定事物之间相似性与差异性的方法，它是认识、探究事物的一种基本方法。斯旺森在研究世界宗教时宣称：“没有比较的思维是不可思议的。如果不进行对比，一切科学思想和所有科学研究也都是不可思议的。明显或含蓄的比较自始至终贯穿于社会科学论著之中。”[②] 严格地说，本书是一项跨国比较研究，因此，比较研究法是本书的核心方法，其意义所在和“金砖四国”比较的共有基础已在上文有了详细论述，在此不再冗述。在本书中，比较研究法主要运用在以下几个方面：首先，比较“金砖四国”高等教育转型的历史原因和动力机制，

① ［美］莱斯利·里普森：《政治学的重大问题：政治学导论》，刘晓等译，华夏出版社 2001 年版，第 16 页。

② 蒋凯：《比较教育研究方法的相关问题分析》，《教育研究》2007 年第 4 期。

前者是国家政治发展的历史比较，后者指的是四国政府如何通过干预高等教育转型来回应国际与国内的压力。其次，比较“金砖四国”政府参与高等教育转型的具体行为，即如何通过干预高等学校的自主权、融资策略和质量保障来促使不同院校之间分层谱系的形成。最后，比较由于“金砖四国”政府行为的差异而导致各国高等教育在质量和公平上的格局差异，相互借鉴，是本书的终极目的。

三　基本框架

本书的基本框架与章节安排如图1—2所示。

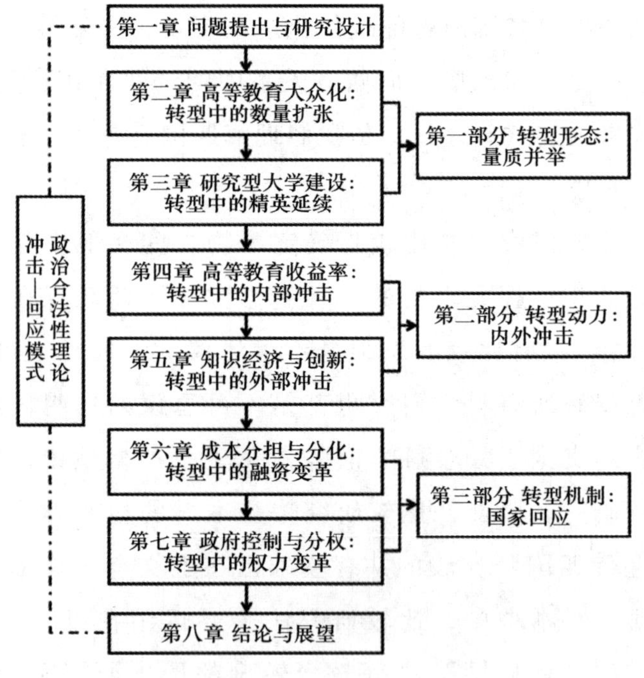

图1—2　基本框架与章节安排

第一章是问题提出与研究设计。它交代了研究缘起和研究意义，随后就高等教育转型、“金砖四国”和“政府干预”的概念展开论述，继而对高等教育转型理论和“金砖四国”高等教育发展的研究文献进行综述，并指出其不足和本书着力研究的重点。最后，在文献阅读基础上构建本书的理论框架，选择适用的研究方法。正文按照转型形态、转型动力和转型机制安排三个部分，六个章节。

（一）转型形态：量质并举

这一部分包括两章内容，具体阐述在国家主义的语境下，“金砖四国”高等教育转型后的形态，并将其与发达国家高等教育的转型形态进行比较。

第二章描述“金砖四国”高等教育转型过程中的数量扩张，即如何在政府主导的情境下迈向高等教育大众化，以及与发达国家高等教育大众化的区别。

第三章描述“金砖四国”高等教育转型过程中的质量延续，即政府如何集中投入公共资金建设少数精英型的研究型大学，以延续精英化时代的教育质量。

（二）转型动力：内外冲击

这一部分也包括两章内容，具体阐述“金砖四国”内部和外部的两种力量如何冲击高等教育系统，并促使其转型。

第四章描述“金砖四国”高等教育转型过程中的内部冲击，即居高不下或节节攀升的高等教育收益率是促使政府扩大高等教育入学率的主要动力之一。

第五章描述“金砖四国”高等教育转型过程中的外部冲击，即知识经济中知识生产与运用的日益重要是促进政府斥公共巨资建设研究型大学的主要动力。

（三）转型机制：国家回应

这一部分也包括两章内容，具体阐述在国家主义和资源限制的双重情境下，“金砖四国”的政府如何采取策略来回应上述冲击。

第六章描述“金砖四国”高等教育转型过程中的融资变革，即政府如何通过成本分担和分化策略来整合资源，以同时实现高等教育大众化和研究型大学建设。

第七章描述“金砖四国”高等教育转型过程中的权力变革，即政府如何通过制度设计来达成不同层级大学自主权的分化。

第八章是结论与展望。“金砖四国”的高等教育转型是以政府为行为主体，以获得政治合法性为根本动力，以满足民众需求和国家需要为主要目的，以财政分权为主要机制的转型。最后，研究将对这种转型带来的问题及其解决办法进行展望，为后续研究提供理论方向。

第四节　小结

本章提出了研究问题，认为“金砖四国”的高等教育转型过程既不等同于欧美等发达国家与地区的“原生性”转型，也不是对上述国家和地区的“趋同性”依附发展，而是一种以满足国家与社会发展需求为目的、以“政府主导”为核心机制的“外生性”转型。这种转型可能是一种新兴发展中大国高等教育转型的共有模式，具有非常强的合理性与合法性，非常值得进行理论探索。借助“冲击—回应”理论和“政治合法性”理论，本章对“金砖四国”高等教育的转型机制和转型目的进行理论探索，建构起理论模型。在交代了为何要以民族国家为比较单位和“金砖四国”的共有基础等方法论问题之后，本章最后根据分析框架和理论模型安排了本书的全部章节。

第二章

高等教育大众化：转型中的数量扩张

在过去20多年里，“金砖四国”凭借经济的高速发展在世界经济政治格局中获得了应有的瞩目地位。根据吉姆·奥尼尔的预测：“到2050年，世界经济格局将重新洗牌，‘金砖四国’将超越包括英国、法国、意大利、德国在内的西方发达国家，与美国、日本一起跻身全球新的六大经济体。”[①] 事实上，任何一个国家的经济要想获得可持续发展，都离不开高质量的科技人力，而“金砖四国”的发展与各国内部的高等教育大扩张是紧密相关的。根据马丁·卡诺瓦（Martin Carnoy）的估计，2005—2010年从“金砖四国”四年制或五年制高等教育机构中毕业的大学生数量约为4000万，这个数字庞大到足以让发达国家震惊。对于美国人来说，这相当于整个加利福尼亚州的人口总量。[②] 这个数据还会得到进一步增长。根据英国文化协会的统计数据，2020年在中国接受高等教育的人数将达到3700万人，印度紧随其后将会达到2800万人，美国为2000万人，

---

① 吴俊、宾建成：《“金砖四国”经济效率的比较研究》，《亚太经济》2010年第3期。

② 加利福尼亚（State of California）是美国经济最发达的州，在面积上是全美第三大州，在人口上是全美第一大州，2013年加州人口总量为4012万人。

巴西为900万人。[①] 值得注意的是，这个巨大的扩张中包含大量进入工程科学、计算机与信息技术科学以及其他高新技术专业学习的学生，这些专业对于全球范围的技术繁荣和知识经济影响巨大。“金砖四国”数以万计的大学毕业生，尤其是这些较强技术性领域的毕业生有可能会令世界贸易市场中高科技产品的生产地发生根本性改变，并且进一步影响发达国家的高新技术劳动力市场和增加全球基础与应用创新的水平。可以说，如此数量级的高等教育扩张将一定程度上改变全球的高等教育格局乃至政治经济格局。

20世纪40年代以后，许多发达国家和地区如美国、日本和欧洲也经历过高等教育入学率的巨大扩张，以配合当时各国的工业化进程，我们将其称为全球高等教育的“第一次扩张”。那么，“金砖四国”在近20年的高等教育大扩张是否与“第一次扩张”类似？正如我们将要阐述的那样，答案显然是否定的。因为每一个民族国家组织高等教育系统的策略和方式都要受到其历史背景和当代现实的影响，“金砖四国”作为全球最大的四个新兴经济体和发展中国家有着与发达国家截然不同的历史和现实。既然与发达国家不同，四国政府又是如何使得这种扩张合理、合法呢？高等教育扩张的结果又是怎样的？本章将从探寻四国高等教育扩张的起点开始，逐一阐述其扩张的过程、结果以及影响等事实。

第一节 扩张起点：政府控制下的精英教育

除了了解“金砖四国”的高等教育入学率在过去20年里扩张的绝对值以外，我们还可以通过一个数据比较来捕捉这种扩张的绝对速度。1990年，“金砖四国”中除了俄罗斯以外的三国，

---

① 《高等教育人数：中国将达3700万，远超美国》，新浪网（http://finance.sina.com.cn/stock/usstock/c/20140830/185420169564.shtml）。

即中国、印度和巴西有 850 万人在接受高等教育，但同期总人口只有三国总人口 1/8 的美国却有 1300 万人在接受高等教育。换句话说，纵向比较的数据显示，1990 年巴西的高等教育入学率仅相当于美国 1935 年的水平，印度此时仅相当于美国 1920 年的水平，中国更甚，此时的高等教育入学率甚至只有印度的 1/3，落后美国 100 多年，相当于 20 世纪 30 年代欧洲的精英教育阶段（见表 2—1）。确实，20 世纪 90 年代中国 18—24 岁的高等教育适龄人口中，仅有 3%—4% 的人进入了高等学校。

如果仅仅从数量形态上关注“金砖四国”的这次高等教育大扩张，我们发现除了中国的初始入学率极低之外，“金砖四国”高等教育入学率的巨大绝对增长数与欧洲大陆（1965—1990 年）、日本（1965—1995 年）和美国（1950—1970 年）经历过的高等教育扩张非常类似。中国更是后来居上，仅仅 15 年就将四年制大学的入学率从极低的 2% 提升到 15%。“金砖四国”中的俄罗斯比较特殊，它在 20 世纪 90 年代的扩张与其他三个国家不同，因为它在 1950—1970 年同大部分欧洲国家一样经历了全球范围内高等教育的“第一次扩张”。但与其他欧洲国家不同的是，这种扩张在随后的 20 年中并没有持续下去。当俄罗斯举步追赶欧洲其他国家的时候，已经是 20 世纪 90 年代中期，此时与它肝胆相照的队友变成中国、印度和巴西。与这三个国家相比，俄罗斯高等教育此次扩张的初始入学率要高很多。然而，“金砖四国”高等教育的此次扩张又与发达国家的“第一次扩张”有显著区别，这种区别很大程度上是“金砖四国”进行高等教育扩张的历史背景的独特性所决定的。

20 世纪 90 年代之前，除了俄罗斯之外，“金砖四国”中三个国家的高等教育还仅仅只为极少数的社会精英服务，在数量上如 1965 年左右的欧洲和日本以及 20 世纪 40 年代的美国。受殖民历史的影响，大学是受政府控制的政治机构，只接纳政治精英和技术精

表2—1　高等教育入学人数[a]（每100000人）：欧洲、日本、美国和“金砖四国”之比较（1920—2010年）

国家/年限	1920	1925	1930	1935	1940	1945	1950	1955	1960	1965	1970	1975	1980	1985	1990	1995	2000	2005	2010
法国	125	145	197	185	190	308	334	446	595	1049	1581	1970	1998	2318	2995	3696	3444	3562	3525
德国	198	144	196	113	72		256	350	499	632	830	1684	1987	2540	2810	2627	2499	2749	3179
意大利	136	112	112	144	259	418	310	288	356	583	1283	1749	1981	2075	2519	3125	3111	3439	3372
瑞典	155	151	165	194	174	209	241	312	500	885	1756	1985	2062	2200	2248	2966	3899	4744	4910
英国[b]	134	124	135	136	82	137	242	239	382	579	1084	1308	1468	1824	2170	3316	3442	3813	3969
日本	140	221	283	273	338	546	471	617	762	1110	1764	2017	2065	1944	2328	3124	3138	3160	3058
美国	564	742	895	1020	1132	1495	1508	1606	1983	2840	4148	5238	5311	5118	5591	5362	5449	5908	6673
巴西	39	39	47	68	43	58	98	119	135	189	452	993	1162	1040	1074	1197	1638	2490	3421
苏联/俄罗斯[c]					430		770		1240		2040		2190		1900	1880	3240	4800	6599
印度[d,e]	19	26	26	31	40	54	73	113	150	217	692	746	515	581	585	608	916	1074	1731
中国						29	25	48	138	89	6	54	117	168	186	256	596	1173	2344

数据来源：Martin Carnoy，Prashant Loyalka，Maria Dobryakova，Rafiq Dossani，Isak Froimin，Katherine Kuhns，Jandhyala B. G. Tilak，Rong Wang，University Expansion in a Changing Global Economy.

a. 此处的高等教育入学人数包括所有完成中等教育的高等教育入学人数，包括大学本科、研究生和非正式大学在内。

b. 英国数据到1950年之前为四年制大学教育的数据，后续年限为整个高等教育入学人数。例如，1985年英国四年制大学入学人数为429000人，占整个高等教育入学人数的34%。

c. Stanislav Mercuriev，“‘Soviet’ Higher Education in a Changing Political，Social and Economic Context”，*Prospects*，Vol. 21，No. 3，1991，pp. 413－420，对1960年之前的入学率估计要比本书高很多。

d. 1980年之前的数据来自英属印度，其中包括缅甸。

e. 印度的数据始于1985年。

英的孩子，进行意识形态教育和为政府统治培养人才，帮助他们进入政府部门、大学和研究机构等。俄罗斯在20世纪90年代虽然已经进入高等教育大众化时代，但苏联体制下政府对高等教育的控制非常明显，后文将详细阐述“金砖四国”此次高等教育大扩张的数量起点和历史背景。

一　巴西：总统制与军政府控制下的精英教育

1822年，佩德罗一世发出铿锵有力的“伊皮兰加呼声”，巴西从此摆脱葡萄牙的殖民枷锁获得独立。但是，在被葡萄牙人统治的300年里，教育从未得到殖民者的重视，仅有的几所教会学校也只传递宗教教育。19世纪初，葡萄牙王室为躲避拿破仑军队侵略而迁至巴西，将其变成殖民帝国的中心，并在此期间开办了医学、工艺和美术学校来满足殖民统治的需求。[①] 葡萄牙的这段殖民历史给巴西的政治体制以及高等教育发展留下深刻的烙印。1822年，巴西独立后并不像其他走上独立道路的拉美国家一样建立起资产阶级共和政体，而是选择借鉴原宗主国的政治体制，实行世袭的君主立宪制。皇帝是国家的最高主宰，通过“节制权”控制行政、立法和司法三权。在中央集权下，各省没有自治权。虽然1889年巴西转变成联邦共和制，并在第一共和国时期举行过11次大选，但资产阶级议会民主制度并未真正确定下来，全国性政党组织也尚未形成。君主立宪制事实上演变成以“总统制”为核心的联邦共和制，是一种新形式的“集权统治”。总统作为国家元首和政府首脑拥有广泛的行政权力。他不仅是国家行政权的最高执行者，还是陆、海、空三军的最高统帅。长达300多年的殖民统治，加之近一个世纪的皇权统治历史，使得“总统制”在

---

① 蒋洪池：《巴西高等教育之嬗变》，《高等农业教育》2005年第1期。

巴西有非常深厚的群众基础。巴西在 20 世纪 60 年代和 80 年代有过两次削减总统权力和废除“总统制”的斗争高潮。1963 年 1 月，巴西对实行总统制还是议会制举行全民公投，计票结果是赞同总统制的为 879 万多张，而支持议会制的仅为 188 万多张。随即在 1 月 27 日，巴西众议院以 42 票对零票废除了过去议会通过的将“总统制”改为议会制的决定。“总统制”甚至延续至 1985 年巴西走上民主化道路之后。1987 年，巴西在新宪法制定过程中就总统任期、限制其权力方面做了激烈讨论，但在 1988 年全国立宪代表大会表决时，却以 344 票赞成、212 票反对和 3 票弃权通过继续实行“总统制”的提案。① 1889 年，巴西建国后的高等教育发展深受“总统制”的影响。在第一共和国时期，新建立的高等教育机构几乎都被用来进行职业训练，这些机构包括天主教大学、私立学院和地方政府的公立大学。1930 年瓦加斯上台执政，实行独裁统治，教会主导了此时期的高等教育发展，33000 名约占整个入学率 44% 的学生进入天主教的高等教育机构。此外，为了平衡和妥协传统教会力量与激进世俗势力，瓦加斯政府于 1931 年年底颁布了“大学法”。该法确定大学为高等教育机构的首选形式，但并没有完全消除和淘汰自治的职业学校，并且允许私立高等教育的形式继续存在。它还授予地方州政府全权管制高等教育的权力，包括私立高等教育机构。“它强化一种原则和理念，即高等教育的主要职责就是为了已经存在的社会职业提供训练，高等教育机构代表政府来颁发学位，即法律范围之内的职业证书。”②

瓦加斯集权统治到第二共和国时期（1945—1964 年），随后巴

① 焦震衡、王锡华：《巴西》，世界知识出版社 2000 年版，第 81—93 页。

② Balbachevsky, E., & Schwartzman, S., “Brazil: Diverse Experiences in Institutional Governance in the Public and Private Sectors”, *Changing Governance and Management in Higher Education*, Springer, Dordrecht, 2011, pp. 35 – 56.

西发生军事政变，文人政权被推翻，立法机构的权力被取消，大多数党派处于非法地位。军人集团大权独揽，对巴西实行长达21年的军事统治。巴西本土学者佩雷拉将这种军人政权称为“技术官僚—资本主义模式”；政治学家加布里埃尔·阿尔蒙德将其概括为“独裁—技术型战略”。源于其有三个基本特征：其一，高度的集权。由于军政权是通过政变上台而非通过民主程序上台，无法获得“合法性”，因此军政权通过1964—1969年间颁布的16个制度法、77个补充法和宪法修正案，实行高度的中央集权，总统拥有一切权力。其二，严厉的压制。发展和安全是军政府追求的总体目标，又是其行为准则。为了实现发展必须以安全为保障，而安全意味着通过高度的压制才能实现有序的政治环境，因此军政府采取一切手段来压制和防止政治多元化。其三，专家治国，又称精英统治。指那些受过良好教育、具有专门特长的技术精英和政治精英在政府部门与经济部门和军人密切合作，为实现巴西经济增长而发挥重要作用。“军人安邦，专家治国”的统治模式深刻地影响了军政权时期的高等教育发展。军政府在1968年改革时制定了一个“理想化”的目标：“统一高等教育体系，无一例外地由免费的公立研究型大学构成。”这一目标主导了该时期高等教育的政策制定议程，仿制美国的高等教育模式重组了大学系统，用系部组织和全职合同制教师代替旧的讲座制，并且引进课程的审计制度。联邦政府在改革之后大幅度增加大学的经费预算，在1972—1986年间增长了五倍多。1968年的改革奠定了大学与政府之间的关系，并一直持续到20世纪90年代末。联邦大学被教育部和全国教育委员会属下的强大官僚体制所控制，上述两个机构人员皆由对监督全国教育政策和高等教育机构负有责任的部长指定。巴西政府对于高等教育系统紧密控制，还表现在其对公立大学的设计，以及面对1960年以后民众对于高等教育存在爆炸性增长需求时却控制高等教育缓慢增长。从

1970 年到 2000 年，巴西只新建了 39 所公立大学，其中 16 所建于 1990 年之后，其他类型的公立高等教育机构几乎没有增长。而同期有 70 所私立大学得以建立，其他类型的私立高等教育机构也几乎成倍增长，从 430 所增至 870 所。综上所述，巴西的高等教育在 20 世纪 90 年代之前受制于殖民统治、总统制和军政府体制的影响，集中体现出一种中央集权和高压统治的特征。高等教育很大程度上是一种政治活动，以维持既有体制可持续发展。可以说，“政府控制”是巴西高等教育的一种历史和文化基因，将一直影响巴西高等教育的发展。

二 俄罗斯：国家主义影响下的高等教育

俄罗斯现代意义上的大学是为了挽救和摆脱国家落后面貌与超越西欧众多强国而从上层权力模式直接降生的。在苏联解体、俄罗斯高等教育开始新的扩张之前，可以将俄罗斯高等教育的发展分为“帝俄时期”和“苏联时期”，这两个时期的发展均受俄罗斯“国家主义”政治文化传统的影响。

“帝俄时期”的俄罗斯通过政府的扩张和统一来获得近代以来横跨欧亚的绝大部分领土，致使其国家意识的领土观念和国家意志的扩张观念极度膨胀，逐渐形成“国家主义”的历史传统。欧俄地缘特征单一，南部是开阔的南俄平原，北部则是一望无际的森林，这与西欧多样化的地理环境形成鲜明对比。在这种广袤的平原上，居民所从事的职业较为单一，并进而导致习俗、道德风尚和信仰的一致，因此，他们构建的国家容易建立保守中央集权传统。[①] 俄国历史学家谢·米·索洛维约夫说过：“东欧平原无论多么辽阔，无论在最初的居民部落有多么不同，但迟早都会成为一个国家的地

① 李莉：《大学与政府：俄罗斯高等教育与国家崛起》，社会科学文献出版 2012 年版，第 51 页。

区。明白了这一点，则俄国国家地区的辽阔，各部分的千篇一律及其相互间的牢固联系，便可理解了。"[①]

与中国相比较，欧俄无法闭关锁国，因为它经常受到四面八方的冲击。北欧的诺曼人和南部的拜占庭人以及西部的日耳曼人和亚洲东方的游牧民族，都一度是欧俄的天敌。这种外部冲击既是俄国形成中央集权制国家的外部条件，也是俄国长期扩张的本源。"国家主义"作为一种政治思想，自然影响到高等教育的发展，核心要素就是高等教育为国家利益服务，追求国家权威和维护强国地位。政府对于高等教育的管制通过隐性的文化渗透和显性的集权控制所达成。在隐性的意识形态渗透方面，东正教起到至关重要的作用。科佩尔指出，在18世纪东正教道德思想转变为国家的思想，作为俄罗斯专制政权加强的结果，为祖国服务的原则成为民族、文化特征的基础。国家变成最高的民族符号，具有神圣的意义和高尚的道德含义。俄罗斯大学建立之初没有设立神学系，甚至不教授神学课程，但在1804年大学章程中规定：神学课程为所有系的必修课。东正教的思想还影响到俄国大学的理念。俄罗斯大学不是完全以认识论为基础单纯追求高深知识，更加追求道德完善，其中就包含"国家主义"的精神。[②] 除此以外，俄罗斯传统文化中的"集体主义"和"村社思想"倡导的"国家至上，集体至上"，也对高等教育的发展有重大影响。[③] 在显性的行政手段上，俄罗斯采用中央集权式管理。中央政府是全国教育发展的总策划、监督者和促进者，由上至下呈金字塔式权力结构。塔尖是沙皇，接下来是国民教育部

① ［俄罗斯］戈·瓦·普列汉诺夫：《俄国社会思想史（第一卷）》，孙静工译，商务印书馆1996年版，第36页。

② 李莉：《大学与政府：俄罗斯高等教育与国家崛起》，社会科学文献出版社2012年版，第54—55页。

③ 张男星：《俄罗斯高等教育变革与传统的村社文化》，《华东师范大学学报》（教育科学版）2004年第2期。

的教育大臣，然后是大学校长、系主任等。此外，还设有督学，他是中央权力的全权代表，对委托于他管辖范围内教育体制的工作部署负责，这是有悖于西方大学民主原则的典型标志。沙皇俄国时期先后出台四部大学章程，大学与政府的权力历经多次博弈，但俄罗斯人对大学自治的理解来自上层权力的阐释，因此大学自治是有限的、有边界的，不是纯粹意义上的自治。①

20 世纪 20 年代初至 90 年代初是俄罗斯历史上的苏联时期，它形成以俄罗斯为政治、经济、军事和文化中心的国家，自然承袭俄罗斯的政治与文化传统，帝俄时代的“国家主义”得到延续与强化。与帝俄时期不同的是，苏联时期高等教育管理体制几乎都是在中央集权的强力领导之下。帝俄时期政府管理时紧时松，是大学自治与政府控制的博弈；在苏俄时期，帝俄时期确立并发展起来的“国家主义”被继承并强化起来。虽然在外化形式上不同，但其终极目的和精神实质是一致的：强调政府的领导地位和国家控制，国家成为教育的本质与目的，高等学校成为政府隶属的行政机构。列宁作为苏联共产党和国家的缔造者，在领导十月革命和社会主义改造与建设的过程中十分重视工农群众和年青一代的教育问题。他强调国民教育与政治的、历史的任务直接相关：建设新的社会主义国家。国民教育必须同国民经济和社会主义建设、发展科学和文化的任务紧密结合起来解决。他认为，教育的发展对于建设社会主义而言，既是手段，也是目的。斯大林时期，“国家主义”演变为更加强势的国家文化观。权威模式得以盛行，个人崇拜和政治独裁达到顶峰。科学研究工作的规划要适用于国家经济任务，这使得与实际需要相关的项目得到优先发展。因此，苏联的高等教育在 20 世纪 20 年代至 30 年代获得第一次扩张，尤其是为了促进工业化发展而

---

① 李莉：《大学与政府：俄罗斯高等教育与国家崛起》，社会科学文献出版社 2012 年版，第 59 页。

建立的高等技术学院。1940—1950 年间，苏联成为世界上高等教育入学率最高的国家之一，仅次于美国，位于第二。这个水平在二战后一直得到保持，直到 20 世纪 70 年代到 80 年代才逐渐减慢。苏联高等教育此次扩张的核心特征在于：它是继美国“威斯康星模式”和德国“洪堡模式”之后的第一个从欧洲风格的精英模式转向大学为社会经济发展服务的模式，尤其是注重为军工行业培养技术精英和骨干。苏联还将大学的教学职能和科研职能分开，科研工作几乎全部转移至研究所而不是大学。综上所述，俄罗斯高等教育在 20 世纪 90 年代扩张之前一直深受“国家主义”的影响，其中央集权制的教育管理模式是历史和特殊形势下的选择，不仅有社会、政治、经济的因素，也有俄罗斯长久以来形成的传统历史文化因素。可以说，“国家主义”是俄罗斯高等教育转型中的文化基因，会持续影响俄罗斯高等教育的未来。

三 印度：央地政府博弈控制中的精英教育

印度没有像俄罗斯那样经历社会主义革命，因此高等教育没有实现举国扩张，直到 20 世纪 90 年代之前仍然实行的是精英高等教育模式。在此之前，我们可以将印度现代高等教育发展阶段分为殖民地时期（1857—1947 年）、贾瓦哈拉尔·尼赫鲁时期（1947—1964 年）和英迪拉·甘地时期（1966—1984 年）。虽然印度实行的是联邦制，但印度联邦政府（中央政府）并未彻底放松对高等教育系统的控制，而是在与各州政府（地方政府）的博弈中逐渐分权。无论如何，权力依然掌控在央地两级政府当中，央地政府博弈控制成为印度高等教育扩张前的核心特征。

印度近代意义的高等教育体系的建立发轫于 19 世纪英国殖民统治时期。该时期的治理结构受到少数精英群体的把控，因为殖民时期印度的高等教育主要为来自社会上层的印度人提供教育，以使他们将来能够进入殖民政府的官僚机构工作。1857 年，英国殖民者在其治下的三个中心城市（金奈、加尔各答和孟买）依据伦敦大学的模式复制建立了三所“联邦大学”。[①] 这种模式中，大学是一种管理机构而非教学机构，其职能是通过设计课程、举办考试和授予学位来支持其附属学院的运行，后者才是真正的教学机构。真正能进入这些附属学院接受教育的学生大多是用本地语言完成了中等教育的精英群体。拉媞卡·乔杜里（Latika Chaudhary）等人关于 1910 年金砖国家教育支出的研究显示，和其他金砖国家一样，印度的高等教育系统受到精英阶层的把持。具体来看，这个时期印度在校学生的生均支出较高，甚至超过比较富裕的国家如日本，但同期整个国家适龄人口的人均教育投入却远远低于人均收入同水平的国家，例如秘鲁。[②] 弗朗西斯科·伽利戈（Francisco Gallego）认为，权力分化作为印度高等教育的重要特征，应该给地方政府更多的政策空间，尤其是要分配财政权力。[③] 然而，处于英国殖民统治下的印度，地方政府财政权力和民主政治的缺位，使得地方精英阶层控制了政府并进而影响教育政策。尽管殖民地时期一些有识之士对大学教育进行尝试性的试验，但印度高等教育的联邦制结构基本没有改变。唯一值得注意的是，1904 年《印度大学法案》通过，该法案促使印度建立了单一大学（没有附属学院的纯教学机构），使得中央殖民政府对高等教育的投入程度更大。然而，1919 年的《印度政府法案》决定采用分权制，将这一权力让渡给地方政府，使得一大批新大学建立和旧大学重组，联邦大学也在地方政府的管制之

---

① Aggarwal J. G. , *Landmarks in the History of Mordern Indian Education*, New Delhi: Vikas Publishing House, 1984.

② Chaudhary, L. , Musacchio, A. , Nafziger, S. , et al. , “Big BRICs, Weak Foundations: The Beginning of Public Elementary Education in Brazil, Russia, India, and China”, No. W17852, National Bureau of Economic Research, 2012.

③ Gallego, F. , “Historical Origins of Schooling: The Role of Democracy and Political Decentralization”, *The Review of Economics and Statistics*, Vol. 92, No. 2, 2010, pp. 228 - 243.

下被重新建立。总的来说，殖民地时期印度高等教育的特点是：联邦制大学被建立，大学作为管理机构归政府运营和所有。大学的附属学院由私人控制，为精英阶层提供高质量的教育，以帮助他们在殖民政府中谋得职位。中央殖民政府负责制定相应的政策，但没有进一步地参与策略设置、资金分配和运营控制，导致财政权力的缺位。加之殖民时期的民主政治缺失，地方精英把持了这一时期的高等教育系统。

印度独立以后，正式成为一个民主联邦制国家，这种政治体制在其 1950 年的宪法中得以确立。根据联邦制的权力分配，教育归各地方政府负责，即延续了 1919 年法案的规定。然后，印度宪法同时赋予中央政府在教育发展方面非常强大的权力，这极大地削弱了地方政府的自主权，有学者将印度的这种结构称为“准联邦制”。[1] 与强大权力相对应的是中央政府也担负了很大的责任。宪法规定中央政府不仅要协调和制定高等教育的各种标准，同时要为全国性的科学和技术教育机构提供资助。如果议会通过立法将某个机构提升到国家级别，这个机构将自动纳入中央政府的控制范围并获得相应的资助。因此，地方政府对地方高等教育的控制并未得到法律上的保障，中央政府和地方政府两种政治权力的博弈与平衡共同决定印度高等教育系统的结构形态。这一时期，尼赫鲁控制的国大党无论是在中央层面还是地方层面都牢牢处于统治地位。为了满足印度工业化进程的需要，宪法赋予中央政府在高等教育领域的权力被进一步延伸。1950—1961 年，第一批中央集中统一管理的印度理工学院建立。此外，中央和各地方政府共同推进的区域性职业学院也建立起来。这些机构大多以议会的特别法案的名义来建立，或者作为国家级重点机构，以确保中央

① Jain, U. C., & Nair, J., “Encyclopedia of Indian Government and Politics”, *Centre-state Relations*, Vol. 7, Jaipur: Pointer Publishers, March 2000.

政府对它们的控制。此外，该时期印度地方政府的教育资金都来自中央税收并按照人口基数公式来分配，这实质上是一种中央有效压缩地方政府自主权的方法，因此导致各邦教育基础设施匮乏。各地方政府开始对尼赫鲁的中央集权行为有越来越多的批评和不满，因为教育本来是他们的地盘。然而，地方政府并没有完全退出尼赫鲁时期的高等教育管理过程。由于公立大学的基础设施匮乏，各地方政府开始将一部分中央经费作为私立学院的运营资金，以达到录取更多学生的目的。作为回报，地方政府通过联邦大学掌控了私立大学的核心权力：教师聘用、学费确定、课程设计以及教师工资等，因此，该进程中，私立学院虽然得以扩张，但实质上则被地方政府收编。

1966—1984 年间，英迪拉·甘地两度当选印度总理，执政时间长达 16 年，对印度高等教育的发展有很大影响。甘地夫人更加关心农村和贫困问题，意味着印度政府的执政重心开始从教育促进工业化进程向促进社会公平转移。在高等教育方面，则表现为政府在精英型工程教育和职业教育上重心的转变。这种转变体现在《1966 年教育委员会报告》和《1968 年国家教育政策》中，开始强调多语种教学、农业教育和成人继续教育的重要性。中央政府还呼吁减慢各邦高等教育扩张的速度，建议地方只有在兼顾资金和质量要求的情况下才给新建大学颁发特许状。此外，1969 年，大学拨款委员会通过一个报告呼吁撤回大学内部决策机构中的政治代表，并给予大学长期资助，以赋予其学术自治。1976 年的印度宪法修正案认为高等教育的供应是地方政府的主要任务，中央政府则负责监管质量。① 这个时期，中央政府和地方政府的关系处于一种"扑朔迷离"的状态。虽然国大党继续主导印度的国家政治，但在甘地夫人

① Martin Carnoy, & Rafiq Dossani, "Goals and Governance of Higher Education in India", *Higher Education*, Vol. 65, No. 5, May 2013.

的后半段任期，由于一些地方政党势力的日益强大，国大党对地方政治的控制日渐削弱。虽然一些地方政党在意识形态上对甘地夫人倾向于农村和贫困人口的教育政策抱有同情，例如成功执掌喀拉拉邦和西孟加拉邦的共产党就是如此，但是他们在接受甘地夫人的政策举措时却很矛盾。大多数政党在地方政治中的主要对手就是国大党，如果接受甘地夫人的政策，则可能被视为与国大党结盟。甘地夫人的个人气质对印度教育发展的影响同样值得注意。阿图尔·克里（Atul Kohli）这么说："与她的父亲尼赫鲁相比，英迪拉·甘地的执政风格更加强硬。因此，政治局势在她的统治下完全不同。国大党的势力有所衰退，英迪拉总是对政治挑战充满疑虑，她希望把自己当成穷苦大众的斗士从而在印度再造了一个强大的政治中心。"① 然而，中央政府权力不断受到的政治挑战限制了许多促进教育公平措施的执行。中央对资金的控制也限制了入学率的增长，只达到尼赫鲁时期的一半。这一时期，印度的高等教育扩张对应马丁·特罗所描述的第三阶段的初始时期，一些"非精英的大众机构"获得发展。与前两个阶段相比，虽然这个过程中起主导作用的仍是中央政府，但其在意识形态上开始向平民立场靠拢。因此，在英迪拉·甘地时期，高等教育发展的核心目标是解决精英教育扩张和教育公平之间的矛盾，中央政府负责前者，地方政府负责后者。

概而述之，印度虽然是西方眼中的"民主国家"，但政府对社会事务的控制仍然是很强烈的，高等教育系统也不例外。尼赫鲁控制的国大党在印度独立后处于"一党独大"的位置，但随后遭到地方政府的批评和不满。英迪拉·甘地将政府工作重心从促进工业化转移至社会公平，给了地方政府更多发展空间。国大党对高等教育的控制有所衰减，地方政党的势力由此逐渐强大起来。因此，高等

① Kohli, A., "Can Democracies Accommodate Ethnic Nationalism? Rise and Decline of Self-determination Movements in India", *The Journal of Asian Studies*, Vol. 56, No. 2, May 1997.

教育虽然逐渐从中央政府的束缚中解救出来，却一头扎进地方政府的怀抱。如同巴西和俄罗斯一样，政府控制是印度高等教育的核心特征，这种特质仍将继续影响印度的高等教育。

四 中国：红色革命遗产笼罩下的精英教育

1949 年新中国的成立标志着中国革命取得决定性的胜利，但革命时期遗传下来的社会管理方式和政治意识形态仍然影响深刻。新中国成立后的前 30 年与后 30 年，中国高等教育的发展模式迥异。前 30 年，中国高等教育发展先后选择苏联高等教育模式与解放区高等教育模式。[①] “苏联模式”强调教育的政治性意识形态作用，强调对高等教育的高度集权领导和管理，强调以计划模式作为高等教育发展的调节机制。[②] 然而，必须看到的是，“苏联模式”非常强调科学技术教育，而不是一味的教育政治化模式。正是在这个时期，中国的高等教育入学率增长 6 倍，到 1960 年达到几乎 100 万人进入大学。通过借鉴“苏联模式”接管和改造中国旧大学，中国搭建起自己的高等教育系统，构筑了当今高等教育的基本框架。这种模式对中国高等教育的影响之巨大，乃至中国学习美国模式几十年之后的今日，仍旧依稀可见苏联元素的存在。

20 世纪 50 年代末期中苏关系的破裂，使得中国高等教育从“苏联模式”重新回归到“革命教育模式”。这种模式继承追溯了苏区教育、抗日根据地教育和解放区教育的传统，“以科学技术为主”的理念让渡给“以政治教育为主”。大学作为一个组成部分，成为政治运动的附庸。“革命教育模式”是中国共产党的政治思想

---

① 根据中国教育年鉴编辑部的《中国教育年鉴（1949—1981）》（中国大百科全书出版社 1984 年版，第 684 页）记载，新中国成立之初教育的三个主要来源是：“以老解放区新教育经验为基础，吸收旧教育某些有用的经验，借助苏联经验。”由于不久之后对“旧教育”的全面彻底否定，“老解放区新教育经验”和“苏联经验”成为新中国高等教育的参照。

② 张应强：《精英与大众：中国高等教育 60 年》，浙江大学出版社 2009 年版，第 1 页。

和社会理想在教育领域的直接表现，强调以马克思主义为指导，强调教育为无产阶级政治服务，为革命斗争事业服务；强调教育与生产劳动相结合，知识青年与工农大众相结合；强调面向劳动人民开展大众教育，为工农及其子女争取受教育权，实现教育民主；强调实用教育，活学活用。[①] 这种模式直接影响中国改革开放前的三次"教育革命"。第一次革命是1958—1960年的"教育大革命"，高等教育方面的目的是克服学习苏联高等教育经验中的教条主义倾向，走中国高等教育的发展道路。但其最核心的一点是强调高等教育的政治方向，提出党的教育方针。1958年，毛泽东视察天津大学，提出"高等学校应抓住三个东西：一是党委领导；二是群众路线；三是把教育和生产劳动结合起来"。中共中央、国务院发布的《关于教育工作的指示》提出："党的教育工作方针，是教育为无产阶级的政治服务，教育与生产劳动相结合；为了实现这个方针，教育工作必须由党来领导。"可以说，这次教育大革命是政治思想领域的革命在教育领域的集中体现，其教育思想根源仍然是以革命根据地高等教育经验为基础的。第二次革命发生在"文化大革命"前夕，以贯彻毛泽东在1964—1966年"五七"指示发布期间关于教育问题的密集谈话为主线展开，在其主要精神中，"革命教育模式"的影子清晰可见。这种教育主要不是科学文化知识教育，而是以政治教育为统率和灵魂的教育，是一种"革命教育"。"文化大革命"期间的高等教育，是"革命教育模式"在新形势下的必然延伸和极端表现，人们称为"教育革命"。政治斗争在其中愈演愈烈，其主要精神是：继续批判反社会主义的反动学术权威，夺取教育的领导权，清洗教育领域的资产阶级代表人物。[②] 高等教育管理

---

① 张应强：《精英与大众：中国高等教育60年》，浙江大学出版社2009年版，第5页。

② 周谷平：《马克思主义教育思想的中国化历程——选择·融合·发展》，浙江大学出版社2008年版，第386页。

机构被夺权，部队和工宣队进驻高校；高校学生卷入政治活动，进行全国大串联、批斗和上山下乡；新中国成立17年的高等教育制度遭到否定；高考招生制度被废止。[①] 至此，学习“苏联模式”带来的高等教育入学率增长被扼杀，直到1972年全国高校开始招收“工农兵学员”，但直至1977年“高考恢复”仅招生90多万人。

可以说，在新中国高等教育的前30年，大致以1960年为分界线，苏联模式的“科学技术教育”和革命根据地的“革命教育模式”分别对中国高等教育产生过重大影响。这两种模式既有区别又有共通之处。区别在于，前者注重科学技术教育，后者注重政治教育；共通之处在于都采用集权管理，政府强势介入，服从权威。虽然“革命教育模式”的终结标志着中国高等教育新时代的到来，但与“金砖四国”的其他三国一样，“政府控制”成为中国高等教育转型和发展的核心特征，将会对其产生持续影响。

第二节　扩张过程：院校分层与教育分流

一　高等学校的分化、分类与分层

正如本章开篇描述的那样，“金砖四国”的高等教育系统在过去20年里完成巨大的数量扩张。虽然四个国家都相继开启了政治民主化和经济现代化进程，但四国政府在高等教育扩张中的影响是持久且广泛的。这种影响突出地表现为政府通过干预具象的院校分层结构来影响高等教育资源的分配。在阐述院校分层基础之上的资源分配结构之前，有必要对高等学校的分化、分类和分层进行概念辨析和边界厘定，以期为后续的研究提供框架性参考。

① 张应强：《精英与大众：中国高等教育60年》，浙江大学出版社2009年版，第15—17页。

吴康宁教授提出的“学科之眼”的概念，对理解学术概念的起源有重要启示意义。事实上，任何一个概念都起源于某一特定的学科，任何一个学科都拥有不依附于其他的“学科之眼”，即这个学科对待特定问题时所看到的“空间范围”，如政治学使用的是“权力”之眼，经济学使用的是“利润”之眼。[①] 源于特定学科的概念也就天生遗传了这种“学科之眼”。当其从一个学科迁移到另一个学科时，这种学科视野也随之迁移。如此，我们透过不同的“学科之眼”即可反向捕捉不同概念的理论内涵。这一过程不但为我们进行概念辨析提供了理论路径，同时也让新概念的生根发芽更具生命力。

要通过“学科之眼”来辨析三个概念的差异，首先就要追溯分化、分类和分层的母学科及其概念迁移过程。分化是一个生物学概念，是对生物体功能的变异、分离与专门化过程的特称。胚胎发育早期的各个细胞彼此相似，通过有丝分裂，细胞在数量和结构功能上发生变化，相同细胞的后代在形态、结构和生理功能上发生稳定性差异的过程谓之“细胞分化”。达尔文在《物种起源》中认为生物分化导致的物种多样性并不是源于“神创”，而是因为物种有性繁殖同随机适应环境相结合的过程。19 世纪末，英国社会学家斯宾塞首次用“社会分化”来解释社会进化过程中的现象，认为与生物有机体类似的是：社会组织也在不断完善的过程中不断分化，增强社会各部分的相互依赖性。正是这种社会分化，促进了社会的分工与进步。随后，涂尔干、韦伯等都对社会分化进行研究，这些研究中的分化被视为“社会系统的自适应过程来保持功能和结构以获得对环境的更大适应”。

与分化这种随机的、较为客观的过程相比，分类是一个较为主

① 吴康宁：《社会学视野中的教育》，《教育研究与实验》2006 年第 4 期。

观的过程，通常是指基于对同一性和差异性的认识，把物和实体的分化结果按照类群或者等级排列起来。分类最早被使用于生物学科，为了表示种与种之间相似程度的不同和便于识别物种。人们用界、门、纲、目、科、属、种对动植物进行划分。马克思最早将分类理论引入社会科学领域，他在《资本论》中描述道："不同物的量只有化为同一单位后，才能在量上互相比较。不同物的量只有作为同一单位的表现，才是同名称的，因而是可通约的。"[①] 社会学家在观察总体单位和测量他们的特征时，需要收集一手资料并对其进行系统化概括，以便弄清某些现象的本质属性。随后，这种纯粹学理研究中的分类被运用到有更多实践意蕴的管理学领域，强调通过对不同类型的社会组织进行协调、规划、引导、控制和服务等一系列过程，来增加宏观管理效率。

与前两者源于生物学科相比，分层最初被用于地质学，用来描述地质构造的不同层面。社会分层则迥异于相对固定和静止的地质构成，指的是人们依据其不平等享有的资源、权力与特权而被社会明显地分为相对固定的群体。社会分层主要关注统御与附属、强势与弱势之关系的本质和基础，这种强弱之势划分出社会群体及其相互关系并赋予其特征。韦伯认为，社会的不同层次和阶级差异主要是由于来自经济、政治和社会三方面权力的不平等分配。因此，通过分层来透视已经广泛存在的社会不平等现象，是社会分层研究的主要空间范围。概而述之，分化遗传了生态学的"适应"之眼，分类则继承了管理学的"效率"之眼，分层却侧重于社会学的"平等"之眼。

基于以上分析，高等学校的分化、分类和分层的概念内涵就分别是生态学、管理学和社会学的"学科之眼"关注到的高等学校多

---

① ［德］卡尔·马克思：《资本论》，郭大力、王亚南译，人民出版社 1975 年版，第 5—8 页。

样形态的空间范围。高等学校的分化指的是高等教育系统内新组织的产生过程。新的高校组织之间彼此不同，有些继承了中世纪大学的最原始职能，有些则是完全新的一种大学实体。这一过程是在生态学视角下适应本能驱动完成的。为了应对文艺复兴、宗教改革、民族国家兴起、知识经济、财政紧缩等外在环境的变化，中世纪大学在理念、职能、属性、体制等多个维度主动变革，演变出高等教育历史长河中的古典大学、技术性专门学院、研究型大学、创业大学等多种组织形式。这种演化彰显了大学作为一种社会组织的主观能动性。[①] 高等教育分类则是管理学视角下分类主体依据反映高校本质特征的某一标准将具有共同特征的高校进行归类的现象，以促进宏观教育管理效率的提升。《国家中长期教育改革和发展规划纲要（2010—2020年）》就明确提出要“建立高校分类体系，实行分类管理”。这种分类管理在于通过高校职能分工与办学定位，凭借政府宏观引导、协调以及社会的广泛参与，实现政府制定科学的教育发展规划和实施分类指导与服务，优化高等教育系统结构，建立不同类型高校之间分工协调发展、同类型高校之间有序竞争发展的高等教育体系。[②] 高等学校的分层意指社会学视角下高等教育系统内大学组织之间的声望等级与地位差异，与之相关联的是稀缺资源在不同层级大学之间的不平等配置。在马丁·特罗眼中，对院校分层进行研究的最大用处不是用来说明高等学校的类别，而是探讨其变革方式的一种途径。[③] 院校分层促成不同大学组织的策略行为，不同院校为了拥有更强的外部影响力和获得更多稀缺资源，在分层过程中努力寻求有利的地位。

因此，在宏观高等教育管理过程中，要弄清楚三个概念中的行

---

① 邬大光：《大学分化的复杂性及其价值》，《教育研究》2010年第12期。

② 赵庆年、祁晓：《高等学校分类管理：内涵与具体内容》，《教育研究》2013年第8期。

③ ［美］伯顿·克拉克：《高等教育新论——多学科的研究》，王承绪等译，浙江教育出版社1988年版，第130页。

动主体及其行动意愿的差异。高等学校的分化是以高校为行动主体，是在外界环境冲击情况下被动适应新的社会情境，从而衍生出新的学校形式的过程。高等学校的分类则是以政府为行动主体，主动制定某种标准进而形成新的秩序和提升管理效率的过程。高等学校的分层是以高校为行动主体，它们为了获得优先发展权做出垄断、排斥、竞争等行为，进而导致彼此间的声望等级与地位差异。在这个过程中，高校一直扮演急先锋的角色，乐此不疲。此外，要弄清楚三种现象的先后次序和传承关系。其中，高等学校的分化是其分类的基础。分类是将大学在责任、使命和特定方面的客观差异贴上一个“标签”，这种差异正是由于高等学校的分化而来。[①] 可以说，没有分化，就无须分类。再者，高等学校的分化是分层的基础，但两者并不等同。因为分化并没有使得哪一个社会单元相对于另一个社会单元具有特权地位，而分层往往涉及权力和结构导致的不平等问题。同样，大学分类也不会导致彼此之间层次的高低之分，更无社会地位之别，其目的之一就是抑制高校盲目攀比的风气。每一类型都应该有重点高校，培养不同层面的拔尖人才。[②] 从学理上看，厘清高等学校分化、分类和分层的概念边界至关重要，能有效防止高校为了获得分层中的不平等地位而进行分类定位行为，也能有效预防将自然分化与主观分类相混淆，从而忽视大学分化规律进行分类定位的思想误区。

二　院校分层：资源分配的具象结构

然而，在“金砖四国”的高等教育转型过程中，政府分类管理的职能弱化，院校分化发展意愿较低。为了获取不同院校地位等级

① 赵婷婷、汪乐乐：《高等学校为什么要分类以及怎样分类?》，《北京大学教育评论》2008 年第 4 期。

② 潘懋元、董立平：《关于高等学校分类、定位、特色发展的探讨》，《教育研究》2009 年第 2 期。

的分层逻辑，成为高等教育发展的主导逻辑，公共资金和大学自治权力的分配也受制于此。

在巴西，大学按照管理体制和资金来源可以简单地分为公立高校和私立高校。在数量上，2000 年的数据显示，私立高校大约有 1200 所，占 74% 左右；公立高校大约 320 所，占 26% 左右。公立高校按照资金来源又分为联邦高校、州立高校和市立高校，三者的经费主要来自联邦政府、州政府和市政府。绝大多数联邦大学（38 所）是研究型大学，位于巴西高等教育系统的顶层。这些大学的经费来源于政府和各种基金会，是巴西最古老、最传统的大学，师资力量雄厚，工作条件优良。州立高校和市立高校大多是教学型大学，位于巴西高等教育系统的中层，这种高校教师很少长期从事学术职业，倾向在校外兼职，学生大多来自私立中学，尽管教学质量尚可，但毕业生的就业率很不乐观。不能从政府获得资金补助的私立高校位于巴西高等教育系统的底层，师资贫乏，大多数教师是兼职而非全职，教学设施简陋，虽然学费较低，但仍有很多学生无法承担，学生的主要目的是获得证书而非学到真正的知识和技能。[①]

在俄罗斯，位于其高等教育金字塔结构顶端的是两所特殊的、具有高度自治地位的巨型大学——莫斯科大学和圣彼得堡大学。除了这两所特权大学，根据俄罗斯 2008 年出台的《教育中长期发展纲要》，俄罗斯高等学校分层谱系的排列依次是联邦大学、国家创新型大学、地方大学和学院。[②] 其中，联邦大学和国家创新型大学位列精英大学行列，联邦大学的目标是冲击世界一流大学，担当国家支撑高等教育现代化的使命。迄今，联邦大学已建成 8 所。创新型大学的数量较多，达 40—60 所，俄罗斯教育部在 2006—2007 年

① 杨明、谢卿：《论巴西高等教育财政的改革》，《教育与经济》2003 年第 4 期。

② 杜岩岩：《俄罗斯高等教育体制的源流考察及其创新发展》，《现代教育管理》2014 年第 1 期。

先后两次进行这种大学的评选。在两年的建设周期里，创新型大学获得巨额财政支持，主要用于购置实验设备、教学法研发、教学设备现代化、教师进修等。[①] 创新型大学需要解决创新经济的人才和研究问题，在教育、科研和生产活动相互扶持和竞争的基础上开展科技研发活动。位于俄罗斯高等学校分层结构中层的是地方大学和专业学院。前者的使命是培养工业部门需要的劳动力，保障区域经济发展；后者主要是在一定职业活动领域培养高水平的工作人员，并为其组织重新培训和进修，实施文凭教育。非国立大学处于俄罗斯高等教育的底端，主要依附公立大学来获得公共资源，包括母体大学的图书馆和体育设施等以求发展。到 2008 年，俄罗斯共有非国立高校 474 所，超过全俄高校总数的 40%。[②]

在印度，6 所印度理工学院占整个印度高等教育招生数的比例不到 1%，是印度享有高度自治和充足经费的特权大学。除了印度理工学院，由中央财政支持的中央直属大学（如尼赫鲁大学和德里大学）也是印度的精英大学，大学拨款委员会对 19 所中央直属大学和重点学院的拨款占总预算拨款的 71%，而全国 4250 多所学院只得到 26%，其他学院包括邦政府资助的学院仅占约 3%。[③] 这些中央政府支持的大学质量比 230 所邦立大学高出很多，后者才是印度高等教育大众化的主要实践者。邦立大学的数量及其在校生的数量均占全国高校总数和在校生总数的 80%。[④] 6 所中央直属大学和 114 所邦立大学设有附属学院，总数超过 2 万所。印度绝大部分的本科生都要进入附属学院学习。附属学院既有公立学院，也有私立

① 杜岩岩、尚航：《创新经济背景下的俄罗斯高等教育转型策略》，《现代教育管理》2011 年第 6 期。

② 顾鸿飞：《俄罗斯私立高等教育的发展及其对我国的启示》，《浙江树人大学学报》2013 年第 1 期。

③ 王超、王秀彦：《印度高等教育的发展战略及启示》，《大学》（学术版）2011 年第 1 期。

④ 安双宏：《印度高等教育规模快速扩充的后果及其启示》，《教育研究》2000 年第 8 期。

学院。这些学院依靠收取学费获得生存，同时能够获得邦政府的少量资助，但也有少数纯私立大学完全不受资助。因此，私立学院处于印度高等学校分层的底端。

在中国，北京大学和清华大学代表高等学校的最高水准，是世界一流大学建设的“排头兵”，处于分层金字塔结构的顶端。还有如克拉克·克尔所言的高度选择性部门，包括“双一流”大学，它们以冲击国际知名的高水平研究型大学为使命，数量极少，却获得极高的资源配置，拥有全国高校72%的科研经费和54%的仪器设备值，并且覆盖全国96%的国家重点实验室和85%的国家重点学科。[①] 高等院校分层的中间层次以数量可观的省属本科院校为主，承担为区域经济社会发展服务之责。除了本科院校，面向地方建设培养一线应用型人才的高职院校数量也不少，两者加起来占全国普通高校的65%左右，构成当前中国高等教育的主体。位于分层结构最底层的是近些年发展速度很快的民办高校。这些学校不属于公共事业经费资助的范围，办学资助方面仍然受到央地两级政府的制约。许多私立院校只能扮演高等教育自学考试的助考机构，其地位比具有学历教育招生资格的高职院校还要低。近年来，虽然许多民办院校升格为大学，同样获得学历教育的招生资格，但仍然不能在本质上改变民办院校的不利地位。

“金砖四国”的高等教育系统是一个复杂的院校集合，且国与国不同。我们试图以民族国家为分析单位，就需要充分考虑到研究对象和资料数据的可比性问题。事实上，所收集的资料数据缺乏可比性是比较教育研究方法存在的主要问题之一，这也是本书遭遇的最大难题之一。因此，笔者拟构建一个整合性的比较框架，以使四国的院校分层比较成为可能。如表2—2所示，首先，“金砖四国”

---

① 国家计委、教育部、财政部：《为科教兴国奠基——“211工程”“九五”建设成就综述》，http：//www. moe. edu. cn/edoas/website18/info3567. htm。

的高等教育系统在扩张过程中形成精英大学和大众型大学分野的局面，这两类大学在资源获得、自治权力以及组织声望等方面都有显著的差异。如果将两类大学进一步分层，精英大学可以大致分为高度自治的顶尖大学和研究型大学。前者意指每个国家内部位于院校分层金字塔顶端的特权大学，例如中国的清华大学和北京大学、印度的印度理工学院、俄罗斯的莫斯科大学和圣彼得堡大学以及巴西的圣保罗大学，这些大学都是各自国内享有绝对自主和充足资源的院校。研究型大学则是概指除了上述大学的精英大学，如中国的"双一流"大学（北京大学、清华大学除外）、俄罗斯的联邦大学和创新型大学等。这些大学享有高度自治且获得各国中央政府的巨额资助，是各国高等教育系统的中流砥柱。与精英大学相比，大众型大学可以划分为教学型大学和私立大学，这两类大学承担"金砖四国"高等教育扩招进程中入学率增长的绝大部分。[①] 尤其是"金砖四国"的私立大学，其发展速度之快使其成为近 20 年来世界高等教育发展的一道亮丽风景。然而，私立大学几乎不能获得任何的政府资金，全部依靠收取学费来获得生存，师资匮乏，教学质量较为低劣，只能位于院校分层结构的底层。同时，两者获得的政府公共资金和自治权力都很小，学校的职能也仅限于通过教学培养人才，很少进行高深的学术研究。

必须说明的是，这个分层框架的合法性只是普遍意义上的，其目的是为了获得后文实证研究的可比性。要进行国与国之间的比较，必须有一个相对客观和标准的"尺子"，才能让每个国家的院校分层一一对应，以获得较高的信效度。然而，许多个案和极端情况并不能纳入这个整合性框架。例如，俄罗斯的许多非国立大学不

---

① 例如，经过笔者测算，尽管中国高等教育整体上经历了接近 15 年的高速扩张，2013 年 34 所"985 工程大学"本科招生人数仅占全国高等教育入学人数的 2.5% 左右，这说明中国的高等教育大众化任务绝大部分由非精英大学承担。

仅仅只提供学历教育，甚至还有较高的学术研究水平，其中十几所还能培养博士研究生，可见其整体地位有可能超越专业学院和地方大学。[①] 反过来看，极端案例不能否定普遍意义上的合法性。如前文所述，对高等学校分层研究的最大用处不是对高等院校进行类别说明，而是对高等学校的变革方式进行探讨。本书的主要目的不是描述“金砖四国”高等学校的静态分层结构，而是从国家干预的角度对这种结构背后的深层原因进行探析。因此，本部分是要让读者大致了解到四国高等学校的具象分层结构以及构建一个整合性比较框架，为后文的实证比较奠定基础。

表 2—2　　“金砖四国”的高等学校分层结构

<table>
<tr><th colspan="2"></th><th>中国</th><th>印度</th><th>俄罗斯</th><th>巴西</th></tr>
<tr><td rowspan="2">精英大学</td><td>高度自治的顶尖大学</td><td>北京大学
清华大学</td><td>印度理工学院</td><td>莫斯科大学
圣彼得堡大学</td><td>圣保罗大学</td></tr>
<tr><td>研究型大学</td><td>“双一流”大学
其他部属大学</td><td>印度管理学院
中央直属大学</td><td>联邦大学
创新型大学</td><td>联邦公立大学</td></tr>
<tr><td rowspan="3">大众大学</td><td rowspan="2">教学型大学</td><td>省属大学</td><td>邦立大学</td><td>地方大学</td><td>州立公立大学</td></tr>
<tr><td>市属学院</td><td>公立学院</td><td>专业学院</td><td>市立公立大学</td></tr>
<tr><td>民办大学</td><td>私立大学</td><td>私立学院</td><td>非国立大学</td><td>私立大学</td></tr>
</table>

资料来源：笔者根据文献整理。

三　教育分流：考试选拔与贤能主义

“金砖四国”的高等教育系统经过 20 多年的扩张与转型，相对来说稀释了上层阶级进入大学的机会，快速增加了来自中等阶级和弱势群体的学生接受高等教育的概率。四国政府控制之下的精英高等教育系统（除俄罗斯以外）逐渐迈向大众化，如同今天的欧美日

① 何雪莲：《依附与发展：俄罗斯私立高等教育特点评述》，《比较教育研究》2007 年第 3 期。

等国家和地区一样。随着数量的扩张，大量学生进入不同层级的院校，这个过程称为“高等教育分流”。伯顿·克拉克（Burton Clark）认为，高等教育分流是促使大学系统向更多高中毕业生敞开大门的一种途径。这个过程不仅没有贬低或消耗精英高等教育的价值，还建立了许多二流或三流的高等教育机构来接受大众型受教育者。他以加利福尼亚州的高等教育系统为案例参照，将其当作一个精英与大众高等教育的复合体，这个系统包括私立大学（一部分是精英大学）和三个层次的公立院校系统，后者又包括加州大学系统（2009 年约 22 万名学生进入加州大学 10 所分校，相当一部分为精英大学）、大众型州立大学系统（拥有 23 个校园和 43 万名学生）以及“开放型”两年制社区学院（拥有 150 万名学生）。伯顿·克拉克认为，如此分层构成的加利福尼亚州高等教育系统是高度民主的，能够最大限度地满足年轻人对中学后教育的需求。[①] 董泽芳教授也认为，合理的高等教育分流具有促进社会分化与社会整合的功能，这种功能的发挥往往通过高等教育促进社会流动和社会分层来实现。[②]

然而，高等教育入学率的扩张是否真正促进了“金砖四国”的高等教育分流？理论和实践研究的回答都不乐观。艾德里安·E. 雷夫特瑞（Adrian E. Raftery）和迈克尔·霍特（Michael Hout）从文化再生产的角度提出 MMI（Maximally Maintained Inequality，最大限度地维持不平等）理论，核心观点就是除非较高阶层的入学需求已经处于饱和状态，否则教育扩张并不会影响到教育分层模式。[③] 随后，卢卡斯（Lucas）于 2001 年提出 EMI（Effectively Maintained

---

① Clark, Burton, *The Higher Education System; Academic Organization in Cross-National Perspective*, Berkeley: University of California Press, 1983, p. 108.

② 董泽芳、彭拥军：《实现高等教育合理分流 促进社会有效分化与整合》，《高等教育研究》2012 年第 8 期。

③ 郝大海：《中国城市教育分层研究（1949—2003）》，《中国社会科学》2007 年第 6 期。

Inequality，有效地维持不平等）理论，认为当数量均等在某个教育阶级实现以后，应该注意质量的不均等。优势阶层无论在何时何处都会确保其自身和子女教育机会的优势。如果教育机会在数量上的差异是显著和普遍的，那么优势阶层将获取数量上的优势；如果教育机会在质量上的差异是普遍的，那么优势阶层将获取质量上的优势。只要某个特定的教育层级还没有普及，社会经济占优势的阶层就会使用各种资源来确保获得该层级的教育。一旦该层级教育变得普及了，优势阶层将凭借其能力确保数量相似但质量更好的教育。[①] 事实上，这些理论得到实证经验研究的验证。约西·沙维特（Yossi Shavit）等人的研究证明来自优势阶层的学生在高级别的大学里不成比例地享受了更新或更高质量的高等教育机会，而高等教育系统的扩张吸收了更多来自弱势阶层的学生。[②] 在国内，郝大海也证实了 MMI 理论对中国现实的契合程度。他的研究显示：改革以来，中国教育机会总量的增加，特别是高等教育机会的扩大，并未如人们所预期的那样明显地缩小教育分层。改革前，由于政策干预对较高社会阶层特别是专业技术阶层教育需求的抑制，一定程度上缩小了教育分层；改革后，中国教育分层正显现出 MMI 假设的诸项特征：较高阶层在高中入学阶段具有稳定的优势。同时，专业技术阶层在大学入学阶段也具有一定优势。这表明，当前通过抑制较高阶层的教育诉求来实现教育分层最小化的政策干预已经终结。[③]

可以看出，高等教育的分流机制很大程度上受到文化资本和政治权力的影响，因此不会必然促进高等教育公平程度的提升。对于

---

① Samuel R. Lucas，"Effectively Maintained Inequality：Education Transitions，Track Mobility，and Social Background Effects"，*The American Journal of Sociology*，Vol. 106，No. 6，January 2001.

② Shavit，Yossi，（Ed.），*Stratification in Higher Education：A Comparative Study*，Stanford：Stanford University Press，2007，p. 22.

③ 郝大海：《中国城市教育分层研究（1949—2003）》，《中国社会科学》2007 年第 6 期。

提供高等教育这种公共服务的国家及其代理人政府来说，这必将损害政府统治的合法性基础。因此，政府会介入高等教育的分流过程，最大限度地减少社会阶级、财富、政治地位等因素对高等教育分流的主观影响，确保高等教育入学机会分配的客观性，以获得民众的认可，进而获得执政的合法性基础。在全球范围内，高等教育分流选拔机制大致分为以下几种：证书资格型、考试选拔型、综合评价型、面试审查型、推荐保送型和开放入学型。[①] 对于“金砖四国”来说，统一考试选拔不仅相对于其他几种途径更加客观，帮助政府获得政治合法性，且在人力和物力方面，经济效率更高，是四国政府广泛用来进行教育分流的途径。

在西方国家，“入学考试”被普遍认为最早是由哈佛大学在20世纪30年代的副校长亨利·琼西（Henry Chauncey）所创，他想要通过学业能力测验（Scholastic Aptitude Test，SAT）来拓展招收当时哈佛大学除了精英阶层之外那些受过良好教育的学生。这个测验的目的是选择最聪明的学生，而不考虑他的出身背景。这个测试受到哈佛大学校长詹姆斯·柯南特（James Conant）的全力支持，他和琼西都认为，在民主社会里，新的精英应该具备最聪明的大脑来补充前人的知识储备，而不考虑他们家庭的社会和经济地位。精英大学仍然是精英的，但其本质将会被改变。精英大学将会培养技艺精湛的专业人才，他们会引领知识的生产而非社会阶级的再造。那些并非内嵌于意识形态或社会政治传统的科学思想，将会成为新社会精英形成的基础。此外，这场运动还对“大学卓越”进行再定义。对学生进行测试成为大学拓展学术工作之科学基础的一种途径，大学将自己最终定义为“传输大学教育来培养不同水平的专业人才和促进劳动分工科学理性化的机构”。高等教育的分流，不仅

① 熊德明：《高等教育分流选择方式策略——国际比较与思考》，《大学》2007年第11期。

契合不同水平劳动力分配的理性化，一定程度上也促使了精英大学的民主化，将其镶嵌到全社会劳动力的总体结构当中。在这种“贤能主义”的影响下，SAT 开始作为哈佛大学的“高考”融入美国的学术文化，作为将学生划分至不同层次高校的分流机制。随着现代大学制度的传播，“入学考试”作为一种制度也被传播到世界各地，广泛地用于高等教育的分流过程。

苏联甚至在琼西再塑哈佛大学之前就发现了这种发展大学系统的极佳模式。早在 20 世纪 20 年代，苏联的大学就被认为是职业和专业训练的场所，为其军事和工业发展培养高水平的劳动力。在苏联获得政治权力的途径是通过加入共产党而非高等教育，但是提升计划经济的效率却是通过计划性的人力资本分配过程。这种计划是通过“入学考试”的学业成绩来组织的，年轻人被分配至不同水平和种类的高等教育机构，毕业后被定向分配至工业经济中的特定岗位。聚焦高水平的人力资本投资，并将其当成经济增长的一种来源是 20 世纪二三十年代苏联系统的重要特征。[①] 这与马克思主义的意识形态相一致，后者将劳动力视为创造经济价值的核心所在。苏联在此方面的意识要领先于欧洲其他国家，这些国家在 19 世纪晚期扩张了基础教育，但直到 20 世纪 30 年代仍然视中等和高等教育为保存社会特权的一种途径，而非促进经济和社会发展的关键。

美国和苏联在“入学考试”方面的尝试影响了全世界的高等教育分流机制。高等教育系统越来越分化，这个过程又以“入学考试”和“职业分化”为特征。因此，无论是资本主义还是社会主义国家，精英的形成都越来越科学理性，且受到专业技术劳动力培养导向的影响。这种变化在 20 世纪 90 年代以后，在巴西、印度和

① Carnoy, Martin, & Joel Samoff., *Education and Social Transition in the Third World*, Princeton: Princeton University Press, 1990, p. 19.

中国频繁出现。随着它们的高等教育系统从精英向大众转型，高等教育的受众从少数社会精英扩展到更加宽泛的年轻人，大学变得越来越“去政治化”，开始淡化培养政治和科技精英，而转向聚焦传递满足更高水平工作的、口径更广的市场技能。若从个人视角与过程视角来看，“入学考试”作为高等教育分流机制，是一场能力取向的“贤能主义”主导的公平竞争。分数面前人人平等，“贤能主义”暗示下获致性（成就、分数）因素成功遮蔽了“入学考试”的先赋性因素，帮助政府获得教育分流的合法性，进而促进了民众对于政府在高等教育分流方面的认同。

第三节 扩张结果：公立付费与私立大学

“金砖四国”政府秉承高等教育扩张前的历史传统，继续干预并主导着高等教育公共资金的分配，按照层级有计划性地分配至不同等级的学校。那么，主导并承担“金砖四国”高等教育扩张的是哪一层高校呢？政府又是如何制定分流机制且让这种扩张在民众看来合理合法，以获得终极的政治合法性呢？

一 巴西：私立大学入学率稳步增长

巴西的高等教育系统作为后殖民时代的产物，入学率的增长一直受到限制。20世纪七八十年代，巴西高等教育入学率仅为5%—12%。如同“金砖四国”中的中国和印度，巴西的高等教育扩张大约启动于20世纪90年代。在此之前，巴西进入私立高等教育机构的学生比例已经很高，在20世纪70年代达到60%，但是1997年之后，扩张入学的学生几乎仍然被私立大学全部吸收。高等教育的总入学人数从1995年的180万人（其中110万人在私立大学）增长到2000年的270万人（其中180万人在私立大学）再到2010年的540万人（其中400万人在私立大学）。从1997年到2010年，公立高等教育机构（包括大学、研究中心和其他形式的机构）的学生占比从39%下降到28%。私立高等教育机构的入学率在稳步增长，从1980年的38%上升到2010年的58%，且这种增速在1996年之后逐年加剧，如图2—1所示。然而，巴西的高等教育系统与“金砖四国”中的其他三国存在显著不同：其一，历史上巴西的公立大学是免费的（这与其他三国在20世纪80年代类似），且现在仍然是免费的（其他三国中，只有俄罗斯在提供少量的免费教育）；其二，有非常高比例的大学生进入私立大学，他们通过支付学费担负起这些私立大学的运营费用；其三，这些私立大学中的一部分素有宗教传统，且几乎全部为天主教。它们受到宗教组织的资助且有非营利组织的身份，但与此同时，它们仍然收取学费，有一些甚至相当高昂。

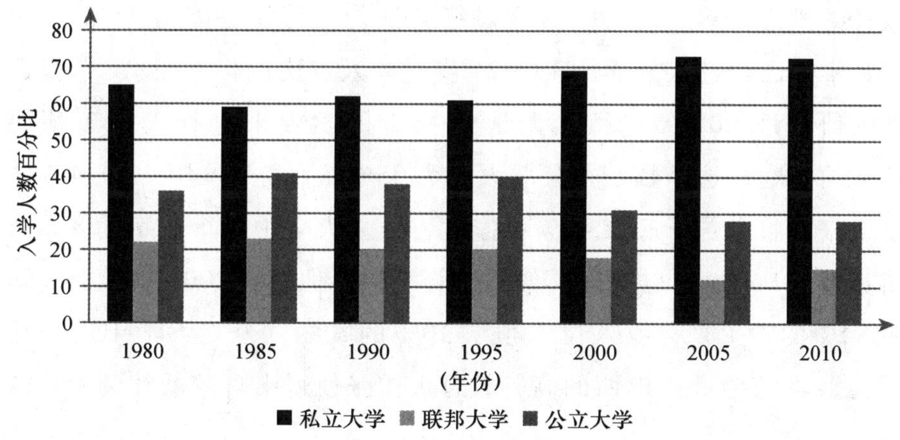

图2—1　巴西不同类型高校的入学人数占比（1980—2010）（%）

资料来源：Carnoy Martin.，*University Expansion in a Changing Global Economy*：*Triumph of the BRICs*? California：Stanford University Press，2013，p. 34.

这使得巴西高等教育呈现出一个有趣的悖论。因为公立的联邦大学和许多州立大学享有特权，进入这些学校的学生可以免付学费，所以绝大部分最好的学生都在努力进入公立大学，尤其是联邦大学，与“金砖四国”中的其他三国类似。然而，这些在高中毕业考试中表现极佳的学生大多来自上层阶级的家庭，以及质量非常高的私立高中。有数据显示，随着巴西高质量公立高中的逐渐减少，60%的公立大学学生都曾在私立高中就读。这些学生的家庭愿意支付私立高中的高额学费以增加他们获取免费公立高等教育的概率。此外，公立大学尤其是联邦大学的生均成本要比绝大部分私立大学高。

那么，巴西高等教育分流的结果到底如何？根据西蒙·施瓦茨曼（Simon Schwartzman）的假设，更具选择性的联邦大学和州立大学（均为公立大学）能够招录较高社会阶级的学生，因为他们占有更多的文化资本和经济资本以投资更好的高中教育。相反，私立大学将会招录较低社会阶层的学生，因为他们难以获得免费公立高等教育的机会。然而，这个假设最终被证伪，可能是因为21世纪第一个十年巴西进入大学的18—24岁适龄人口比例仍然很低。[①] 根据他的研究，2002年，私立大学中48%的学生来自收入位于顶层10%的家庭，这个数字在公立大学为35%；私立大学中少于4%的学生来自收入位于底层40%的家庭，公立大学中这个数字为8%。[②] 埃克特（Eckert）也得出类似的估算结果，他发现2007年私立大学中34%的学生来自收入位于顶层10%的家庭，公立大学中这个比例为13%。因此，巴西的高等教育大扩张使得来自较低社会阶层的

① 施瓦茨曼估测巴西2002年的高等教育净入学率仅为9.8%，毛入学率为16.6%。“毛入学率”指公式中计算分子高等教育在学人数时，不考虑学生的年龄大小；“净入学率”是指公式中计算分子高等教育在学人数时，要考虑学生的年龄大小，即只包括与分母相同年龄段（18—24岁）的学生人数，小于18岁或大于22岁的学生不计算在内。由此可见，此时巴西18—22岁的适龄人口进入大学的比例还很低。

② Schwartzman, Simon, "Equity, Quality, and Relevance in Higher Education in Brazil", *Anais da Academia Brasileire de Ciências*, Vol. 76, No. 1, March 2004.

学生受惠，来自收入位于底层40%家庭的学生在私立大学的就读比例从3%增长到8%，在公立大学从7%增长到13%。[①] 因此，与我们期望的结果相反，巴西私立大学的学生比公立大学更有可能来自收入较高的家庭。由此可见，巴西大学和政府的"平权行动"收效显著。巴西的每一所个体大学都有自己的机制和途径来帮助那些家庭收入较低且在公立高中（质量不高）就读的学生。此外，巴西政府也会资助私立大学中来自低收入家庭学生的学费，这样不仅能够填充许多私立大学因产能过剩而空缺的席位，还能帮助联邦政府有效地监控私立大学给那些受惠于"平权行动"的学生提供高质量的学术训练。

与其他三国一样，巴西也使用"入学考试"作为分配优质公立高等教育资源的途径。但这些考试并不是统一的，几乎所有的联邦大学和绝大部分州立大学以及许多私立大学都有自己的"入学考试"。联邦政府也正在努力推行一个单一的联邦入学考试，并在许多学校已经推广实施。与其他国家一样，不同类型的大学和不同专业的申请人数有巨大差异。巴西需求最旺盛的专业是医学、健康与药学以及应用社会科学。2001年，联邦和州立大学的医学专业申请比为40：1，健康与药学为19：1，应用社会科学为15：1，紧随其后的工程与计算机科学为12：1。然而，私立大学却门可罗雀，2001年的平均申请比为1.8：1，公立大学为10：1。[②] 随着1997年之后私立高等教育的巨大扩张和公立高等教育的适度扩张，公私立大学的申请比都在下降，如表2—3所示。私立大学的申请比下降最为剧烈，公立大学稍慢。更为惨烈的是，公立大学

---

① Eckert Baeta Neves, Clarissa, "Using Social Inclusion Policies to Enhance Access and Equity in Brazil's Higher Education", *Financing Access and Equity in Higher Education*, Brill Sense, 2009, pp. 169 – 188.

② Schwartzman, Simon, "Equity, Quality, and Relevance in Higher Education in Brazil", *Anais da Academia Brasileire de Ciências*, Vol. 76, No. 1, March 2004.

很少招录后空缺，私立大学的产能越来越过剩。1997 年仅为 22%，到 2004 年和 2010 年接近一半的席位空缺。对于学生来说，申请私立大学仅仅是为了规避不能被公立大学录取的风险，很多学生即使被私立大学录取也不会就读。但联邦大学和州立大学录取的学生最终几乎都接受了录取。从专业的角度来看，工程科学和计算机科学专业的占比正在增长。工程科学的人数在过去的十年里从 1999 年的 18 万增长到 2010 年的 54. 6 万，占比从 7. 5% 增长到 10%。如果算上计算机科学专业的人数，占比从 9. 4% 上升到 11. 9%。工程科学的学生在公立大学中的占比要比平均水平高，但这种情况正在改变，因为私立大学中，工程科学的学生增长速度要高于平均水平。1999 年，49% 工程科学的学生在私立大学就读，2010 年增至 62%，而同期整个私立大学的招生比例仅从 65% 增至 73%。

表 2—3　　巴西不同类型高校的申请比与空缺比（1994—2010）

单位：千人,%

年份	高校类型	申请人数	招录	申请比	空缺人数	空缺比
1994	联邦大学	683	85	8. 0	8. 7	10. 2
	州立大学	523. 8	58. 5	9. 0	3. 5	6. 0
	市立大学	85. 6	33. 9	2. 5	5. 2	15. 3
	私立大学	944. 6	396. 9	2. 4	93. 5	23. 6
1997	联邦大学	752. 4	88. 7	8. 5	2. 3	2. 6
	州立大学	577. 7	64. 3	9. 0	3. 8	5. 9
	市立大学	95. 7	40. 8	2. 3	5. 9	14. 5
	私立大学	1290	505. 4	2. 6	113. 4	22. 4
2001	联邦大学	1198. 2	123. 5	9. 7	2. 3	1. 9
	州立大学	962. 6	101. 8	9. 5	4. 7	4. 6
	市立大学	63. 3	31. 2	2. 0	4. 9	15. 7
	私立大学	2036. 1	1152	1. 8	359. 9	31. 2

续表

年份	高校类型	申请人数	招录	申请比	空缺人数	空缺比
2004	联邦大学	1287.6	124.0	10.4	1.1	0.9
	州立大学	1058.9	131.7	8.0	6.3	4.8
	市立大学	84.9	52.8	1.6	13.9	26.3
	私立大学	2622.6	2011.9	1.3	996	49.5
2010	联邦大学	2252.5	248.5	9.1	-20.7	/
	州立大学	1041.4	138.3	7.5	3.4	2.4
	市立大学	70.9	58.5	1.2	26.9	46.0
	私立大学	3334.1	2674.9	1.2	1308.7	48.9

资料来源：Carnoy Martin, *University Expansion in a Changing Global Economy: Triumph of the BRICs?* California: Stanford University Press, 2013, p. 61.

20世纪90年代初期，曼纽尔·卡斯泰尔（Manuel Castells）认为拉丁美洲大学从“培养政治和社会精英”向“发展科学技术”的转变会是拉丁美洲成功的关键，这是其高等教育分化和扩张的结果。[①] 巴西正秉承着“贤能主义”的选拔精神，通过考试来大幅度增加高等教育入学率，虽然主要依靠收费的私立大学来完成。除了入学考试之外，巴西政府担心私立大学吸收了大部分的大学新生却质量不足，还在大学的最后一年对所有学生进行考试评估。以2008年为例，招生最多的30所大学中19所为私立大学，最大的5所私立大学招生总量超过50万人。一些从公立大学落榜的中学生也许会退而进入较低质量的私立大学，因此这种担心和考试是必要的。这个考试名为ENADE，在大学第一年和倒数第二年的年末施测。并非每个专业每年都测试，但联邦大学和州立大学都希望在这种附加值测试中拔得头筹，以展示自己专业质量良好。例如2008年，在653所参加ENADE测试的计算机科学专业

① Castells, Manuel, "The University System: Engine of Development in the New World Economy", *Revitalizing Higher Education*, Vol. 1994, 1994.

前300名中，215所来自私立大学，48所来自联邦大学，30所来自州立大学，7所来自市立大学。在其余垫底的353所大学中，321所是私立大学，20所是市立大学，9所是州立大学，仅有3所是联邦大学。这个测试能够描绘出一种院校分层，许多不受政府规制的私有大学表现不佳。

二 俄罗斯：后苏联时代的公立大学

在俄罗斯，苏联的列宁和斯大林主义使得大学成为高水平技术训练的中心场所，高度专业化的技术性知识在大学里获得特殊地位。工业模式中的葛兰西术语“福特主义”（Fordism）[①] 被移植到大学的管理文化中，高等教育系统被当成为国有企业培养技术熟练的产业工人的场所，一定程度上将技术型大学与这些产业直接联系在一起。这些技术型大学今天仍然存在，即使某些相关行业已经严重退化或者不存在。然而，随着计划经济在20世纪80年代末遭遇经济和政治危机，俄罗斯政府对于高等教育的公共支出骤降40%左右，入学率也相应下降10%。直到1995年，公共资金和入学率才得以恢复，此后12年，俄罗斯高等教育经历了巨大的扩张。公立大学入学人数几乎翻番，公立大学和非国立大学一共增长了2.8倍。2008年，俄罗斯成为世界上高等教育入学率最高的国家之一。由于在扩张之前俄罗斯已经有了较高的高等教育入学率，所以公立高等教育系统本身并没有进行激烈的改革。俄罗斯政府继续按照之前传统模式给不同种类的大学和专业分配招生数额，许多传统专业因为免收学费仍然大受学生欢迎。和过去一样，这些名额通过大学入学考试分配给了获得最高分的学生。现在，俄罗斯每一所大学都

---

① 福特主义（Fordism）一词最早起源于安东尼奥·葛兰西，他使用“福特主义”来描述一种基于美国方式的新的工业生活模式。它是指以市场为导向，以分工和专业化为基础，以较低产品价格作为竞争手段的刚性生产模式。

有自己的入学考试，学生可以申请参加多个考试以申请多所大学。这是一种维持“贤能主义”的尝试，通过考试给不同的大学分配学生。这同样滋生了很大程度的腐败，许多大学教师都兼职帮助学生准备大学入学考试，以赚取利润。因此，联邦政府于2001年发起并于2009年正式实施所有学生都必须参加的全国统一入学考试，但是个别大学仍然可以通过自己设置的考试对全国统一考试进行补充。

然而，真正促使高等教育大扩张的是叶利钦政府进行的高等教育融资改革，通过引入“成本分担”来满足民众旺盛的需求。这个改革使得以前由政府全额资助的公立大学开始收取学费。如图2—2所示，2006年俄罗斯的公立大学中有一半的学生在支付学费，这个数据在2010年增长到55%。大部分大学在争相开设能够收取学费的专业，因为只有学费收入才真正掌控在大学手中。即使一些很小的城镇也能经常见到许多公立大学开设的分校，这些分校中90%以上的学生都需要缴纳学费。即使这样，公立大学的付费名额还是不能满足不断增长的社会需求，政府开始鼓励建设许多规模较小的非国立大学（私立大学）。可以说，“成本分担”和非国立大学帮助俄罗斯完成高等教育在20世纪90年代以后的快速扩张，尤其是1998年经济恢复之后。到2007年，俄罗斯约750万名大学生中有超过60%的学生在付费的公立大学（44%）或者私立大学就读。

在专业分配方面，2000年，俄罗斯有13%—14%的学生毕业于工程科学及其相关专业。这个百分比一直比较稳定，但随着高等教育入学人数的扩张，工科毕业生的总人数也在增长。从图2—3中可以看出，俄罗斯每年几乎有15万年轻人毕业于工程科学或计算机科学专业。虽然总数比中国和印度少，但考虑到俄罗斯的总人口基数，它比“金砖四国”中任何一个国家都培养了更高比例的工科毕业生。2010年，俄罗斯毕业了37000名五年制的电气和信息类专家，虽少于中国和印度，但相当于巴西整个工程科学类毕业生的总和。

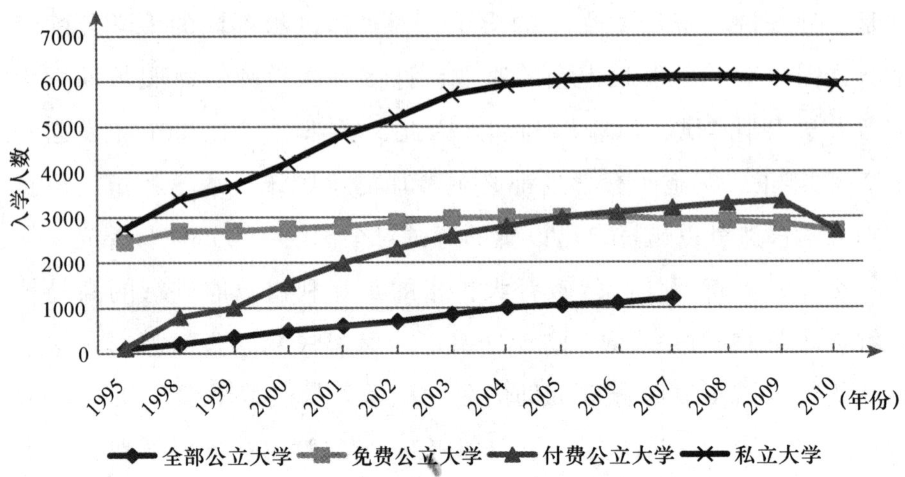

图 2—2 俄罗斯不同类型高校的入学人数（1995—2010）（千人）

资料来源：Federal Service for Government Statistics. 2011. Russian Statistical Yearbook. www. gks. ru/bgd/regl/b11_ 13/IssWWW. exe/Stg/d2/07 – 56. htm（accessed Aug. 3，2012）.

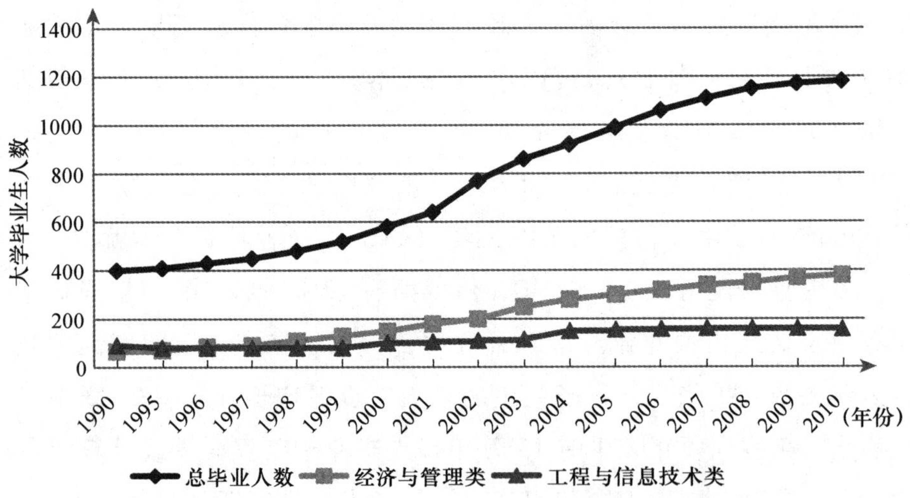

图 2—3 俄罗斯公立大学中经管和工程与信息科学专业的毕业生人数（1990—2010）（千人）

资料来源：Federal Service for Government Statistics. 2011. Russian Statistical Yearbook. www. gks. ru/bgd/regl/b11_ 13/IssWWW. exe/Stg/d2/07 – 56. htm（accessed Aug. 3，2012）.

俄罗斯的高等教育扩张不仅在“金砖四国”里比较特殊，甚至在世界范围内都非比寻常。它与欧美日等第一梯队的国家或地区一起经历第一次世界范围内的高等教育扩张，在经历了一段时间的停滞以后，又与“金砖四国”一起经历了世界范围内的第二次高等教育扩张。现在，俄罗斯的高等教育入学率已经非常高，但接下来的十年俄罗斯将会经历一个人口增速减慢的过程，这将使俄罗斯的高等教育入学人数与许多欧洲国家一样显著下降。人口增长减速与近期俄罗斯遭受的经济危机一起，将对其高等教育的变革有重大影响。

三　印度：地方政府主导的私立大学

印度始于20世纪90年代的经济增长，给其高等教育系统的扩张带来动力。1985年，印度仅有不到6000所学院和450万名在校学生，到2009—2010年度，它有超过32000所学院和1700万名学生，其中1400万人为本科生。大学（包括国家级研究机构）的数量翻了三番，从大约200所增长到600所。现在，印度高等教育系统已经成为高等院校数量世界第一和在校生人数世界第三的庞大高等教育系统。[①] 尽管入学人数和新建院校的数量增长迅速，显示印度大步迈向高等教育大众化，但印度进入大学的适龄人口比例仍然很低，2009—2010年仅为大约15%。各个州之间的入学率差异非常大，有最高的得里（Delhi，45%）和北阿坎德邦（Uttarakhand，35%），也有均低于10%的阿萨姆邦（Assam）、贾坎德邦（Jharkhand）、拉贾斯坦邦（Rajasthan）。[②] 这主要是因为这几个邦的大部分人口居住在农村地区，而2005—2006年的数据估测，农村地区

---

① 施晓光：《印度高等教育政策的回顾与展望》，《北京大学教育评论》2009年第2期。

② Ministry of Human Resource Development（MHRD），“Statistics of Higher & Technical Education，2009－2010”，New Delhi：Bureau of Planning，Monitoring & Statistics，2011.

的高等教育入学率为7%，城市地区则为20%。

在专业分配方面，如表2—4所示，2010—2011年几乎60%的学生（包括本科生、研究生和短期班的学生）就读于人文与科学（文理）专业，17%的学生就读于商科专业（经贸与管理），另外17%的学生就读于工程与技术教育专业，剩下的4%在医学专业就读。如果仅仅计算本科生的比例，印度工程与技术教育专业的学生占14%—15%，超过俄罗斯和巴西，仅次于中国。工程与技术教育类专业的入学率增长要快于其他专业（商科也是如此），因此，其毕业生的绝对数也以较高速度增长。2010—2011年，有接近200万名本科生进入工科类大学就读，是十年前的四倍。20世纪90年代中期，印度的工程技术类学院每年仅培养5万名四年制本科生，2006年这个数据飙增至25万。相应地，从1990年到2005年，印度工程技术类本科生的总量翻了一倍，从50万增长到120万。这个比率已经非常高，每百万人口中工程技术类毕业生的数量已经等同甚至超过许多发达国家。必须要说明的是，并不是每一名印度工程技术类毕业生都从事了工程师的工作。兰根·班纳吉（Rangan Banerjee）的数据显示21世纪初印度每百万人口中的工程师数量（214人）要少于中国（340人），远少于许多发达国家，尤其是同处于亚洲的日本（765人）和韩国（1435人）。①

表2—4　　印度不同专业的入学人数及占比（1990—2011）　　单位：人,%

专业	入学人数（1990—1991）	占比	入学人数（2001—2002）	占比	入学人数（2010—2011）	占比
人文艺术	1789480	40.4	4069632	46.1	6177730	36.4
科学	869119	19.6	1754110	19.9	3127042	18.4

① Banerjee, Rangan, & Vinayak Muley, "Engineering Education in India", *Report to Energy Systems Engineering*, IIT Bombay, Sponsored by Observer Research Foundation, 2007.

续表

专业	入学人数（1990—1991）	占比	入学人数（2001—2002）	占比	入学人数（2010—2011）	占比
商贸/管理	969882	21.9	1575940	17.9	2904752	17.1
教育	99613	2.3	114678	1.3	569961	3.4
工程/技术	216837	4.9	605597	6.9	2862439	16.9
医学	150458	3.4	275943	3.1	652533	3.8
农学	46908	1.1	52833	0.6	93166	0.6
兽医学	11063	0.3	14270	0.2	27423	0.2
法律	234538	5.3	280449	3.2	327146	1.9
其他	37349	0.8	77643	0.9	232691	1.4
总计	4425247	100	8821095	100	16974883	100

注：入学人数包括研究生、本科生以及专科生（短期学位）。

资料来源：University Grants Commission，Various Years，Annual Reports，Appendix Tables.

印度高等教育快速增长的一个重要特征是新建私立学院如雨后春笋般出现，且它们无一例外地都依靠学费来支撑运行。这些经费自筹的学院提供工程科学、管理和医学方面的认证课程，以及培训年轻人进入 IT 行业工作。根据印度计划委员会（Planning Commission）的最新报告，私立高等教育的入学人数大约占印度高等职业教育的 80% 和整个高等教育入学人数的 60%。[①] 根据班纳吉（Banerjee）的估测，2006—2007 年 76% 的工程技术类招生都在私立大学。[②] 虽然印度联邦政府近些年投资创办了多所印度理工学院（从 7 所增长到 16 所），并开办了多所全国技术学院（NITs），但承担印度高等教育扩张主要任务的还是这些私立学院。马丁·卡诺瓦（Martin Carnoy）根据印度九个州技术教育网站上的数据，对

① Tilak，Jandhyala B. & Cubas A. G.，"Private Sector in Higher Education：A Few Stylized Facts"，*Quality*，*Access and Social Justice in Higher Education*，2011b，pp. 11－33.

② Banerjee，Rangan，& Vinayak Muley，"Engineering Education in India"，*Report to Energy Systems Engineering*，IIT Bombay Sponsored by Observer Research Foundation. 2007.

2010—2011 年度/2011—2012 年度的学生录取数量进行估测：即使把印度理工学院和全国技术学院算在内，仍有 90% 的学生进入了自筹经费的私立学院。其中，卡纳塔克邦（Karnataka）的数据保守估计有 75% 的学生进入他们的私立工科学院，如果其他邦和这个数据类似，且假设印度理工学院、全国技术学院以及公立大学的招生满额，那么 2010—2011/2011—2012 年度就有大约 87% 的工程技术类学生进入私立大学，与其他估测相近。这说明私立工程学院吸收了绝大部分扩招的工程技术类学生。

然而，印度的私立大学与“金砖四国”的其他国家差别很大。印度大学实行“附属制”，所有的私立学院必须附属于一所公立大学，后者能够审计私立学院的课程，控制其考试，进入私立学院的学生必须通过这些考试才能获得认可。大学与学院又显著不同，大学仅提供研究生教育（少数提供有限的本科教育），有自主设定课程和组织考试的权力，其更重要的角色是作为许多附属私立学院的母体大学。大多数学院仅提供本科生教育，少量提供研究生教育。此外，印度的公立大学、公立学院和私立附属机构都受到联邦政府和邦政府对其大学使命与学费政策的双重控制。例如，每个专业都必须招收一定比例弱势群体的学生。此外，还如后文将要阐述的印度高等教育的融资策略，州政府为大部分进入私立学院的学生规定了学费标准，这些学生包括受惠于平权行动的学生以及在州政府组织的入学考试中获得高分的学生。私立学院与公立大学之间的复杂关系、超过 50% 的学生就读其中以及超过 90% 的工程技术类学生，使得印度的私立高等教育非常难以“定义”。它既受制于政府对课程内容、考试标准以及其他事务的重重控制，又享有作为自筹经费的组织进行累计盈余和大力扩张的自由。

戴维什·卡普尔（Devesh Kapur）认为，附属于公立大学的私立学院的快速增长，不仅正逐渐改变学生接受公立还是私立高等教育的选择，还改变了公立大学作为学位授予机构的角色，使其逐渐远离教学和研究。此外，公立大学极力反对给予私立学院自主权，尤其是授予其“私立名誉大学”（Deemed University）的头衔。[①②]但与此同时，公立大学以及联邦和邦政府的机构如 AICTE 又很难知晓并追踪这些自筹经费的私立学院的动向。卡普尔（Kapur）还认为：“是不断新建的私立学院在满足印度对高等教育日益增长的需求，而不是公立大学。私立学院更少受到政治压力的影响，这使得许多发展中国家的公立大学苦不堪言。私立学院能够更加敏捷地回应来自雇佣者和劳动力市场的需要变化，但其自身也是高度变化的，不确定性的增加使得其质量难以保障。”[③] 付费的私立学院成为印度高等教育扩张的主要承载者，是因为印度政府限制了公立大学和受助型私立学院的本科招生名额，其整个高等教育的适龄人口入学比例仍很低且学生多来自较高社会阶层等。即使有些大学的学费非常昂贵，但为了孩子能接受大学教育，家长还是非常愿意且支付学费。有调查显示，大多数学生家长（80% 的父亲和 60% 的母亲）都拥有大学教育的经历，这在印度是一个非常高级别的社会经济群体。此外，对于那些来自较低社会阶层的学生来说，政府给他们硬性制定了较低的学费标准。更重要的是，高等教育的收益率在节节攀升，这使得民众对大学教育的需求大涨，即使是进入私立付费学院。

四　中国：非精英的付费制公立大学

中国的高等教育扩张也始于 20 世纪 90 年代后期。1996 年，中

---

① 在印度，只有大学才有学位授予权，而大学的建立需要国家和州立法的批准。为了减轻中央立法对私立大学的压力，印度政府开始逐步向私立院校授予名誉大学的身份，从而让这些学院也获得一定的学位授予权。

② Pawan Agarwal、王冬梅：《印度私立高等教育的新动向：私立名誉大学的崛起》，《教育发展研究》2007 年第 20 期。

③ Kapur, Devesh, “Indian Higher Education”, *American Universities in a Global Market*, 2010, p. 6.

国只有4%（约300万人）的18—24岁适龄人口在接受高等教育，这个数字飙升至2009年的24%，大约2700万人。如图2—4所示，大约一半的学生进入了两年制或三年制的高等职业院校，因此，2009年四年制本科院校的在学人数大概是1400万。如此巨大的扩张是因为改革开放之后的经济快速增长促使政府增加高等教育投入，进而导致高等教育入学率的激增。民众在人均收入方面的增长使得政府能够在20世纪90年代引入学费制来获取社会资源。由于经济增长逐渐带来对高质量劳动力的需要，高等教育的收益率快速上升，越来越多的家庭开始有能力且有意愿来支付大学学费。在引入“成本分担”即学费制以后，各级政府和高校开始计划性地提升高等教育入学率。这个计划需要教育部与地方政府以及高校协商，来制定本学年各个省、各个高校和各个专业的招生配额。正是通过这种年度招生计划，政策决定者得以扩张不同种类高校以及制定不同专业的招生数额。

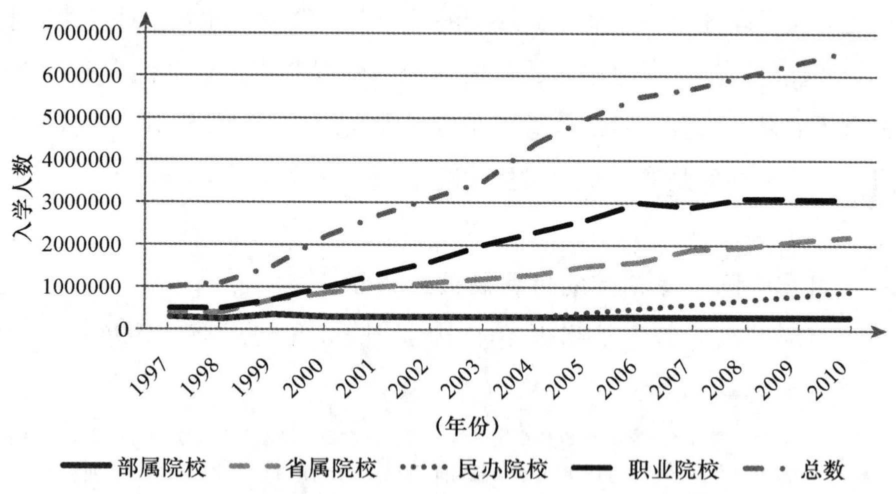

图2—4 中国不同类型高等院校的招生人数（1997—2010年）（人）

资料来源：国家统计局：《中国教育统计年鉴》（1998—2011年）。

然而，在中国高等教育的扩张过程中，精英的研究型大学入学率一直保持平稳，并未承担扩张的主体任务。20 世纪 90 年代，许多部属重点高校进行合并，目的是为了接受特殊的公共资源以冲击“世界一流大学”。我们将在后文详细阐述中央政府如何将巨额的公共资金分配给这些研究型大学，但与此同时却维持其较少的入学人数，以确保生均资源和教育质量。真正承担中国高等教育扩张主体任务的是省级政府管辖范围内的地方高校，几乎所有此类大学都扩招了入学人数，从 1997 年到 2009 年平均增长 6 倍左右。这种特殊的资源分配和招生制度设计，把普通大学培养的专业人才和“世界一流”的尖端大学培养的精英研究型毕业生相剥离。当然，也有少许的省属大学是研究型的，它们培养博士并试图打破这种界限，尽管它们所获得的生均经费比中央部属的精英大学少得多。中国的民办大学发展速度并不是很快，从 2004 年的 101 万人增长到 2009 年的 219 万人。[①] 一方面，是因为民办大学的学费较高；另一方面，也反映出政府在限制民办大学招生比重方面的意志（压制在 20% 左右）。三年制的公立或民办大专院校的招生人数从 1997 到 2009 年翻了 6 倍，而这些高校也大多处于地方省级政府的管辖之下。2009 年的数据显示，这些职业大专院校的招生数占比达到 45% 左右。[②] 鉴于此，中国地方政府管辖下的地方高校和职业大专院校是过去 20 年中高等教育大扩张的主力军，而精英高校在获得特殊资源的情况下并未广泛地参与到这种数量的扩张中来。

这种精英与大众分化、受到政府控制且快速的高等教育大扩张，让更多的学生获得接受高等教育的机会，但非精英大学如此迅速繁殖，也导致高等教育系统内部出现更大的不公平。[③] 普拉山

---

① 国家统计局 2005 年和 2010 年的数据。

② 国家统计局 2010 年的数据。

③ Shavit, Yossi, (Ed.), *Stratification in Higher Education: A Comparative Study*, Stanford: Stanford University Press, 2007, p. 108.

特·罗耀卡（Prashant Loyalka）阐述了中国学前教育不同阶段的严厉政策在大学申请和招录过程中如何按照家庭社会经济地位来加剧学生之间的不公平。例如，各级政府制订的年度招生计划会给较高人均收入的省份更多的名额，重点大学的招生比例也会与此相对应。北京、上海和浙江作为中国最发达的地区，20%—25%的适龄学生会进入四年制本科院校，而河南、云南和贵州这些欠发达地区的平均入学率才8%。[①] 这些给不同省份分配名额的原则，包括政策决定者使用的公式和标准都是不透明的。地方财政对于地方院校的支持可能会迫使其招录本省的学生，虽然这种影响还不能被精确测算。也有可能是代表中央政府的教育部受到来自地方需求的压力，从而相信经济发达的省份需要更多名额，因为它们有更高比例的高质量高中毕业生。尽管这些客观原因的确存在，但是高等教育资源分配的区域不平衡仍然受到公众和学界的诟病，高考作为将学生分配进入不同大学的机制首当其冲。高考分数作为中国高等教育分流的"指挥棒"，促使学生通过死记硬背来应试，磨灭了学生主动学习和批判思考的天性，并带给学生和家长"排山倒海"般的压力。因此，一些重点大学开始试点"自主招生"，其人数不能超过试点学校年度本科招生计划总数的5%，希望以此来缓解全国统一高考带来的诸多问题。然而，民众和学界对此褒贬不一，尚不清楚"自主招生"是加剧还是缩减了高等教育的不公平。此外，精英型与大众型大学的分化，必将带来两种大学在管理水平和经营方式的差异。较低层级的大众型大学会更关心如何通过本科生项目来增加学生数量，并压缩成本；较高层级的精英大学会更关心如何提高教育质量，包括聘请高质量的教授以及创造条件帮助它们完成更高质量的学术研究。下一章详细介绍"金砖四国"的研究型大学建设

---

① Loyalka, Prashant, "Three Essays on Chinese Higher Education after Expansion and Reform: Sorting, Financial Aid, and College Selectivity", *Stanford University*, September 2009.

现状。

在专业分流方面，中国高等教育扩张的另一个主要特征就是录取非常高比例的工科学生，这非常类似于“金砖四国”中的其他国家。2010 年国家统计局的数据显示，尽管四年制工科院校的本科生占比有所回落，但 2009 年仍然保持在 32% 的高位。[①] 格里芬（Gereffi）将这个比例与美国等发达国家进行比较。2009 年，中国有总数超过 100 万名本科生从四年制工科院校（尽管工程科学是一个较为宽泛的概念）毕业，大约是美国的 9 倍。在中国，本科生一旦进入工科院校就很难转换专业，且会于四年后毕业，而美国的工科本科生经常变化专业或不能及时毕业。研究生水平上的工程技术类学生占比同样居高不下，工科硕士的占比达到 30%，工科博士的占比更是超过 40%。每年中国高校大约授予 15000 名工科博士学位，这在世界范围内首屈一指。2009 年，印度授予此方面的博士学位 1140 名，俄罗斯为 7500 名，巴西仅为 1300 名。

未来，中国高等教育数量扩张和质量提升的蓝图已经绘于《国家中长期教育改革和发展规划纲要（2010—2020 年）》。规划要求到 2020 年高等教育的入学规模将达到 3300 万，其中 45% 会进入三年制职业大专院校，适当调整民办院校的高等教育供给量，重中之重则是把“提高质量”作为未来实践的关键。然而，必须看到一些现实，中国的人口正在迅速老龄化，相比较于印度和巴西而言，大学的适龄人口在未来将会持续下降。如此来看，2020 年高等教育毛入学率超过 40% 不会有任何悬念，其中 55% 进入四年制本科院校也挑战不大。可以说，总体适龄人口的快速下降给政府继续实行高等教育扩张提供了更大的空间，未来政府的工作重心必将从“数量扩张”转向“质量提升”。

① 国家统计局 2010 年数据。

第四节　小结

本章分析了“金砖四国”高等教育转型过程中的入学人数变化趋势，并将其与全球范围内的第一次高等教育大扩张（由欧美等发达国家和地区完成）进行比较，进而提炼出两次扩张的差异。20世纪80年代即“金砖四国”开始现代化转型之前，除了俄罗斯之外，其他三个国家的高等教育还仅仅为极少数的社会精英服务，是政府控制下的精英高等教育。在随后20年的扩张进程中，并不是所有的院校都积极参与了这种数量上的扩张。政府通过干预院校分层和教育分流机制让不同层级的院校与学生在正处于转型的高等教育系统中找到相应的位置，其结果是付费的公立大学和私立大学大量出现并承担“金砖四国”高等教育转型过程中数量扩张的主体任务，而位于院校分层结构顶层的少数精英研究型大学在招生数量上并未出现大量扩张，却获得了大量的政府公共资金。这种结果与发达国家在20世纪中叶完成的高等教育扩张显著不同。即使在由政府公共资金资助的公立大学系统，发达国家高等教育扩张过程中不断增加的资源最终也以学费的形式直接分摊给学生或学生家庭，没有证据表明不同层级院校分层谱系中高级别和低级别的院校之间的资源差距在加大。那么，“金砖四国”投入少部分精英大学的公共资金用处何为？下一章将对此进行回答。

第三章

研究型大学建设：转型中的精英延续

第二次世界大战以后，欧美日等发达国家和地区率先拉开高等教育扩张的大幕，随之带来的是高等学校数量和在学人数的激增。这股扩张的趋势除了满足经济发展对高级人才的需求之外，也是为了回应战后各国对于教育机会均等的诉求。20 世纪 90 年代之后，以“金砖四国”为代表的发展中国家奋起直追，各自迈出高等教育大扩张的步伐。然而，世界各国的高等教育政策在 20 世纪 90 年代之后有了明显的改变，对均等的考量逐渐被追求卓越所取代。许多国家纷纷启动建设世界一流大学的计划，比如德国的“精英大学”（Elite Universities）计划、日本的“卓越中心”（Center of Excellence）计划、韩国的“21 世纪首脑”（Brain Korea 21）计划以及中国的“双一流”大学等。中国台湾学者戴晓霞认为，导致此次政策转向的主要因素包括：其一，知识经济和全球化改变了国际竞争的形态，经济的成功必须以知识为基础，大学在知识创新方面所扮演的角色更为重要；其二，高等教育的发展多样化，并非所有大学都以学术卓越为其目标；其三，高等教育的扩张与公共高等教育经费无法同步增长，必须集中学术研发资源在学术上能有卓越表现的少数几所大学；其四，国际高等教育市场竞争白热化，学术卓越成为最佳竞争策略。[①] 因此，相较于欧美日等发达国家开启的第一次高等教育大扩张，“金砖四国”领衔的世界范围内第二次高等教育大扩张更为复杂和艰难，除了在数量上要完成从精英向大众的转变，在质量上也要努力在全球格局中与发达国家比肩，近年来四国相继开始建设的“研究型大学”就是最好的例证。

何谓研究型大学？政府在其中发挥的作用是什么？它要如何建设呢？菲利普·阿特巴赫（Philip Altbach）将研究型大学定义为：在许多学科领域从事知识的传播和创造，并拥有高水平的教学和研究所必需的实验室、图书馆及其他基础设施的学术机构。虽然典型的研究型大学是大型的、多学科的，但也存在少部分只专注于某一单一学科领域的小型研究型大学。[②] 以前，政府在促进研究型大学发展的过程中并不是一个关键因素。回顾一下美国常春藤高校的发展历史就会发现，这些学校取得的突出成绩基本上都是学校自己逐步发展的结果，而不是政府的刻意行为。同样，牛津大学和剑桥大学在过去的几个世纪中，都是按照自身的意志发展，虽然也使用了公共经费，但在学校管理、使命和发展方向等方面享有大量的自治权。但时至今日，如果没有有利的政策和直接的公共投入，不可能快速建成一所研究型大学，因为建立先进的实验室、从事前沿研究都需要大量的资金。阿特巴赫提到19世纪末洛克菲勒（Rockefeller）和哈佛大学校长埃利奥特（Eliot）的一段关于创建世界一流大学需要多少经费的谈话，后者的回答是“需要5000万美元和200年的时间”。但是20世纪初叶，芝加哥大学在短短20年间就成了世界一流大学，并且花费

---

① 刘念才：《世界一流大学：特征、排名与建设》，上海交通大学出版社2007年版，第60页。

② 刘念才：《世界一流大学：战略、创新与改革》，上海交通大学出版社2009年版，第36页。

不到1亿美元。阿特巴赫估计如今要建立一所世界一流大学，可能需要5亿美元。那么，国家建立一所研究型大学的最有效途径是什么？从已有文献看，大致有以下三种：一是考虑提升现有一小部分已经具备卓越潜质的大学；二是鼓励现有的若干所大学合并成新的大学，利用合并后产生的优势建立研究型大学；三是创建一所全新的研究型大学。[①] 在“金砖四国”中，中国和巴西主要选择第一种途径，即选择少量已经具备基础优势的大学进行重点投入，这种方式的主要优点是比重新建立一所新的大学花费少很多；印度则选择创建新的研究型大学，这可能是因为旧大学传统的、笨重的治理结构和官僚化的管理体制会阻碍现有大学的改革，建立新的大学可能会规避已有大学文化的影响，印度理工学院就是很好的例证。俄罗斯在选择第一种途径的同时，也着重运用第二种途径，即合并若干大学，《俄罗斯教育优先发展规划》框架中的联邦大学就在此列。

除了国家层面的政府作用之外，院校层面的大学自身又要做出哪些努力？研究型大学的内在特征有哪些？李勇、闵维方认为，研究型大学包括显性特质和隐性特征，显性特征包括外部贡献特征和内部建设特征，隐性特征（办学理念）则包括以下方面：坚持求是求真的办学宗旨；具备教学和科研为中心，并以此服务于社会的多种智能；奉行以学术自由为核心的大学精神。[②] 李寿德、李垣则认为，研究型大学是人才聚集中心、探索人才培养的中心、重大成果形成的中心、新学科形成的中心以及科技与实业相结合的中心。[③] 孙远雷则认为，研究型大学的内在特征表现在其大学理念、功能选

① 刘念才：《世界一流大学：战略、创新与改革》，上海交通大学出版社2009年版，第13—17页。

② 李勇、闵维方：《论研究型大学的特征》，《教育研究》2004年第1期。

③ 李寿德、李垣：《研究型大学的特征分析》，《比较教育研究》1999年第1期。

择、管理模式以及组织结构等方面。[①] 综合中外学者在此方面的研究，笔者认为澳大利亚学者约翰·尼尔兰（John Niland）的结论更具有深度和操作性，后文将以他的框架对“金砖四国”的研究型大学进行阐述。他认为研究型大学至少应该具备以下品质：第一，必须有研究型的师资力量，且对大学间的师资流动持开放态度；第二，要有卓越的科研声誉，这样才能吸引到高质量的教师和博士生；第三，招收最优秀的本科生，在全国甚至全球范围内竞争生源；第四，国际化程度高，既兼收并蓄又走出国门；第五，资金充沛且资源配置合理，有效地平衡各种费用和公共基金；第六，战略联合和网络，有效地发挥大学联盟和网络的作用；第七，拥有广泛的学科领域，使得聪明、极具活力但有不同背景和传统的人相互进行思想的充分交流和碰撞；第八，有良好的行政管理系统，不是为了管理而管理，而是为了教学和科研。[②] 鉴于此，后文将从上述分析框架出发，分别从国家层面和院校层面检验“金砖四国”的研究型大学建设进程。

第一节　巴西：联邦直属大学与圣保罗大学

一　巴西联邦直属大学：国家优先建设

巴西是第三世界中有影响力的大国，也是第三世界中最早卷入全球化、最早开始现代化的国家之一。无论是军人政权还是后继的联邦民主政府，无一不致力于近代巴西“现代化建设”进程。1995—2002年的费尔南多·恩里克·卡多佐时代可能是“建设现代化”国家观念的最后时期。这种观念认为，巴西是个“欠发达”

---

① 孙远雷：《研究型大学的内在特征分析》，《清华大学教育研究》2003年第5期。

② 刘念才：《世界一流大学：特征、排名与建设》，上海交通大学出版社2007年版，第86—92页。

或“发展中”国家，需要通过吸收先进技术、经济现代化和公共部门的合理化来改变这种状况。这种观点为政治家、军事家和国民精英所共有，并促成左派和右派出人意料的联合，特别是在原子能和信息技术等高科技领域的政策上，因为他们都相信计划的力量和现代科学技术的重要性。[①] 在高等教育方面，20 世纪 90 年代中期之后，巴西的高等教育规模已经取得很大进展，尤其是私立高等教育的大规模扩张很大程度上满足了民众对数量的需求。然而，高等教育的数量扩张并没有必然带来质量的增长，对私立高等教育缺乏评估机制和管理标准造成高等教育发展的严重失衡。因此，无论是从“国家发展”还是从“高等教育自身发展”来说，巴西都急需一批具有代表性的高水平大学。一方面，通过精英人才培养和科研创新成果，帮助国家摆脱在经济发展中的困境，实现发展方式上的转变；另一方面，高水平大学能够发挥表率作用，树立高等院校发展标准，建立并完善高等教育的评估体系，成为私立高等院校追随的灯塔。首先纳入巴西政府眼中的就是联邦直属大学，它们相继被建成官方认可的研究型大学。

由此，巴西政府随即通过相关法律修正案，出台七大措施正式启动研究型大学建设，着力促使国内一些知名大学在短期内获得较快发展，以期从整体上改善国内高等教育教学质量和科研水平欠佳的状况。这七大措施的主要内容分别为：由研究型大学自主选举决定校长以及所属各学院的领导人，提高教师特别是资深教授在学校管理事务上的发言权；提高教师的酬劳，根据每位教师的课时、论著质量及教学水平决定其薪金的增幅，最高者可达工资的 50%；教师竞争上岗；进行统一考试（俗称“大考”），强制改善本科层次教育的教学质量；进一步改革和完善研究型大学评估机制，以此确

① ［美］菲利普·阿特巴赫、乔治·巴兰等：《世界一流大学：亚洲和拉美国家的实践》，吴燕、宋吉缮等译，上海交通大学出版社 2008 年版，第 135 页。

保各校的教育和科研水平；加强对教育科学的研究工作，将原教育调查与研究所更名为巴西全国教育研究局，负责将巴西一些著名大学汇入国际教育信息与评估体系，以便对各校教育科研现状及其与国际先进水平的差距及时做出研究；优化提升研究生教育，把研究生教育改革的重点放在扩大发展规模和进一步调整研究生教育的布局上。①

20 世纪 60 年代至 90 年代初，巴西还对国内就读于公立大学的正规本科生和研究生实施免费教育，并对学生的住宿提供补贴。90 年代中期以后，巴西的高等教育经费资助发生变化，出现集中投资的趋势，即抽出一部分国家投入，将资金注入一些代表国家高等教育最高水平，并具备较强科研实力和经济社会效益的研究型大学。这种集中趋势愈演愈烈，使得各个高校之间为了争取更多的经费投入展开激烈的争夺。步入研究型大学行列，乃至步入高水平研究型大学行列，成为大学争取更有利政策倾向和资金扶持的首选目标。对于分配资金的联邦政府来说，近水楼台先得月，受联邦政府直属的 39 所大学率先得到政府的青睐。1997 年，巴西联邦直属大学的开支超过 70 亿美元，生均费用大约 14500 美元，这个数据有可能把退休人员的福利和高校医院的成本开销包括在内。即使把这两项开销除外，这个数据还是相当高的。从表 3—1 可以看出，巴西用于公立高等教育的费用与德国、法国、意大利等相对富裕得多的国家相比还要多得多。目前，巴西用于教育的公共资金中，超过 25% 的经费投入高等教育领域，尽管高等教育的招生数还不到公立学校总招生数的 2%。总的来说，公立高等教育开支大概占巴西 GDP 的 1.3%，占国家公共部门开支的 4%。

---

① 尹丽丽：《拉美四国研究型大学发展研究》，硕士学位论文，兰州大学，2009 年，第 15 页。

表 3—1　　巴西和一些国家公立高等教育的生均支出　　单位：美元

国家	生均支出	国家	生均支出	国家	生均支出
瑞士	12900	英国	10370	德国	6550
加拿大	12350	荷兰	8720	澳大利亚	6550
美国	11880	巴西	8505	法国	6020
日本	11850	瑞典	7120	意大利	5850

资料来源：[美] 戴维·查普曼：《发展中国家的高等教育：环境变迁与大学的回应》，北京大学出版社 2008 年版，第 71 页。

在师资与生源方面，1998 年，巴西联邦直属大学招收 40 多万名学生，聘用 4 万多名教师。尽管联邦直属大学的招生数只占高校总招生数的大约 19%，但是它聘用的拥有博士学位的教师却接近教师总数的一半。联邦直属大学虽然规模不大，但在研究成果、学士学位授予、高等教育经费开支方面占据相当大的比重。此外，它们往往容易找到全国最好（往往出生于上层社会阶级）的学生，因其有着相对高的教育质量和免交学费的优势。从表 3—2 中可以看出，巴西高校的招生数在 1980—1996 年有了显著的增长（85%），但是联邦直属大学招生数的增长却是最少的。

在巴西的 39 所研究型大学中，圣保罗大学是其中的翘楚，在 2010 年上海交通大学世界大学学术排名中位于 100—150 名，与中国的北京大学和清华大学等学校齐名。该校的办学宗旨强调洪堡理念，发展专业教育，强调科学发展，主要从事农业科学、生物科学、健康和工程等方面的研究。可以说，圣保罗大学作为巴西的旗舰型研究型大学，是许多其他大学争相模仿与追随的标杆。那么，圣保罗大学又是怎样利用国家优先建设政策和自身优势，来积极参与研究型大学建设的呢？后文将运用约翰·尼尔兰的分析框架来进行检验。

表 3—2　　巴西高校招生增长数（1980—1996）　　单位:%，人

高校类型	增长百分比（1996—1980）	招生数（1980）	招生数（1996）	占总招生的百分比（1980）	占总招生数的百分比（1996）
联邦直属	23	305099	373880	47	31
州立	151	81723	204819	12	17
市立	179	17019	47432	3	4
私立	139	248359	583269	38	48
总数	85	652200	1209400	100	100

资料来源：［美］戴维·查普曼：《发展中国家的高等教育：环境变迁与大学的回应》，北京大学出版社 2008 年版，第 70 页。

二　圣保罗大学：研究型大学中的旗舰

巴西于 20 世纪 30 年代建立的第一所且最成功的大学不是里约热内卢的国立大学，而是 1934 年建立的圣保罗州立大学，即今天的圣保罗大学。几十年来，圣保罗州都是全国经济增长的最重要支柱，是第一个种植并出口咖啡的地方，随后又利用大量欧洲移民和来自巴西其他地区的人力资源成为充满活力的工业中心。地方经济的发展帮助圣保罗大学成为一所在巴西的科研和研究生教育方面都有领军作用的旗舰大学。

1934 年创建圣保罗大学时，其领导者把从欧洲雇佣最优秀的教授作为最重要的工作。① 由于那时欧洲正处于政治经济动荡的年代，圣保罗政府所给予的资金丰厚，帮助圣保罗大学从意大利、德国和法国吸引到一批年轻的教授。“因此，意大利提供数学、地质学、物理和统计学方面的教授；德国提供动物学、化学和植物学方面的教授；英国可能在博物学和心理学方面对其有帮助；法国则被留给了纯粹思想的领域：社会学、历史、哲学、文化人类学、地理学或

① Schwartzman, S., “Brazil’s Leading University: Between Intelligentsia, World Standards and Social Inclusion”, Instituto de Estudos do Trabalho e Sociedade Rio de Janeiro, Brazil, Obtenido el, 2005.

者物理学。”圣保罗大学新建初期，其目标不仅仅是为了经济增长而进行职业能力培训和应用知识开发，还包括通过“纯粹科学”和“纯粹思想”为巴西带来文明。① 在学科配置方面，如今的圣保罗大学是一个非常复杂的综合型高校，有50多个系、所和学院以及200多个专业。巴西在2003年评估的1189个研究生专业，有62个被认为达到国际标准，其中圣保罗大学占了20个，包括10个自然科学专业、5个社会人文学科专业，其他还涉及工学、农业科学、健康、文学和跨学科专业。2003年，巴西授予的8000个博士学位中，2000个由圣保罗大学授予。在圣保罗州还有其他两所公立大学，坎皮纳斯大学（Universidade de Campinas）和圣保罗州立大学（Universidade Estadual Paulista）。这三所大学合起来共授予巴西约1/3的博士学位，约等于美国加州大学所有分校授予的学位总和，如表3—3所示。

表3—3　　2003年巴西和美国博士学位授予最多的10所大学　　单位：个

学校	博士学位授予数
圣保罗大学	2180
加州大学伯克利分校	767
坎皮斯纳大学	747
诺瓦东南大学	675
得克萨斯大学奥斯汀分校	674
圣保罗州立大学	663
威斯康星大学曼迪逊分校	643
里约热内卢联邦大学	653
密西根大学安娜堡校区	618
明尼苏达大学双子城分校	565
伊利诺大学香槟分校	647

资料来源：［美］菲利普·阿特巴赫、乔治·巴兰等：《世界一流大学：亚洲和拉美国家的实践》，吴燕、宋吉缮等译，上海交通大学出版社2008年版，第126页。

① ［美］菲利普·阿特巴赫、乔治·巴兰等：《世界一流大学：亚洲和拉美国家的实践》，吴燕、宋吉缮等译，上海交通大学出版社2008年版，第128—129页。

在本科生招收方面，圣保罗大学最初的学生大多是占了人口很大比例的欧洲移民的孩子，如今，每年要从 75000 名申请者中招收 5500 名学生攻读 43 个第一学位专业，能够入读的学生绝大部分受过良好的私立高中教育。从学生人数来讲，它不是最大的院校，却是预算最多的院校。2003 年，来自政府财政的资金是 15 亿雷亚尔（Reais），根据购买力平价换算约为 12.72 亿美元，此外还有大量的研究拨款来源于研究、技术支持和技术交流的收入。通过国际比较可以发现，巴西公立高校的生均费用比该地区其他国家高出数倍，达到许多西欧国家的水平。在圣保罗大学，2002 年的生均花费为 19000 美元，联邦政府的花费是 12000 美元。虽然比许多国家都高，但是与美国相比还有很大一段距离。这点可以从表 3—4 显示的 2004 年圣保罗大学与加州大学的概况对比中看出。此外，运用网络在线技术来提供课程，甚至是全日制学习，是一种国际趋势，圣保罗大学也在积极应对之中。圣保罗大学将开始提供在线开放课程，不需要任何注册限制，并且把这种课程当成大学课程的一个普通构成。当然，这种课程提供的成绩能否作为学分仍在讨论之中。

表 3—4　　2004 年圣保罗大学和加州大学概况对比

特征	圣保罗大学	加州大学
在校生（本科）（名）	44696	159486
毕业生（本科）（名）	5515	37125
在校生（研究生）（名）	24312	44317
硕士论文（篇）	3366	7359
博士论文（篇）	2164	2764
教师（名）	4953	9093
年度预算（千美元）	1530475	9933455

续表

特征	圣保罗大学	加州大学
美元 PPP 预算（千美元）	15290842	9633455
每个学生的花费（千美元）	18.71	48.74
每个教师的花费（千美元）	260.62	1092.43

资料来源：[美] 菲利普·阿特巴赫、乔治·巴兰等：《世界一流大学：亚洲和拉美国家的实践》，吴燕、宋吉缮等译，上海交通大学出版社 2008 年版，第 132 页。

圣保罗大学在巴西高等教育体系中的地位是：拥有近 65000 名学生的大型院校，负责巴西大部分的博士生培养和学术研究，具有医学、工学、法学等领域最好的专业学院以及巴西最大的医疗中心。学校完全由州财政提供支持且资金比例固定，还能从巴西最大的科学研究资助机构圣保罗阿姆帕帕罗科研基金获取资源。学校的学术人员达到 5000 余人，大部分具有博士学位，78% 的教师从事专职工作。因此，从圣保罗大学的规模、师资力量、研究成果以及所调动的资产和资源来看，它已经成为全世界处于领先地位的研究型大学。

然而，按照约翰·尼尔兰的分析框架，圣保罗大学在许多方面仍然有待改进。在国际化方面，圣保罗大学与国际学术界联系极少，留学生比例仅为 3%，学校视野基本局限在内部，大部分的学生是圣保罗州的居民，大多数的教授是本校的毕业生。法律规定不能够雇佣外国教授，也禁止用葡萄牙语以外的语言撰写博士论文。[①]此外，以圣保罗大学为代表的联邦直属大学在院校管理和资金分配方面也亟待改进。这些大学将开支的 90% 左右用于支付工资（含退休人员）。教师和行政技术人员的工资是通过联邦政府的文官体

① 刘念才：《世界一流大学：战略、创新与改革》，上海交通大学出版社 2009 年版，第 11—12 页。

制支付的。这些人享有许多福利：几乎百分之百的工作保障；以较低年龄退休的权利；退休后每年都享受相当于在聘期最后一年全数工资的退休金。对于整个联邦直属大学系统来说，每位教师平均只有9名学生，每个行政技术人员只有约5名学生，巴西公共教育的师生比在全球高等教育领域是最低的。由于联邦直属大学全部是官方认可的研究型大学，所以学校教师每周只需上课八小时。另外，没有有效的机制可以保证教师的剩余时间会花在有价值的学术研究上。联邦直属大学系统不到1/3的教师拥有博士学位，每位教授的出版物的平均数量低于国际标准。可以说，巴西联邦直属大学系统对国家的依赖性非常大。1999年，巴西教育部试图颁布一项立法草案，建议授予全国39所联邦直属大学财政自治和管理自治的权力。这一草案的提出也是为了真正贯彻1988年《巴西宪法》确立的一项一直未能实施的方案，提出以整笔补助金制度为联邦直属大学得到财政拨款提供保障，使每所大学都能够自主制定关于开支和人事方面的政策。然而，这一草案却受到巴西全国高等教育教师协会（ANDES）、巴西全国学生联盟（UNE）以及巴西全国高校校长协会（ANDIFES）的联合抵制，他们将其称为“法西斯主义的”“违宪的”并最终将导致公立学校的私有化，目的在于向联邦直属大学的学生收取学费。这种新自由主义的经济政策和社会政策完全不适合高校的实际需求。在这样的联合抵抗浪潮中，这份授予大学自治权力的法案最终夭折。[①] 巴西联邦直属大学严重依赖国家并甘愿附庸于政府的情形，在世界范围内实属罕见。施瓦茨曼（Schwartzman）毫不留情地批评：“圣保罗大学最缺乏的就是追求卓越的目标，挑战现状和实施改革，无论是国家层面、州政府还是大学本

① ［美］戴维·查普曼、安·奥斯汀：《发展中国家的高等教育：环境变迁与大学的回应》，范怡红等译，北京大学出版社2008年版，第63页。

身，都非常缺乏追求卓越的战略目标。”①

第二节　俄罗斯：创新型大学与联邦大学

与“金砖四国”中其他三个国家一样，近年来俄罗斯的高等教育正在经历“排名之痛”。在2007年上海交通大学的大学学术排名中，俄罗斯仅有两所大学进入前500名，分别是位于第77位的莫斯科大学和第341位的圣彼得堡大学。与比肩于美国教育声望的苏联相比，俄罗斯的高等教育已日落西山，大不如从前。苏联时期形成的教育与科学的制度性分离使得绝大部分科研经费进入俄科学院系统，高校科研经费支出比例严重偏低，连续20年低于6%，只相当于美国和日本的一半、欧盟国家的1/4。② 2001年9月，俄政府颁布并开始实施《“2002—2006年科研和高等教育一体化”目标纲要》，力图挖掘俄罗斯高校的科研潜力。但由于缺乏系统的协调组织和资金保障，这一政策没有达到预期效果，但教育科研一体化明确成为俄罗斯国家创新战略的首要任务。2003年，在教育部和俄罗斯工程教育联合会倡议与资助下，莫斯科鲍曼工程大学和托姆斯克理工大学等6所大学联合开展了主题为“俄罗斯创新型大学的形成与发展”专项研究和实验，在对欧美13所大学和6所俄罗斯大学的职能与组织结构创新活动进行系统分析和研究的基础上，提出传统大学向创新型大学转变的基本原则和操作策略。这一实验研究为俄罗斯国家高等教育创新战略的出台与实施，提供了坚实的理论基础和实践操作策略。2005年9月5日，时任俄罗斯联邦总统普京宣布四项国家优先发展计划，其中国家《教育优先发展规划》居首。

---

① Schwartzman, S., “Brazil's Leading University: Between Intelligentsia, World Standards and Social Inclusion”, *Instituto de Estudos do Trabalho e Sciedade Rio de Janeiro*, *Brazil*, *Obteindo el*, 2005.

② 杜岩岩：《俄罗斯创新型大学发展战略及其保障机制》，《教育科学》2011年第5期。

该规划有两项基本原则：一是支持领先者，遴选基础良好的高校进行重点资助，即建设创新型大学；二是引进新的管理机制和办法，组建“联邦大学”。[①]

一 创新型大学：严格遴选与资源保障

在俄罗斯学者的语境中，创新型大学是具有创新精神、采用创新技术和管理原则的新的大学组织形式，是研究型大学的延伸和新发展，其遴选标准异常严格。为了建立高效的国家创新体系，俄罗斯教育与科技部实施了国家重点项目“俄罗斯联邦的创新型大学建设项目”（Innovation University of Russia Federation）对大学进行竞争性遴选。该项目向大学投入经费的目的是为企业和区域的创新发展提供必要的人力资本，提高自然科学和工程领域的教育质量，支持现代科学的研究，并使之符合现代劳动力和技术市场要求。这次遴选的对象主要是需要大量资源的教育领域，比如自然科学和工程技术、医药和农业科学等方面的大学。2006年进行的大学遴选，主要是根据学校在2000—2005学年的表现，以及目前的状况和未来1—3年可能实现的目标，具体标准如下：第一，2000—2005学年所取得的成果，包括大学在此期间从事的国际、联邦和区域性项目的数量及成果；教师发表的科学论文数量；教师的发明专利和技术；教师在展览会上（包括国际性展览会）的展品数量；教师在科技、文化和教育领域获得俄罗斯和国际大奖数量。第二，学校管理方面：具有学校战略发展规划和2006—2008学年的阶段性行动计划；具有公共管制机构（例如监督委员会），能够体现公众和专业人才的意志；反映每年活动成果的年报，包括大学的收入结构、预算支出及预算外支出；使用

① 王丽伟：《俄罗斯〈教育优先发展规划〉框架下“联邦大学”的组建及问题分析》，《比较教育研究》2012年第12期。

教育过程质量控制系统（例如ISO 9000标准体系）；使用控制教育过程的信息系统。第三，教学方面：学生数量（包括本科生、专业学位生和研究生等）；接受两级高等教育的学生比例；研究生中攻读硕士、博士及MBA的比例；大学教育管理过程中的学分制（欧洲学分转换系统，ECTS）；采用积极训练法（比如案例教学、综合培训等）进行教学的专业比例；新生中各种竞赛获奖者的比例；依靠国家资助的新生的统一国家考试（USE）的平均分；40岁以下教师和科研人员比例；本科生和研究生参与过教学过程的比例；教学过程中使用的个人电脑数量；具有地方信息网络；上网学生中拥有个人电脑的比例；学校是否开设了公共网站；学生和教职员工可以利用的学校电子教育资源（电子图书馆、统计信息等）；学校图书馆的外国期刊数量；宿舍总数和学生总数的关系；通过公共和专业认证（包括国际认证）的专业比例；定向培养的毕业生比例。第四，研发和创新活动：教学和科研人员从事研发活动的领域范围；教学和科研人员预算外研发活动的范围；教学和科研人员中具有专业学位的人数；教学和科研人员中参与企业科研工作、联合开发设计、商业孵化、科技园、专利机构、技术中心以及其他创新活动的人数。第五，国际化方面：学生中外国留学生的比例，包括来自非独联体国家；已经得到国际认证的专业比例；获得教育和科研领域的国际项目数量；2000—2005学年参与国际交流项目的学生、教师和科研人员数量；学校在2000—2005学年举办的国际会议、专题研讨会以及科学研讨会的数量；被邀请的外国教授和教师的比例；毕业生中参与国际合作项目的人数比例。第六，其他标准：雇主独立排名中体现的毕业生质量；毕业生职业生涯的成功；毕业生通过公共专业资格考试的比例；具有得到国际认可的院系；具有对国家意义重大的科学研究中心。[①]

按照上述标准，俄高校在规定时间内提交申请书，内容包括学校概况、创新教育计划、实施的资金需求以及目前的创新能力，交由专家委员会评审。最后，由来自政府、学校、企业等各个领域人员组成的竞赛委员会进行评选。在2006年第一阶段的遴选中，共有200多所高校向教育与科学部提交申请，17所高校胜出成为第一批创新型大学，其中包括7所莫斯科的大学，如国立莫斯科大学、莫斯科鲍曼技术大学等。这些学校在2006—2007年共从联邦预算中获得100亿卢布的资助，用于支持学校制订现代化的教学计划，采用现代化的教学方式，购置现代化的教学设备和实验设备，并为提高教师技能而对他们进行再培训。[②] 首批获胜的17所大学提出40多个大型科研项目，涉及纳米技术、生物技术、精细胞系统、新物质和化学工艺等多个俄罗斯优先发展的科研领域，引发大学开展大规模基础研究和成果转化的积极性。[③] 2007年第二轮遴选共有267所高校提出申请，40所大学胜出，包括15所莫斯科的大学和25所地区大学，获胜的高校将在2007—2008年获得国家拨款总额为200亿卢布的资助。[④] 2009年，俄罗斯又启动一项预算为96亿卢布的"创新型俄罗斯的科学与科教人才"联邦专项计划。此计划提高俄罗斯专业人才职业化的质量水平，创建吸引和稳定年轻有为学者的激励机制。为此，联邦预算拨款800亿卢布支持由年轻学者实施的研究计划，增加举办青年科研会议和奥林匹克竞赛的拨款。随后几年，这项计划的拨款大幅度增加，2010年预算为171亿卢布，2011

---

① 刘念才：《世界一流大学：战略、创新与改革》，上海交通大学出版社2009年版，第140—142页。

② 姜晓燕：《俄罗斯建设创新型高校的背景与措施》，《大学·研究与评价》2008年第2期。

③ 杜岩岩：《俄罗斯创新型大学发展战略及其保障机制》，《教育科学》2011年第5期。

④ 王明丽：《俄罗斯创新型大学发展路径研究》，硕士学位论文，黑龙江大学，2013年，第21页。

年为近 230 亿卢布。[①] 2010—2012 年，俄罗斯还投入 690 亿卢布支持重点大学更新设备、学术交流，吸引最好的国内外学者。其中，国家研究型大学将获得 320 亿卢布，联邦大学将获得 270 亿卢布，两所巨型大学将获得 100 亿卢布。[②]

二　联邦大学：大学合并与优先发展

合并现有的大学来组建有共同优势的新大学，是“金砖四国”创建研究型大学的另一途径。1997 年，时任中国副总理李岚清提出“共建、调整、合作、合并”的八字方针，要求到 2002 年左右基本完成高等教育管理体制改革布局的调整，形成综合性大学、多科性大学和单科性大学比例合适的新格局。次年，浙江大学率先兼并杭州大学、浙江农业大学和浙江医科大学，拉开中国大学合并的序幕。2006 年 11 月，俄罗斯也悄然开始一场大学合并的运动，启动“联邦大学”组建工程。第一批组建的两所大学是“南方联邦大学”和“西伯利亚联邦大学”，前者是在改组罗斯托夫国立大学、罗斯托夫建筑艺术学院、罗斯托夫国立师范大学和塔甘罗格国立无线电技术大学的基础上建立起来的；后者是经由克拉斯诺亚尔斯克国立大学、克拉斯诺亚尔斯克国立技术大学、克拉斯诺亚尔斯克国立建筑工程学院和国立有色金属大学四所高校改建而成。[③] 这两所大学的组建方式是自上而下，由政府强力推行却也被认为是富有成效的。尽管“联邦大学网”的构建在俄罗斯教育科学部圆桌会议上褒贬不一，但陆续有 30 多所高校向俄教育科学部递交组建“联邦大学”的申请，使得继续组建“联邦大学”的方式遵循一种“自

① 于翔：《俄罗斯创新型大学战略规划研究》，硕士学位论文，沈阳师范大学，2011 年，第 10 页。

② 杜岩岩：《俄罗斯创新型大学发展战略及其保障机制》，《教育科学》2011 年第 5 期。

③ 孙春梅：《俄罗斯计划组建联邦大学网》，《比较教育研究》2008 年第 7 期。

下而上”的逻辑。[①] 2008 年 5 月 7 日，梅德韦杰夫在总统就职典礼上签署了有关在俄罗斯组建联邦大学的第 716 号总统令——“联邦大学令”，正式决定拨款组建联邦大学，计划到 2020 年，以现有大学为基础在全国范围内共组建 10 所联邦大学。[②] 随后，2009 年 10 月，俄联邦总统第 1172 号令提出创建 5 所联邦大学——北方联邦大学、喀山联邦大学、乌拉尔联邦大学、远东联邦大学、东北联邦大学。2010 年 12 月，俄联邦政府第 2483 号令提出创建波罗的海联邦大学。2011 年 7 月，俄罗斯总统梅德韦杰夫签署《关于在北高加索联邦区域创建北高加索联邦大学》的命令。[③] 至此，俄罗斯已经有 9 所联邦大学，基本情况如表 3—5 所示。

表 3—5　　俄罗斯“联邦大学”的基本情况

“联邦大学”名称	年份	联邦区	学校前身	特色
西伯利亚“联邦大学”	2007	西伯利亚区	克拉斯诺亚尔斯克国立大学等	石油天然气、矿业、有色金属、水利工程、可再生与可替代能源
南方“联邦大学”		南方区	罗斯托夫国立大学等	生态安全、纳米技术、无线通信、土地规划
北方“联邦大学”		西北区	阿尔汉格尔斯克国立技术大学等	北极旅游、海洋、石油天然气
喀山“联邦大学”	2010	伏尔加河沿岸区	喀山国立大学等	
乌拉尔“联邦大学”		乌拉尔区	乌拉尔国立技术大学等	原子能、医疗技术、航天系统、信息技术（超级计算机）、生态安全

① 王丽伟：《俄罗斯〈教育优先发展规划〉框架下“联邦大学”的组建及问题分析》，《比较教育研究》2012 年第 12 期。

② 李芳：《俄罗斯组建联邦大学述评》，《比较教育研究》2010 年第 2 期。

③ 单春艳、谭苗苗：《组建联邦大学：俄罗斯区域高等教育均衡发展新路径》，《现代教育管理》2012 年第 6 期。

续表

“联邦大学”名称	年份	联邦区	学校前身	特色
远东“联邦大学”	2010	远东区	远东国立大学等	海洋资源、能源和能源效率工艺、纳米技术与纳米材料、运输及物流、生物医学技术
东北“联邦大学”		远东区	雅库茨克国立大学等	生态安全、矿产、环境工程、医学
波罗的海“联邦大学”	2011	西北区	康德俄罗斯国立大学等	俄罗斯语言和文化
北高加索“联邦大学”		北高加索区	北高加索国立技术大学等	国民经济、世俗历史文化研究所

资料来源：王丽伟：《俄罗斯〈教育优先发展规划〉框架下“联邦大学”的组建及问题分析》，《比较教育研究》2012 年第 12 期，第 75—81 页。

与中国高校合并是为了自身升格和发展而采取的自发行为相比，俄罗斯组建的联邦大学则更具有指令性、组织性和经费保障性等特点，是对国家高等教育总体发展做出的全局性规划。每一所“联邦大学”都被置于“优先发展”的地位。现在，在俄罗斯高等院校结构的“金字塔”中，除了塔尖的莫斯科国立大学和圣彼得堡国立大学，其次就是承担特殊使命的“联邦大学”。南方“联邦大学”和西伯利亚“联邦大学”的组建，其目标定位就是进入俄罗斯大学排行榜前 10 名，到 2020 年时跻身世界大学 100 强，前一个目标已经实现。每所“联邦大学”都具有自治地位，所有“联邦大学”最终在全国形成网络，构成俄罗斯高等教育院校“金字塔”结构的次尖端位置。2009 年，俄罗斯议会通过的《联邦高教法》修订案规定，“联邦大学”有权按照自己的意愿制定高等和大学后职业教育标准要求；颁发具有“联邦大学”特色的毕业证书；开设公司；自主管理本校的收入和拨款，但须自负盈亏。在经费分配方面，新组建的“联邦大学”也受到“优先照顾”。南方“联邦大学”和西伯利亚“联邦大学”获得联邦政府的财政拨款，2007年均为30亿卢布，2008年均为23.5亿卢布，2009年均为15亿卢布。从2011年起，联邦政府每年为每所“联邦大学”拨款15亿卢布。喀山“联邦大学”长期发展规划拨款总额高达120亿卢布，2012年开始招生的北高加索“联邦大学”在2015年前共获得拨款70亿卢布。[①]

第三节　印度：重点大学与印度理工学院

一　重点大学：两个“委员会”的追求

作为南亚大国，印度异常渴望建立研究型的重点大学，这表现在两个“委员会”（科萨利委员会和大学委员会）几十年不懈努力的历史当中。1947年独立以后的印度曾任命大学教育委员会（1947—1949年），调查研究高等教育的发展状况。该委员会的结论是：大学是“文明的重要构成部分”和“智慧探险之家”，同时在如何提高教学标准方面提出建设性的方法。但是，在大学的研究取向方面，该委员会仅仅陈述了教师的职责是“参与研究”和“不断更新知识”，并没有就大学如何进行“研究取向”的改革提出具体建议。直到1964年，“科萨利委员会”（Kothari Commission，1964—1966）成为印度历史上第一个综合考虑教育问题的机构。该委员会历经20年的准备，撰写并设计的“国家教育系统”发展蓝图最终对印度国家教育政策的两个宣言（1968—1983）产生重大影响。这个蓝图对调整大学系统及在大学系统中展开研究工作进行清晰的描述，其中最重要的改革举措就是建立5—6所“重点大学”。“如果条件允许，即同时具备了师资、学生及所需的设备和环境，

① 王丽伟：《俄罗斯〈教育优先发展规划〉框架下“联邦大学”的组建及问题分析》，《比较教育研究》2012年第12期。

实现建立一流研究生教育和研究工作目标。"[①] 科萨利委员会要求这些大学在高等教育中承担"催化剂"的重要作用，即通过科学研究及高质量的培训，让人们知道大学存在的价值；为大学、学院及其他高等教育机构输送一大批优秀的人才；在国内提供与教育发达国家水平相当的一流研究生教育；帮助印度获得自身的学术生命。[②] "重点大学"不仅将印度学术生命的"重心"（大部分存在于印度以外的地区）转移到本国，同时还能节省印度学者出国进行高级学习和研究的花费。这一提议先后得到时任美国科学院院士的塞茨（F. Seitz）教授和英国皇家科学院院士布莱克特（P. M. S. Blackett）教授的强力支持。鉴于建立这些大学需要投入巨资，并且需要很长的时间成本，科萨利委员会建议从已有的大学中挑选 6 所大学（包括一所技术研究所和一所农业大学），建成重点大学。其指导思想是雇佣一批具有必要的教学能力、能为研究工作做出重要贡献的教师，并招收一批能真正受益于研究生教育，并在"充足的资源设备和优越的工作环境"中学习过的合格学生。作为"重点大学"计划的一部分，科萨利委员会建议扩大和增强"前沿研究中心"（Centers of Advance Study）项目，以此为建立重点大学做准备。最理想的是在选出的大学中建立一系列的前沿研究中心，以共同巩固实力、丰富内涵，还能促进交叉学科的研究。如果不适合建立一系列规模庞大的中心，可以建立单个的研究生教学和研究中心，尤其是在没有此类中心的领域。[③] 委员会还提出选拔大学、定期审查、建立管理前沿研究中心的措施，已经逐步把这一标准延伸至其他附

---

① ［美］菲利普·阿特巴赫、乔治·巴兰等：《世界一流大学：亚洲和拉美国家的实践》，吴燕、宋吉缮等译，上海交通大学出版社 2008 年版，第 54—55 页。

② Ministry of Education, Government of India, *Education and National Development* (*Reports of Education Commission*, 1964 – 1966). Repr. Edition. New Delhi: National Council of Education Research and Training, 1971, pp. 506 – 508.

③ ［美］菲利普·阿特巴赫、乔治·巴兰等：《世界一流大学：亚洲和拉美国家的实践》，吴燕、宋吉缮等译，上海交通大学出版社 2008 年版，第 54—55 页。

属学院和系部。[①]

然而，这种带有精英取向的“重点大学”建议却受到各方的反对，最终被否决。这与印度社会主义——民主政治有关，其精英主义的倾向与公平平等原则相违背。有些人即使接受以选拔的方式改进高校质量的原则，也反对重点大学的概念。他们认为，应该“把某一个系，而非整个大学作为一个单元，所有高校的所有系都应该有资格参与前沿研究中心的竞争……”[②] 然而，他们接受把一定数量的前沿研究中心聚集在挑选出的基础条件较为优越的高校中，这一观点也得到审核报告的国会的认可，并最终体现在 1968 年的国家教育政策中。到 1987 年 3 月，25 个自然科学学科和 15 个人文与社会科学学科成立独立的前沿研究中心，这也是在另外一个委员会——大学拨款委员会（University Grants Commission，UGC）的不懈努力下得以完成的。

大学拨款委员会是印度建设研究型大学的另一个坚定支持者。它认为大学仅仅开展教学和研究的做法并不可取。因而，根据教育政策的变化以及自身的努力，该委员会发起一系列计划，用于支持和鼓励大学、学院增强研究活动。这些计划包括“高校自然科学改善计划（1970—1971）”、“高校人文和社会科学改善计划（1974—1975）”、国家教师研究奖、“研究型科学家计划”等。大学拨款委员会在推进印度大学朝研究型方向迈进的过程中做出的最显著努力，可能是斥巨资建立“具有卓越潜质的大学”，延续了 40 多年前由科萨利委员会提议建立“重点大学”的想法。[③] 委员会选取 5 所

---

① Ministry of Education，Government of India，*Education and National Development*（*Reports of Education Commission*，*1964 - 1966*），Repr. Edition. New Delhi：National Council of Education Research and Training，1971，p. 512.

② Naik. J. P.，*The Education Commission and a after*，New Delhi：University Grants Commission，1982，p. 113.

③ University Grants Commission，*Annual Report 2002 - 2003*，New Delhi：University Grants Commission，2003，pp. 127 - 128.

大学，即贾达普大学（Jadavpur University）、迦哇内卢大学（Jawarhalal Nehru University）（新德里）、海德拉巴大学（University of Hyderabad）、马德拉斯大学（University of Madras）（陈奈）、普纳大学（University of Pune），计划 5 年内向每所大学拨款 3 亿卢比，用于支持学校建设。这 5 所大学中，3 所具有某一领域突出的优势，另外两所在各个学科的发展中比较均衡。大学拨款委员会还提出 100 所具有发展潜力的学院，并向每所学院拨款 1000 万卢比。[①] 相应地，20 世纪 90 年代印度转型之后的诸多高等教育政策也转向精英取向的研究型大学建设。1985 年 8 月教育部的一份《教育的挑战：从政策角度看问题》的报告指出："由于国家把大量的资源投入大学以外的实验室，造成大学科学前沿领域研究设施的资源严重匮乏。"[②] 该报告呼吁纠正原先错误的做法，建议减缓对传统模式大学、各级学院的扩招规模，建立新的卓越中心。1992 年颁布的《国家教育政策行动计划》强调必须加强研究，建立跨大学的各类研究中心，向重点自然学科领域提供常用的研究设备，在大都会、城市以及工业密集的区域优先建立起大学与工业之间的联系，在印度各所大学与国外新型研究机构之间建立各类商业联系等。

二　印度理工学院：国际合作与资源保障

可以看出，印度的"重点大学"建设之路异常坎坷和艰辛，这可能是因为印度的社会主义民主政治体制以及旧大学传统、笨重的治理结构阻碍了现有大学的改革。为了规避这种保守文化的影响，与"金砖四国"的其他三国相比，印度开辟了另外一条建设研究型大学的道路，即完全靠再建的方式重新组建。印度理工学院就是在

① ［美］菲利普·阿特巴赫、乔治·巴兰等：《世界一流大学：亚洲和拉美国家的实践》，吴燕、宋吉缮等译，上海交通大学出版社 2008 年版，第 63—64 页。

② Ministry of Education, Government of India, Challenge of Education: A Policy Perspective, New Delhi: Controller of Publications, 1985, p. 49.

这样的背景下建立的，其通向研究型大学的主要法门则是通过国际合作和走国际化的道路。

印度独立后不久，就高度强调科技在经济发展中的重要地位。在联合国教科文组织的支持下，按照麻省理工学院的模式，1951 年在卡哈拉格普尔（Kharagpur，位于西孟加拉邦）建立了第一所印度理工学院。在印度通过联合国教科文组织提供的帮助下，第二所学院于 1958 年在孟买建立；1959 年，马德拉斯（Madras，现在的钦奈）理工学院在德国的帮助下建立；同年，坎普尔（Kanpur）理工学院在美国大学协会的帮助下建立；1961 年，又在英国工业界和政府的支持下建立德里（Delhi）理工学院；1994 年，印度凭借本土力量建立了古瓦哈蒂（Guwahati）理工学院。2001 年，卢克里（Poorkee）大学成为印度理工学院的第七个校区。可以说，印度理工学院在创建之初就以国际一流的理工学院为目标，直接通过与国际一流的教育和科研机构合作，将学院从一开始就置于高水平的平台上，从而为学院向世界一流的研究型大学迈进奠定良好的基础和条件。① 因此，国际合作是内嵌于印度理工学院的一种文化基因。20 世纪 90 年代之后，受知识经济和高等教育国际化的冲击，印度理工学院进一步加强国际合作的力度，利用已有的基础和机制探索多形式、全方位的合作模式。在合作中，利用国外支持实现教学科研设施和设备的现代化，开展科研合作，加强学科建设以及师资队伍建设。

凭借国外的支持，印度一定程度上缓解了发展中国家建立研究型大学经费紧张的困境。例如，卡拉格普尔分校的各系和研究中心在 20 世纪 70 年代后几乎都引进和装备了最先进的设备，如农业和食品工程系的工程酶生产的移动实验室装置等。这些先进的设备和

---

① 叶赋桂：《国际合作：印度理工学院的一流大学之路》，《比较教育研究》2005 年第 5 期。

实验室绝大多数是海外基金会（包括校友会）和跨国公司支持与赞助的。因此，印度理工学院的资金虽然并不充沛，但对其基础建设影响不大。国际合作还给印度理工学院的学科建设带来重大发展，使得某些学科特别是新兴学科跻身世界前列。比如，孟买分校在人类环境工程学和工业设计、粉尘冶金学和太阳能领域与俄罗斯合作，在海岸工程学、运输工程学和城市规划与建筑领域与英国合作，使得孟买分校相关学科的教学和研究达到国际前沿水平。国际合作还帮助印度理工学院提高学校当前教师的水平，孟买分校、马德拉斯分校、坎普尔分校和德里分校等，一方面聘请西方大学教授到印度理工学院开设课程与培训教师；另一方面，则选派教师到西方大学学习和攻读学位。他们还多方争取经费以支持优秀学者到印度理工学院任教。坎普尔分校等就利用福特基金会等的支持，吸引了很多教师从国外来到坎普尔，或长期执教，或做几年的短期教研工作。[①]

在本科生的生源质量方面，印度理工学院无疑招收了印度最优秀的学生。印度理工学院的联合统一考试IITS—JEE，通过严格控制考试资格、多样化考题和较低的录取率较好地体现了考生的实力和水平，被誉为“世界上最可信和最具竞争性的入学考试之一”。[②] 考试竞争十分激烈，2010年共计47.2万多人报考，录取8000人，录取率仅为1.6%，这比很多世界一流大学的录取率都低。例如，2010年哈佛大学的录取率为7.2%，耶鲁大学为7.9%，斯坦福大学为8%，同为理工类一流大学的麻省理工学院录取率为11%。[③]

---

① 叶赋桂：《国际合作：印度理工学院的一流大学之路》，《比较教育研究》2005年第5期。

② 安双宏：《印度高科技人才的摇篮——谈印度理工学院的体制创新》，《中国高等教育》2000年第22期。

③ 陈薇：《印度理工类人才培养特色及启示——以印度理工学院孟买分校人才培养为例》，《南亚研究季刊》2013年第3期。

在科研声誉方面，印度理工学院被誉为“印度科学皇冠上的瑰宝”。在2011年印度国内公布的一份工程院校排名中，印度理工学院的七个分校全部跻身前七名，分别是坎普尔分校、孟买分校、德里分校、卡拉格普尔分校、马德拉斯分校、罗克分校和古瓦哈提分校。[①] 在国际排名中，印度理工学院也毫不逊色。在QS公布的亚洲大学排行榜中，坎普尔分校、德里分校、孟买分校、马德拉斯分校、卡拉格普尔分校、罗克分校、古瓦哈提分校分别排在第36、37、38、43、48、56、82名。如果以论文的发表量等数据来说，根据汤姆森路透社做的一项有关“1999—2009年论文引用率最多的工程院校”的调查，印度理工学院在全球的1084所院校中排在第20名。[②] 2005年，在泰晤士高等教育排名（THES）的工科大领域排名中，印度理工学院排名全球第三，仅次于麻省理工学院和加州伯克利分校。

虽然通过国际合作利用了工业化国家的最好经验，但印度政府为了确保“大学反映了印度的迫切需要和未来的发展需求”，还是给予印度理工学院许多的政策和资金支持。印度国会宣告印度理工学院是“国家级重要机构”，是一组由政府资助的在学术和管理上高度自治的公立大学，在工程、技术、应用科学和管理学科开设水平高、实用的本科、硕士和博士专业，并授予各自的学位。在资金支持方面，印度政府每年提供给其他理工类院校的经费为1亿—2亿卢比（合200万—400万美元），而给予印度理工学院每所分校的经费在9亿—13亿卢比（合1800万—2600万美元），还不包括这对学院的额外补贴和在科研方面的特殊补助金。据称，印度政府将一次性给予每所印度理工学院价值100亿卢比的补助金，在每年给

---

① DNA-ZEE NEWS SURVEY：IIT-K Is India's Top Engg College，2012，http：//www. srmuniv. ac. in/downloads/24sunday-pg-final. pdf.

② 黄姗姗：《印度理工学院创建世界一流大学的实践研究》，硕士学位论文，浙江师范大学，2012年，第59—60页。

学员的拨款金额上再加约 20 亿卢比。[①] 如上文所述，印度理工学院还从外国政府和教育机构获得大量的资助，有效地降低运作成本。例如，联合国教科文组织曾为孟买理工学院提供了当时所急需的 2/3 的研究设备。此外，还专门设立一定数目的奖学金以激发学院从事高等研究和科研的积极性。在为期 10 年的印美合作项目中，坎普尔理工学院获得价值约 750 万美元的教学设施和研究设备，以及总价值约为 720 万美元的书籍和期刊。马德拉斯理工学院的建设也极大地受益于“印德协议”，共获得约 1800 万卢比的科研设备和 20 个实验室的完整设施。[②] 此外，印度理工学院还通过与产业合作实现自我创收，收入比重连年增加。相对于印度普通院校的捉襟见肘，印度理工学院可谓富甲一方，资源得到充分保障。

如今，印度理工学院吸引着有志于从事工程、应用科学工作的最优秀的学子们。已经有若干毕业生在世界各地成为教育、科研、商业和创新领域的领袖。从约翰·尼尔兰的分析框架出发，无论是师资、科研声誉、本科生生源，还是国家化程度、资金保障以及管理制度，印度理工学院都已经是名副其实的研究型大学。但是，印度理工学院专攻工程技术教育，缺乏多元的综合性学科配置，需要在未来进行深化拓展建设。

第四节　中国：“211 工程”与“985 工程”

一　两大工程：世界一流与重点建设

20 世纪 90 年代之后，伴随国家的改革开放和经济崛起，中国也提出“建设高水平大学及其重点学科”和“建设世界一流大学”

---

① New IITs：A Long Journey ahead，2009，http：//us. rediff. com/money/2005/may/25iit. htm.

② 陈依依：《印度理工学院办学特点研究》，硕士学位论文，湖南师范大学，2009 年，第 26—27 页。

的目标。“211 工程”和“985 工程”这两项史无前例的高等教育工程的开展，标志着中国开始集中建设一批进入世界先进行列的大学；特别是里程碑式的标志——“985 工程”的实施，标志着中国一流大学建设的开始，也标志着中国建设研究型大学实践的启动，使建设一流大学成为政府的决策和国家的行为。[①]

“211 工程”于 1993 年正式启动，其主要目标是分期分批地重点建设 100 所左右的高校和一批重点学科、专业，使其到 2000 年前后在教育质量、科学研究、管理水平及办学效益等方面有较大提高，在教学改革方面有明显进展，力争在 21 世纪初有一批高校和学科、专业接近或达到国际一流大学的水平。目前，共有 107 所院校名列其中，这 107 所重点大学和学科专业得到来自政府的特别资助。这是新中国成立以来中央政府在教育领域内实施的最大规模的重点建设工程。[②]“211 工程”确立了以重点学科建设为核心的指导思想，紧扣国家经济社会发展重点领域，统筹规划，重点建设一批基础学科、应用学科和哲学社会科学学科。同时，“211 工程”注重创新学科建设模式，以项目建设促进学科交叉融合，支持一批新兴交叉学科，调整优化学科布局结构，初步形成适应中国发展需要的重点学科体系。自 1995 年立项以来，中央财政不断加大投入力度，一期投入 27.55 亿元，二期投入 60 多亿元，三期是 100 个亿。除此以外，来自地方政府、高校集资以及其他渠道的配套资金也非常雄厚。从 1995 年到 2000 年，政府财政总投入达到 108.94 亿元，其中 27.55 亿元来自中央政府教育部门，24.89 亿元来自地方政府，23.63 亿元来自高校集资，同时还有 1.15 亿元来自其他渠道。另外，与教育发展相关的其他政府机构和地方政府还投入 74.72 亿元

---

① 王孙禺、孔钢城：《中国研究型大学建设的思考》，《北京大学教育评论》2009 年第 1 期。

② 刘念才：《世界一流大学：战略、创新与改革》，上海交通大学出版社 2009 年版，第 183—186 页。

用于提高大学的基础设施建设水平。重点建设工程的实施，使得“211 工程”高校的学科建设取得更大成效，少数重点学科接近国际先进水平，一批重点学科实力明显增强，成为解决国家重大科技问题和培养高层次人才的基地。根据国际可比指标 SCI 论文发表数量统计，40 多个学科已经接近国际先进水平。[①] 根据 2000 年的统计数据，“211 工程”高校在 SCI、EI 和 ISTP 上发表的文章与 1995 年相比增长 94%。教师队伍的学缘结构也得到优化，拥有博士学位的教师人数增长 109%。[②]

1998 年 5 月 4 日，江泽民在庆祝北京大学建校一百周年大会上向全社会宣告：“为了实现现代化，我国要有若干所具有世界先进水平的一流大学。”为了贯彻落实党中央科教兴国战略和江泽民同志的号召，教育部决定在实施“面向 21 世纪教育振兴行动计划”中，重点支持北京大学、清华大学建设世界一流的高水平大学，简称“985 工程”。最初，该项目为北京大学和清华大学分别提供为期三年共计 18 亿元人民币的资金，作为建设世界一流大学的专项拨款。此后，从 1999 年 7 月起，教育部和地方政府分别签订协议，确定清华大学、北京大学、南京大学、复旦大学、上海交通大学、西安交通大学、中国科技大学、哈尔滨工程大学和浙江大学九所院校为国家首批建设的若干所重点大学，至 2004 年 1 月，共有 34 所高校开始“985 工程”一期建设。2004 年 6 月，中国教育部、财政部联合下发《教育部、财政部关于继续实施“985 工程”建设项目的意见》，“985 工程”二期建设工作启动，共有 38 所高校名列其中。[③] “985 工程”的

① 张应强：《精英与大众：中国高等教育 60 年》，浙江大学出版社 2009 年版，第 48—49 页。

② 教育部和财政部（2011）：《“211 工程”“九五”期间工作总结》，http：www. moe. edu. cn/edoas/website18/levell2. jsp？ tablename = 724infoid = 5608。

③ 张应强：《精英与大众：中国高等教育 60 年》，浙江大学出版社 2009 年版，第 49—50 页。

核心目标是创建世界一流大学和一流学科，一期工程侧重于学校的整体建设和重点学科建设，二期任务是巩固一期建设成果，为创建世界一流大学和一批国际知名的高水平大学进一步奠定坚实基础，使一批学科达到或接近国际一流学科水平。[①]“985 工程”投入力度比“211 工程”有大幅度增加，一期投入达到 255 亿元，二期投入达到 426 亿元，三期投入约 200 亿元，共计 881 亿元。[②] 与“985 工程”相关的“长江学者奖励计划”也在 1998 年启动，该计划规定除了基本国家工资、院校奖金和津贴外，长江学者每年可获得 10 万元人民币的奖励。该计划主要针对那些在科学和工学方面有突出成就的教授。例如，中国科学技术大学在该项目的支持下，到 2005 年共邀请 14 名科学领域的海外学者回国工作。到 2003 年，北京大学共有 57 名长江学者，2004 年社会科学和人文学科已被纳入该项目，但入选的名额相对较少。该项目挑选极为严格，只有非常有建树的学者和受到公认的教授才可能入选，这表明中国政府要延揽海外最好的科学家回国做科研的决心。对于长江学者的聘用，采取灵活机制，他们可以兼职身份到大学从事研究，无须辞去国外大学的工作。这样做也有利于这些学者掌握发达国家最先进的学术动态。[③]

“985 工程”的实施，使获得重点支持的高校在师资队伍和科研成果等方面获得可喜成果，快速聚集一批优秀人才，充实了师资队伍，取得一批接近或达到世界先进水平的研究成果，为在中国建设世界一流大学积累一定经验。在全国 1867 所普通高校中，“985 院校”比例不到 3%，却拥有超过全国 50% 的博士生、全国重点学

---

① 《教育部 财政部关于同意“985 工程”二期建设项目可行性研究报告立项的通知》(教重〔2004〕1 号)，2005 年 11 月 12 日。

② 改革开放 30 年中国高等教育改革与发展课题组：《教育大国的崛起（1978—2008）》，教育科学出版社 2008 年版，第 210 页。

③ ［美］菲利普·阿特巴赫、乔治·巴兰等：《世界一流大学：亚洲和拉美国家的实践》，吴燕、宋吉缮等译，上海交通大学出版社 2008 年版，第 33 页。

科和重点实验室。国内一半以上的科学和工程领域的院士也都来自这38所院校。“985工程”第一方阵的9所名牌大学被SCIE和SSCI收录的论文数占全国高校的42.1%，拥有47.3%的国家重点实验室和20.2%的科研经费。有资格建立研究生院的53所大学，被SCIE和SSCI收录的论文数占全国高校的73.8%，拥有92.0%的国家重点实验室和所有高校研究经费的60%。第一方阵的9所名牌大学的博士生、硕士生人数分别占全国高校的20.0%和10.1%，获得的国家重点项目占30.6%。有资格建立研究生院的53所大学的博士生、硕士生人数分别占全国高校的78.0%和55.4%，获得75.2%的国家重点项目。第一方阵的9所名牌大学拥有中国科学院和中国工程院院士的41.5%，要求新聘任的教师必须具备博士学位，目前在职教师中具有博士学位的比例接近90%。[①]

“211工程”和“985工程”以一种新的形式取代中国高等教育以前用重点和非重点区分大学的方式。两大工程不应被简单地视为中央集权体系下由政府发起的自上而下的改革运动，而是由政府和重点大学携手合作，共同为推进高等教育质量建设、为提升中国高等教育的世界竞争力所做出的努力。这种努力代表了中国社会由计划经济向市场经济体制转轨的过程中，高等教育领域也形成一种兼容传统的高等教育资源配置和流动新机制。其中，隐含的原则是：政府为了更有效地利用有限的公共资源，将其投放到基础、条件、水平和声誉更好的高校，由于这些学校的自我管理水平和社会公信力，可以使公共资源的使用效益最大化，既不断提升学校自身发展能力，还会带动和影响更多的学校提升质量。[②]

---

① ［美］菲利普·阿特巴赫、乔治·巴兰等：《世界一流大学：亚洲和拉美国家的实践》，吴燕、宋吉缮等译，上海交通大学出版社2008年版，第41—43页。

② 刘念才：《世界一流大学：战略、创新与改革》，上海交通大学出版社2009年版，第183—186页。

二 清华大学：研究型大学中的旗舰

在中国的研究型大学建设进程中，清华大学是当之无愧的“领头羊”之一。2006 年，清华大学明确了建设世界一流大学的总体战略：“1994—2002 年的第一个九年，调整结构，奠定基础，初步实现向综合性的研究型大学过渡；2003—2011 年的第二个九年，重点突破，跨越发展，力争跻身世界一流大学行列；2012—2020 年的第三个九年，整体推进，全面提高，努力在总体上达到世界一流大学水平。2020 年以后还要继续推进建设，到 21 世纪中叶我国基本实现现代化时，争取达到或接近世界著名一流大学的水平。”① 那么，根据约翰·尼尔兰（John Niland）的分析框架，清华大学已经具备了哪些研究型大学的特质呢？

在本科生生源方面，清华大学同全球很多顶尖大学一样，对中国的顶尖高中毕业生很有吸引力，特别是理工科类学生。每年有超过 70% 的全国各省高考理工科成绩前十名的考生选择就读清华大学。与高选拔性的学生相匹配，清华大学拥有一支高质量的教师队伍。虽然教师总数从 1995 年的 3807 人减少到 2006 年的 2857 人，但是教师中博士学位的拥有者却从 572 人上升到 1792 人，比例从 15% 提高到 62.7%。清华大学实施的“百名人才引进计划”等一系列措施，从国内外引进一大批优秀中青年学术骨干，其中许多已成长为学校的学科带头人。这些学术骨干多数具有海外学习和研究经历，很多从海外名校获得博士学位。在科研经费方面，2013 年清华大学以 39.31 亿元的科研经费排名第一，紧随其后的浙江大学（36.07 亿元）和上海交通大学（31.09 亿元）也都超过 30 亿元，此外还有 6 所大学超过 20 亿元。在“211 工程”和“985 工程”接

---

① 袁本涛、潘一林：《高等教育国际化与世界一流大学建设：清华大学的案例》，《高等教育研究》2009 年第 9 期。

近十年的重点资助下，清华大学的整体办学水平有了十足的进步。表3—6是清华大学和麻省理工学院部分指标的比较结果，清华大学的经费总额和研究经费已经超过麻省理工学院，但由于学生总数接近为麻省理工学院的3倍，因此生均经费仍然较低。此外，在SCI论文及被引用数等方面仍然任重道远。

表3—6　清华大学（TSU）和麻省理工学院（MIT）部分指标的比较（1996—2006）

比较年份	1996年MIT	1996年TSU	2006年MIT	2006年TSU
经费总额（10亿美元）	1.3	0.53	2.18	3.7
研究经费（10亿美元）	0.4	0.35	0.58	1.5
全职教师数（人）	896	2488	998	2857
有博士学位的教师比（%）	100	15	100	62.7
院士数（人）		33	266	64
学生总数（人）	9960	16565	10253	31786
研究生比率	1.2∶1	0.4∶1	1.48∶1	1.3∶1
授予的博士学位数（个）	554	202	594（2005年）	821
SCI论文（篇）	3172	273	3554（2005年）	2915
被引用次数（人）	4840	467	13231	4250

资料来源：刘念才：《世界一流大学：战略、创新与改革》，上海交通大学出版社2009年版，第192页。

在专业配置与学科建设方面，清华大学在“建设世界一流大学”的早期工作重点就是调整结构，完善学科，形成综合性的研究型大学的基础。这一时期，清华大学相继建立法律、机械工程、艺术、公共管理、信息技术、计算机科学、医学和新闻传播学8个新学院，作为涵盖文、理、工、医、商、法、经、管等领域的综合性研究型大学终于成型。在2002年和2004年的全国评估中，清华大学有49个国家重点学科，全校37个学科中的21个学科位列全国前三名，13个学科在全国排名第一。[①] 在国际化方面，清华大学在学生国际流动、教师国际化水准、教学与课程的国际化、国际合作研究以及合作办学等方面全面展现了“开放式”办学的理念。截至2007年年底，清华大学与30多个国家和地区的180多所大学签订了合作协议，通过交换生、联合培养、国际会议、合作研究、竞赛以及实习等多种形式派遣本国学生出国学习。2004—2007年，公派学生出国（境）数以平均每年24.5%的速度递增。同期，清华大学同国外机构的科研合作项目以平均每年30.5%的速度递增。与此同时，来自87个国家共计2204名在校各类留学生就读清华大学，还有来自中国港澳台地区的243名学生。[②] 在构建战略网络方面，清华大学不仅与国内的北京大学等9所顶尖大学构成“C9联盟”，还有德国亚琛工业大学、美国MIT斯隆管理学院等世界一流大学开展学术合作研究和联合办学等，形成广泛而强劲的战略网络。在2014年QS世界大学排行榜上，清华大学位列第46，已经是名副其实的研究型大学，具备与世界一流大学争锋的能力。

第五节 小结

菲利普·阿特巴赫说过：“当今世界，每个国家都想拥有世界一流大学。似乎一旦离了它，便寸步难行。”[③] 本章的分析表明，“金砖四国”都在投入巨大的公共资金来举国建设少数精英大学，

---

① 刘念才：《世界一流大学：战略、创新与改革》，上海交通大学出版社2009年版，第190页。

② 袁本涛、潘一林：《高等教育国际化与世界一流大学建设：清华大学的案例》，《高等教育研究》2009年第9期。

③ ［美］戴维·查普曼、安·奥斯汀：《发展中国家的高等教育：环境变迁与大学的回应》，范怡红等译，北京大学出版社2008年版，第22—34页。

这些大学无一不是以“世界一流”为目标的研究型大学。经过接近30年的建设，“金砖四国”的研究型大学已渐趋成型，成为驱动知识经济发展的主要动力。然而，这种以政府意志主导、靠公共资金投入的模式与发达国家的研究型大学发展模式有很大差异。美国的常春藤院校大多凭借自身发展，欧洲的牛津大学、剑桥大学等院校即使使用政府的公共资金，也是按照自己的意志自主发展。为什么“金砖四国”会举国建设研究型大学，它们的研究型大学与普通大学相比又获得了哪些特权？后文将做出解答。

第 四 章

高等教育收益率：转型中的内部冲击

20 世纪 80 年代末和 90 年代初，为了提高生产力，改变产品质量，中国许多国有企业都试图建立技术创新的国际合作项目，从国外引进大量先进的技术。但是由于缺乏使用新设备的技术人才，许多进口设备在工厂里被搁置、生锈，同时大量的年轻人无法获得高等教育的机会而造成巨大的人力资本浪费。成千上万的青年学生为了有限的高等教育入学机会而激烈竞争，因为大学学位意味着更高的工资回报和更广阔的职业前景。坚信高等教育能带来更高的经济回报可能不是政府和个人投资高等教育的唯一原因，但可能是最重要的一个。然而，作为公共服务的高等教育具有自身的经济价值，且接受高等教育的成本是昂贵的。对于一个普通家庭来说，在决定年轻人是否接受高等教育的时候必须考虑到其经济成本与效益。当高等教育的经济成本很低，即政府通过公共财政为大众接受高等教育“埋单”的时候，普通家庭接受高等教育的“经济壁垒”就会很低，大部分人都会选择进入大学就读。当然，这是在高等教育收益率足够高，可以补偿接受高等教育的时间成本的时候。如果高等教育的收益率很低，大众对接受高等教育的兴趣就会大大缩减或不会急迫地去完成大学教育，即使政府为其“埋单”。这已经在许多经济发达的国家被证明。例如，意大利的高等教育几乎是免费的，但从大学毕业的年轻人比例还是非常低，原因之一就是大学教育的平均收益率很低。[①] 在意大利，大学毕业生的工资确实要比中学毕业生高一些，但高出的幅度不足以让绝大部分年轻人都有动力接受并完成大学教育。由于共产主义政府有意识地压制不同学历间的工资差异，20 世纪七八十年代苏联时期民众对高等教育的需求相对较低，这是此时期苏联高等教育的一大特征。

如此来看，如果接受高等教育的经济成本很高，唯有高等教育的收益率高出大众期待，普通家庭才会热情不减地投资大学教育。从上文可以看出，“金砖四国”高等教育转型中的数量扩张几乎都在依赖“学费制”院校：私立大学和收费制公立大学。可以说，随着大学入学人数的扩张，公共资金分摊至个人的生均经费在不断下降，高等教育的经济成本很大一部分转移至私人家庭。按照上文逻辑，推动普通家庭承担愈来愈高的大学教育成本的应该是较高的私有经济回报，本章将力图证明这一逻辑，即在过去 20 年中，“金砖四国”的高等教育私人收益率一直处于高点或正在上升的状态，尤其是中国、巴西和印度的工程科学专业以及俄罗斯的商业和经济学专业。不断攀升的高等教育收益率推高民众对于大学教育的需求，从而给予政府扩张高等教育入学率的压力，也奠定了普通家庭通过学费来分担高等教育成本的社会基础。

对于主观能动的政府而言，不同政体类型的政府应对这种压力的态度和途径可能不同。“金砖四国”中的巴西和印度是西方人眼中的“民选政府”，他们有可能会躲避这种压力，一个重要的原因是高等教育回报的周期较长，远远超过某一届政府执政的时间。尽管如此，较高的经济回报催生民众对大学教育的巨大需求，仍然是

---

① Boarini, Romina, & Hubert Strauss, “What Is the Private Return to Tertiary Education? New Evidence from 21 OECD Countries”, *OECD Journal: Economic Studies*, No. 2010, April 2010.

促使两个国家扩张高等教育入学率的主要动力，因为躲避这种压力需要冒着损失政治合法性的巨大风险。“金砖四国”中的俄罗斯和中国是西方人眼中的“威权国家”，两国政府都将高等教育视为促进经济增长的重要途径，而高质量可持续的经济增长是两国政府获得政治合法性的一个重要来源。在20世纪90年代之前的苏联和中国，政府对高等教育的投资作为政府的一种政治活动，直接由自上而下的政策推动。此后，随着经济增长成为两国的发展重心和政府政治合法性的来源之一，两国的顶层决策者都深切感受到高等教育在未来长期经济增长过程中的重要性所在。相比于巴西和印度来说，像俄罗斯和中国这样“威权国家”的政府具有更长久的政治周期和视野，他们可以通过更长期、计划性的高等教育投资来获得更为持久的政治合法性。因此，无论是在“民选国家”还是“威权国家”，高等教育的收益率都是考虑政府为何扩张高等教育入学率的一个重要因素。相对较高的高等教育私有收益率，即相对于教育成本的较高私有回报，会鼓励民众投资高等教育从而给政府以压力来提供更多高等教育入学机会；相对较高的高等教育社会收益率，则会促进政府向高等教育投入更多公共资金以促进经济增长。政府的政治视野越广阔，执政周期越长久，这种政治动机就会越强烈。那么，何谓高等教育的收益率？高等教育的私人收益率和社会收益率该如何分别计算？影响“金砖四国”高等教育收益率的因素有哪些？“金砖四国”高等教育转型中的高等教育收益率又是如何变化的？本章将试图对上述问题做出回答。

第一节　高等教育收益率：概念测算与影响因素

一　高等教育收益率的概念及其测算

高等教育投资收益率简称高等教育收益率，从人力资本理论角度来讲，它是反映高等教育投资经济效益的一个指标，其大小在相当程度上反映出高等教育投资的优劣，进而为个人和社会进行高等教育投资提供决策参考。按投资主体的不同，高等教育收益率分为个人收益率和社会收益率。最简单的高等教育收益率表述方式为：高等教育收益率 =（高等教育总收益 - 高等教育总成本）÷高等教育总成本 ×100%。[①] 从个人角度来看，高等教育总收益是指因为接受高等教育带来的终身收入（税后）增加总额；加上高等教育给个人生活带来的福利收益，如更高的社会地位以及工作条件的改善等；加上从教育制度和学习活动本身直接获取的消费收益，例如政府对进入重点大学的学生进行资助等。但许多时候，接受大学教育未必能获得政府资助，尤其对于学术成绩并不好的学生来说，此时这种直接的消费收益就不存在或者为负，这也是辍学现象产生的一个重要原因。相对于私人收益而言，接受高等教育的私人总成本包括学生因接受大学教育或其他教育活动而放弃的收入获得；与接受大学教育相关的额外支出，如学费、交通费、书本费等；以及上文所述的学术成绩较差学生的消极消费效应。因为接受大学教育的成本消耗发生在成本与收益链条的早期，因此在家庭教育投资决策的过程中占有重要的位置。在测算高等教育私人收益率的过程中，私人总成本的测量，例如学生因为接受大学教育所放弃的收入以及家庭为了让孩子接受大学教育所花费的额外投资，要比测量个体的高等教育总收益困难得多。从社会的角度来看，高等教育的总收益应该是私人收入的增加总额（税前数字）[②] 加上高等教育活动对公共管理、社会环境及对其他社会成员的福利收益。后者是指造福于整个社

---

① 石才良、冯静：《高等教育收益率：理论、证据与述评》，《江西财经大学学报》2006 年第 2 期。

② 分析个人收益率时用税后收入数字，分析社会收益率时用税前收入数字，因为以个人所得税形式获得的政府财政收入可能以公共产品、服务等形式造福于社会总体。

会总体，而不仅仅被那些接受高等教育的个体所捕捉。这种收益可以是更具教化性的集体行为、更具创新性的工作环境、更为明智的政治选举、更为高效的自然资源利用以及更为健康的社会人口等。在社会成本方面，在公共教育制度普遍存在的情况下，市场对教育投资的成本收益反映得很不充分，存在大量由非市场主体承担的、大量占用社会资源的外部成本。因此，高等教育的社会总成本应该是私人总成本加上政府对高等教育的公共支出。

然而，高等教育收益率的估测是非常复杂的。我们所能观测到的大学毕业生的工资收入要高于中学毕业生，并不必然意味着是因为大学毕业生接受了更多的教育。戴尔（Dale）的研究表明，那些接受大学教育的个体更具创造性，即使他们没有接受更多的教育，或者在普通大学完成学业，因为他们能在没有额外或特殊教育的情况下更快地学习那些创造性岗位所需要的技能。[①] 如果把所有的个人收益都归功于个人在大学里学到的技能，将会严重高估大学教育的价值，尤其对于那些即使完成大学教育却不能很快适应外界环境的人来说。此外，按照文化再生产理论的观点，学生的文化和社会资本如较高的家庭收入和财富、父母的社会地位等，都会在个体接受大学教育的过程中发挥作用。因此，社会资本雄厚但学术能力较差的学生也许会从大学毕业，而学术能力较强但处在较低社会阶级的学生却往往不能。按照这种逻辑，与大学教育相关的工资收入差异反映的是文化资本的价值差异而不是个人的学术能力，大学教育的收益率将会被高估。即便如此，如果按照个人收入测量出来的高等教育收益率很高，相比于收益率较低的时候，仍然有很多年轻人

① Dale, Stacy B., & Alan Krueger, "Estimating the Payoff of Attending a More Selective College: An Application of Selection on Observables and Un-observables", *The Quarterly Journal of Economics*, Vol. 117, No. 4, 2002, pp. 1491 - 1527.

希望接受并完成大学教育。此外，女性群体和弱势群体的高等教育收益率需要被单独估测，因为相对于大多数男性来说，她们面对的是完全不同的劳动力市场条件。女性群体和弱势群体也许会受到歧视，因此，她们的个人收入并不能代表真正的经济生产率。通过阐述她们教育投资的收益变化，就能够理解男性和女性教育行为的性别差异。如上文所述，高等教育的社会收益率也是变幻莫测的。通常来说，由于高等教育对社会造成的各种福利效益难以测量，社会收益率的估测也用私有收益率估测中使用的平均收益流，同时加入个人所得税，因为以个人所得税形式获得的政府财政收入可能以公共产品、服务等形式造福于社会总体。经济学家在过去的50年里正全力以赴地校正相关模型，以解决上述问题，并获得了许多进步和成就。经过校正的普遍结论是：尽管学生的自身能力、文化资本和学校教育一起混合作用并影响与受教育年限相关的个人工资水平，但高等教育本身这样一种活动的影响不容置疑。[①] 此外，通过收入差异测量出的教育收益率与受教育程度较高的劳动力促进经济增长的论断相吻合，这意味着收入差异一定程度上代表生产力的差异。[②]

二 “金砖四国”收益率的影响因素

后文将要阐述“金砖四国”的高等教育转型过程中，其收益率是如何变化的？收益率的变化对于高等教育的转型意味着什么？四个国家的高等教育扩张又是如何与收益率的变化相联系的？这将帮助我们理解“金砖四国”的政府和个人对高等教育的投资行为以及

---

① Angrist, Josh, & Alan Krueger, “Instrumental Variables and the Search for Identification: From Supply and Demand to Natural Experiments”, *Journal of Economic Perspectives*, Vol. 15, No. 4, Autumn 2001.

② Krueger, Alan, and Mikael Lindahl, “Education for Growth: Why and for Whom?”, *Journal of Economic Literature*, Vol. 39, No. 4, December 2001.

系统内部的成本分担和融资变革现象。从宏观层面来看，“金砖四国”都处在一个经济变革和社会转型的时代，那有哪些因素同时影响“金砖四国”的高等教育收益率变化呢?

从20世纪90年代中期到2010年，“金砖四国”经历了一个经济增长的“蜜月期”。有数据显示，巴西、俄罗斯、印度和中国2010年三季度的GDP同比增速分别达6.7%、2.7%、8.9%和9.6%。除俄罗斯外，其他三国经济增速均远高于同期的美、欧、日等发达经济体。“金砖四国”中的中国和印度经济增长最快，巴西在人均GDP方面增长最慢，俄罗斯也逐渐从20世纪90年代初期的“阵痛”中恢复过来，当时它正在经历转向市场经济的“休克式”改革。这是“金砖四国”融入世界经济的结果，同时带来四国高等教育的大发展。与发达国家的高等教育扩张一样，“金砖四国”的经济增长带来大学教育收益率的巨大爬升，因此快速推进四国的高等教育扩张。此外，“金砖四国”的经济增长虽然起点不同，但都有一个类似的人口统计学语境。人口走势不仅对经济增长意义非常，还对政府鼓励年轻人接受中等和高等教育影响巨大，同时也对高等教育的相对收益率有重大意义。“金砖四国”中除了印度，其他三国未来的青年人口（0—14岁）都在锐减，其中俄罗斯和中国在20世纪90年代之后的下降速度分别达到每年38%和21%，巴西每年也有7%的缩减。仅仅只有印度的青年人口在20世纪90年代之后有12%的年均增长，但这个趋势正在被扭转，2000—2010年年均增长率已经放慢至2%。因此，在中国和俄罗斯，即使经济增长的速度放缓，青年人口数量的暴跌仍然会使得大学教育的收益率居高不下，因为受过良好教育的劳动力供应相对短缺。此外，在两国收入分配不公日趋加大的情况下，相对于受教育程度较低的群体，大学毕业生从这种不公平的格局中获益更多。因为相对而言，与大学教育相关的收入增长最快。这种情况同样适用于印度这个西方人眼中的“民选国家”。在这三个国家中，中国的不公平差距正在缩减，因为受到一些人口统计学、政治和劳动力市场因素的影响，以及政府不断增加对欠发达地区和农村地区的支持。[①] 巴西的收入不公平在轻微下降，主要是因为巴西政府制定了诸多让低收入巴西人受益的收入政策。然而，巴西仍然是世界上收入不公平程度最高的国家之一，即使有一些减少，高收入和低收入巴西人之间的差异仍然要比俄罗斯、印度和中国高很多。

除了经济增长和收入分配的影响，研究者在跟踪大量国家的教育收益率过程中，发现随着教育系统的扩张，教育收益率从较低层次的教育水平上开始下降。[②] 这是一种“向下替代”效益：随着教育系统的扩张，雇主倾向于雇佣受教育水平较高的劳动力来替代相对较低水平的劳动力。随着快速工业化进程的推进以及与此相伴的教育系统扩张，小学教育逐渐被普及，然后是初中和高中教育。不同教育水平的收益率开始随时间下降，首先是小学水平，然后是中学水平，最后是大学水平。许多国家的数据表明，在这个过程中，大学教育的收益率要高于中等教育，而投资中等教育要比投资基础教育更划算。[③] “金砖四国”中的相对人力资本扩张就印证了这种高等教育扩张中的“阶段供应”现象。劳动力中的人力资本通常用不同受教育水平的劳动力占比来测算。我们并没有获得“金砖四国”在2000年前此方面的数据，但可以假设这个年龄段的劳动力在10—15年前接受中等教育，在5—10年前接受高等教育，再使

① Organization for Economic Cooperation and Development (OECD), Economic Surveys: China, 2010, Vol. 2010/6, Feb, Paris: OECD.

② Carnoy, Martin, “Rates of Return to Education”, The International Encyclopedia of Economics of Education, 1995.

③ Blaug, Mark, Richard Layard, & Maureen Woodhall, *The Causes of Graduate Unemployment in India*, London: Allen Lane, 1969, pp. 289 - 292.

用中学教育和高等教育的毛入学率差值来估测青年劳动力（25—34岁）中的不同受教育水平的劳动力占比。

按照上述逻辑，可以估测“金砖四国”的中等教育和高等教育收益率趋势。如表4—1所示，1990年巴西的高等教育毛入学率仅为11%，却有超过半数的人接受过中等教育。此外，直到2005—2010年，高等教育的毛入学率才开始快速增长（意味着受过大学教育的年轻劳动力会快速增加），而中等教育的普及几乎在10年前就已完成，这意味着2010年有80%的巴西年轻劳动力接受过中等教育。这意味着相较于中等教育，巴西的高等教育收益仍然会持续上升。相较于巴西，中国和印度的中等教育普及化进程相对滞后，在20世纪90年代末的中学毕业生，尤其是大学毕业生的比例要远低于巴西，大约滞后十年。然而，考虑到中国和印度有非常高比例的农村人口，毛入学率的数据可能稀释了21世纪初期两国城镇人口中接受过中等教育和高等教育的人口比例。在印度的劳动力人口中，有非常高的城市男性在20世纪90年代末接受过中等教育和大学教育，远超表4—1中的数据，因为在印度男女入学率之间的差异非常大。因此，在中国和印度的城市人口中，2005年已经有相当高比例的年轻劳动力接受过中等教育，其中等教育的收益率将会开始下降。在俄罗斯，20世纪90年代初期就已经有非常高比例的劳动力接受过中等教育或高等教育，大学毕业生的比例达到20%，在2005—2010年间，年轻劳动力中的大学毕业生比例更高，是30%—40%。然而，必须注意的是，苏联时期的高等教育毛入学率可能被严重高估，因为很大一部分学生进入了高等职业院校，而非大学。①

① Carnoy，Martin，*University Expansion in a Changing Global Economy：Triumph of the BRICs?* California：Stanford University Press，2013，pp. 80 - 81.

表 4—1　1970—2009 年“金砖四国”的中等教育和高等教育入学率

单位：%

国别	教育类型＼年份	1970	1975	1980	1985	1990	1995	2000	2005	2009
巴西	中等教育	26	47	54	51	65	80	104	106	101
	高等教育	5	10	11	11	11	12	16	26	36
中国	中等教育	28	51	46	32	38	52	62	71	80
	高等教育		1	1	3	3	4	8	19	24
印度	中等教育	24	26	29	35	39	45	45	54	62
	高等教育	5	5	5	6	6	6	9	9	11
俄罗斯	中等教育	91	94	98	99	96	90	92	83	89
	高等教育	47	43	45	52	55	43	55	72	76

资料来源：联合国教科文组织统计研究所：http：//stats. uis. unesco. org/unesco/tableviewer/document. aspx？ReportId = 143。

第二节　“金砖四国”的高等教育收益率测算

一　巴西的高等教育收益率：涨停不跌

20 世纪 70 年代之后，巴西的高等教育收益率（无论是私人还是社会的）有一个清晰的转变轨迹，那就是从 1970—1989 年经历一个急剧增长，然后在 21 世纪初期一直保持在这个高点上，尽管高等教育的入学率在此期间经历了快速增长。如表 4—2 所示，卡拉波罗斯（Psacharopoulos）的研究结果表明，巴西投资高等教育的私人收益率从 1970 年的 13.9% 翻倍增长到 1989 年的 28.2%[①][②]，此后一直在该点上下浮动。高等教育收益率的这种变化可能与巴西

① Psacharopoulos，George，“Returns to Education：A Further International Update and Implications”，*Journal of Human Resources*，Vol. 20，No. 4，Autumn 1985.

② Psacharopoulos，George，“Return to Investment in Education：A Global Update”，*World Development*，Vol. 22，No. 9，1994，pp. 1325 - 1343.

在此期间经济变革的三个特征有关：其一，20 世纪 70 年代巴西处于军政府执政时期，国民生产总值增长非常快，增长率达到 8.5%；其二，收入差距不断加大，也贯穿于整个时期，且在 20 世纪 70 年代和 80 年代有愈演愈烈之势；其三，高中入学人数的迅猛增长，尤其是在 20 世纪 70 年代和 80 年代，且在 90 年代仍在持续。但相比之下，高等教育入学人数直到 21 世纪初期仍然保持在相对较低的比例。综合这些因素可以看到：高中教育快速膨胀的同时，高等教育的增长率非常低，甚至在 20 世纪 80 年代有所下降，而与此同时，社会的收入不公在相应增长。这就解释了为何投资中等教育的收益率在下降，而投资高等教育的收益在大幅度增加。

表 4—2　　1970—2008 年巴西不同性别和层次的教育收益率

（每年 *n*%）

时间	私人收益率		社会收益率	
	高中教育	高等教育	高中教育	高等教育
1970	24.7	13.9	23.5	13.1
1989	5.1	28.2	5.1	21.4
2000[a]	10.0	24.4		
2001[b]	5.8	31.4		
2000[c]	12.7/ 13.8[a]	23.0/20.5[g]	11.1/11.6[g]	18.4/16.3[g]
2000[d]		26.5/24.3[g]		20/17.7[g]
2000[e]		21.5/19.9[g]		18.5/16.9[g]
2008[f]	1.6	24.6		

注：a. 基于 2000 年人口普查的明瑟收益率，性别和种族得到控制；
b. 基于 2001 年巴西入户调查的明瑟收益率，性别和种族得到控制；
c. 基于 2000 年人口普查计算得出的收益率；
d. 基于 2000 年人口普查计算得出的收益率（工科类毕业生）；
e. 基于 2000 年人口普查计算得出的收益率（计算机科学类毕业）；
f. 基于 2008 年巴西入户调查的明瑟收益率，性别和种族得到控制；
g. 第一个收益率为男性，第二个收益率为女性。

资料来源：1970 年来自 Psacharopoulos，G.，"Returns to Education：A Further International Update and Implications"，*Journal of Human resources*，1985；1989 年来自 Psacharopoulos，G.，"Returns to Investment in Education：A Global Update"，*World development*，Vol. 22，No. 9，1994；2000 年、2008 年来自 Carnoy，M.，Loyalka，P.，& Dobryakova，M.，et al.，*University expansion in a changing global economy：Triumph of the BRICs?* California：Stanford University Press，2013。

随着1985年军政府执政结束，从20世纪90年代到21世纪初，巴西新政府的执政重心开始转向减少社会不公，重点是减少收入不平等。教育的发展模式依然遵循社会大众的需求与政府的供应平衡，因此，中等教育一直在持续扩张。1995年，高等教育的入学率也开始扩张，但主要依靠增加私立大学的招生人数来达成。图4—1描述了2000年巴西不同受教育水平以及工程教育的男性劳动力在不同年龄段的收入差异。事实上，无论是男性还是女性，完成大学教育和未完成大学教育所得的工资差异是很大的。此外，毕业于工科专业的学生的工资要比平均水平高出很多。马丁·卡诺瓦基于这些数据计算了完成大学教育的男性和女性的私人与社会收益率，以及完成技术教育（两年）、计算机科学专业（四年）和工科专业（五年）的收益率（见表4—2）。数据显示，工科专业毕业生的私人收益率最高，但如果全部完成五年制教育，其收益率会更高。这些数据描述的是每一学年的收益率，因此工科类大学毕业生的收入要比中学毕业生高出两倍多。努内斯（Nunes）的估测结果也认为那些毕业后从事工程师职业的工科类学生的平均收入要比从事其他职业多很多。[①] 因为如果接受工科类高等教育能够获得两种至关重要的能力，即数学和问题解决的能力，那就意味着拿到进入许多种类工作和行业的通行证。

综上所述，在巴西接受或完成大学教育以及其他种类的高等教育的收益率非常高，民众对于高等教育的需求在未来很长一段时间内还将持续旺盛。巴西政府运用私立大学（成本由民众负担）来消化这些需求的逻辑和策略也会随之持续下去。进入公立大学就读的学生几乎不用支付任何学费，且大部分学生（私立大学也一样）几乎都来自最高收入阶层的家庭，让私立大学去吸收绝大部分扩张带

① Carnoy, Martin, *University Expansion in a Changing Global Economy: Triumph of the BRICs?* California: Stanford University Press, 2013, p. 122.

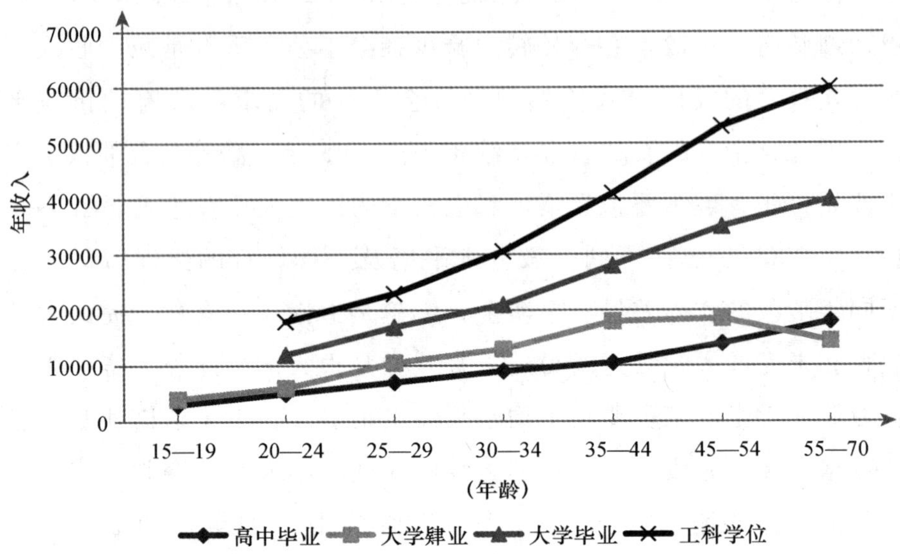

图 4—1 2000 年巴西不同受教育水平的男性在不同年龄段的年收入（雷亚尔）

资料来源：Carnoy, Martin, *University Expansion in a Changing Global Economy*: *Triumph of the BRICs*? California: Stanford University Press, 2013, p. 101.

来的新生，也就成为巴西政府避免对公立大学投资过度的一种政治手段，如同印度一样。至少在 21 世纪初期，它是政府用来减少传统资助模式下不公平的一种途径。虽然这种模式通过提供免费高等教育的形式给富人群体以大量公共资助，而不去考虑其他支付大量学费的家庭所承担的负担。然而，如此高的高等教育收益率还是说明大学的招生数量和毕业生数量受到个人和家庭在财政和其他方面的束缚。近年来，巴西开始大力资助私立大学中的弱势群体，且不断扩大联邦大学中“平权行动”的范围，意味着他们正在帮助弱势群体努力克服这些障碍。事实上，巴西政府的确受到来自低收入群体关于增加大学教育机会的压力，因为接受高等教育意味着获得更高的工资薪酬。

二　俄罗斯的高等教育收益率：盛极而衰

与中国类似，俄罗斯的劳动力市场也经历了从“计划控制”向“市场竞争”的转型，即国家对于工资薪酬、人力资本形成和聘用的控制转向一个基于市场导向的工资设置和人员聘用。与此相配套的是，学生可以通过自主选择专业和课程来捕捉劳动力市场的机遇，雇主也可以根据市场条件选择雇佣或不雇佣应届毕业生。受20世纪90年代初期俄罗斯“休克疗法”的影响，俄罗斯劳动力市场的这种转变相对于中国来说更为迅猛。但与中国类似的是，即使是“休克式”改革也未能彻底改变现状，许多大学毕业生仍然会选择去国有或准国有部门和企业工作，政府对大学里每个专业的招生人数仍然大权在握。与中国不同的是，俄罗斯政府对高等教育的直接影响仅限于大学里那些政府“全额补助”的或者免交学费的学生。对于招收“付费”学生的数量，政府则给大学留有足够的空间来自主决定。这直接导致如上文阐述的数量大扩张。大量的付费制学生涌入公立大学，造成俄罗斯高等教育系统的膨胀。通过这种教育市场获得扩张的领域和专业，恰恰是那些让毕业生在劳动力市场中有更多机会和更高报酬的专业。

业界还鲜见研究俄罗斯劳动力市场的“休克式”转型对高等教育收益率造成的影响。伊丽莎白·布雷纳特（Elizabeth Brainerd）用全俄罗斯公共意见调查中心（All-Russian Center for Public Opinion Research，VTsIOM）的月度户口调查截面数据分别计算了俄罗斯转型初期（1991年、1993年和1994年）收入分配的月度变化，其中一部分估计了这三年中男性和女性的明瑟收益率。[①] 结果表明，这

① 教育的明瑟收益率指的是平均多接受一年教育导致个人收入提高的比例。它能够用于反映教育对经济发展的贡献，评价教育产出的效率，反映劳动力市场对教育的需求状况。它的计算方式为 $Y = f(S, *, *)$，Y 是就业者的收入，S 是就业者受教育的年限。

三年里，所有教育层次（包括小学、中学和大学）的收益率都经历了快速增长，更重要的是，这种增长的驱动力主要来自低于中学教育的劳动力名义工资的下降，以及接受过大学教育的劳动力名义工资的上升。① 但是，如果用购买力平价来衡量，所有受教育水平群体的实际工资都在下跌。教育收益率的这些变化有可能意味着在1991 年之后接受过大学教育的劳动力开始在非国有单位寻求工作。总的来说，较高教育水平的劳动力在回应劳动力市场剧烈变迁方面有更多的能力和更大的灵活性。这就解释了上述现象，即随着大学毕业生从政府控制工资体系中的国有部门逃离出来，他们的相对工资回报得到很大增长。俄罗斯劳动力市场转型的第二个影响可能正如我们在 20 世纪 90 年代的中国观察到的那样，是对高级员工奖励的减少。由于劳动力工资从政府控制的工资体系岗位中转移出来，年轻劳动力的收入回报相对于年长劳动力来说得到上扬。② 格罗德尼申库和彼得（Gorodnichenko、Peter）使用了俄罗斯纵向监测调查（Russian Longitudinal Monitoring Survey，RLMS）中 1994 年、1996 年、1998 年和 2000 年的数据估测了其月度明瑟收益率。此外，他们还利用该调查 2000 年的系列回溯问卷，基于劳动力群体的特征将他们的年龄追溯至 1985—1990 年，通过回溯调查估测了相同劳动力群体在 1985 年和 1990 年的明瑟收益率。③ 上述两个研究结果见表 4—3。

这些研究结论都认为，随着 20 世纪 90 年代初期俄罗斯劳动力

① 名义工资指的是工人付出劳动力时所得到的以货币表现出来的工资，也就是未经过价格修正的货币工资。名义工资不能确切反映出工资的实际水平，因为名义工资不变，实际工资可以因为物价的涨跌而降低或上升。

② Brainerd, Elizabeth, "Winners and Losers in Russia's Transition", *American Economic Review*, Vol. 88, No. 5, December 1998.

③ Gorodnichenko, Y., and K. S. Peter, "Returns to Schooling in Russia and Ukraine: A Semiparametric Approach of Cross-Country Comparative Analysis", University of Bonn, Institute for the Study of Labor (IZA), Discussion Paper, No. 1325, Oct. 2004.

表4—3　　1985—2002年俄罗斯不同性别和水平的年度私有教育收益率（%）

			整体水平		中等专业		大学专业		大学本科		工程专业	
研究	年份	整体	男	女	男	女	男	女	男	女	男	女
Brainerd	1991		3.1	5.4	1.7	3.3	5.2	6.4	3.5	6.7		
	1993		6.6	7.4	-3.0	10.1	7.5	7.6	6.2	8.1		
	1994		6.7	9.6	-1.9	9.0	5.1	11.4	6.4	10.6		
Gorodni-chenko and Perter	1985	2.8										
	1990	3.9										
	1996	8.1										
	1998	9.1										
	2000	9.3										
	2002	9.2										
Denis ova and Kartse-va	1998										7.4	12.2
	2000										7.7	11.1
	2001										7.9	12.0
Androus-hschak and Proudni-kova	1994—1996				-0.6		5.7		5.1		3.5	
	2000—2002				1.3		6.7		6.4		11.2	
	2006—2008				0.2		3.4		5.5		10.3	
	2005								8.3	15.9	9.6	28.2
	(Carnoy)								6.1	10.0	7.8	19.2

资料来源：Carnoy，Martin，*University Expansion in a Changing Global Economy*：*Triumph of the BRICs*? California：Stanford University Press，2013，pp. 92 -93.

市场的转型，俄罗斯的教育收益率在快速上涨。这与当时的中国类似。即使一定程度上中俄两国的女性劳动力的平均收入远低于男性，但她们的教育投资都获得较高的回报。在高等教育方面，尽管20世纪90年代中期俄罗斯劳动力市场中的大学毕业生占比远高于中国，但其收益率的变化与中国非常类似。在俄罗斯，政府公共部门直到2008年仍在沿用苏联时代的“统一工资定价表”，随后才被绩效工资计划所正式替代。尽管习惯于前一个系统的公共行政人员仍然倾向于用“统一定价”来划定员工工资，但无论如何，俄罗斯已经开始解除对公共部门工资的管制。

不同专业的高等教育收益率变化趋势不一样。尽管工程师在苏联是一个非常受欢迎的职业，但随着1991年之后俄罗斯从计划经济向市场经济转轨以及重工业的萎缩，市场对高等工程教育的需求开始减少。相反，随着跨国公司所需的金融与财政服务迅速增长，社会对与此相对应的经济学和商业管理类毕业生需求大涨，教育回报随之水涨船高。结果，工程教育的申请率和入学率开始远远低于经济和管理类专业。即使如此，丹尼索瓦（Denisova）等人的估测认为，除了经济学之外，俄罗斯的五年制技术工程教育的回报在20世纪90年代末期和21世纪初期仍然高于其他任何专业。他们还估测了三年制职业院校的收益率，结论是这种院校的工程教育收益率在1998—2001年间的主要专业中是最高的。[①] 因此，高等工程教育即使在世纪之交的市场条件下仍然是回报较高的专业和领域。但这并不必然意味着工程师的回报要比其他职业高很多，学习工程专业与从事工程师职业毕竟是两回事。许多工程师开始在其他商业领域找工作，他们的数学能力和问题解决能力可能更适合1990年之后

① Denisova I. , and M. Kartseva, “Advantages of Education in Engineering: Estimates of Returns to Educational Specialization in Russia”, *Moscow: National Research University Higher School of Economics Working Paper WP3/2005/02*, 2005.

劳动力市场的新现实。拥有良好数学训练的毕业生能够很轻松地在银行、石油公司和准备投资俄罗斯的外企找到工作，工资回报也相当高。[①]

那么，20 世纪 90 年代不断上涨的大学教育收益率是否给俄罗斯政府以压力，来提供更多的政府“全额补助”或者免交学费的名额呢？答案是并不多。1990—1995 年，俄罗斯的高等教育入学率甚至下降了。1995—2000 年，虽然高等教育收益率得到很大幅度的爬升，政府公共资金资助的大学名额仅仅增长 35 万名，而同期“学费制”名额从零增长到 150 万名。因此，俄罗斯政府资金对此时间段内高等教育入学率扩张的财政贡献仅占 20%，大学主要是通过向社会融资来消化吸收民众对高等教育不断增长的需求。那么，近些年俄罗斯的高等教育收益率是否还会持续上升？答案可能也很消极。Androushschak 和 Proudnikova 用经过选择性偏差[②]校正的明瑟收益模型估测的结果显示，大学教育的收益率在 21 世纪初期有少许上涨，但随着中学毕业生接受高等教育的比例持续攀升至较高的水平（约 85%），高等教育收益率在 2006—2008 年出现一定程度的下降。其中，工程教育专业的毕业生也是一样，尽管他们的工资收入仍然比平均收益率高很多。Gimpelson 估算了不同受教育水平劳动力的平均奖金收入（非教育回报率），也证明大学教育的回报在 2005—2007 年有一定幅度的下降，随后在 2007—2009 年有少许的上涨。[③] 虽然收益率数据显示出衰微的趋势，但是这不妨碍俄罗斯政府和民众投资高等教育的热情。从纵向的历史比较来看，俄罗斯

---

① Raleigh, D. J. (ed.), *Russia's Sputnik Generation: Soviet Baby Boomers Talk About Their Lives*, Bloomington: Indiana University Press, 2006.

② 选择性偏差（selection bias）指的是在研究过程中因样本选择的非随机性而导致得到的结论存在偏差，也称为选择性效应（selection effect）。

③ Gimpelson, Vladimir, and Rotislav Kapelushnikov (eds.), *The Russian Worker: Education, Occupation, Qualifications*, Moscow: National Research University Higher School of Economics, 2011.

的高等教育大众化成果非常显著。在 20 世纪 80 年代中期，苏联时期的劳动力中，大学毕业生的占比高达 12%—14%，甚至高于 2010 年中国、巴西和印度的比例。21 世纪初期，这个比例更是达到 25%，2008 年达到 29%，这相较于许多更发达的国家都已经是很高的水平。

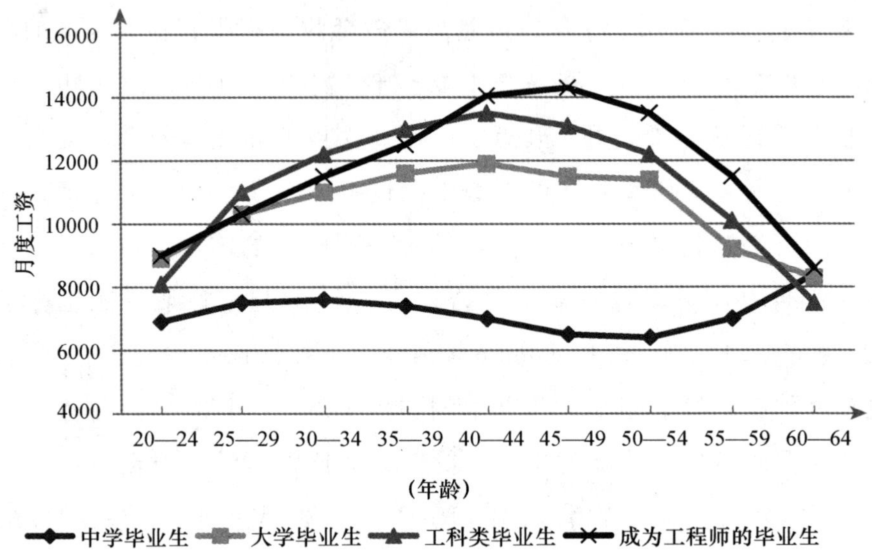

图 4—2 2005 年俄罗斯不同受教育水平的男性在不同年龄段的月收入（卢布）

资料来源：Carnoy，Martin，*University Expansion in a Changing Global Economy：Triumph of the BRICs?* California：Stanford University Press，2013，p. 94.

可以看出，付费制的学生占比从 1994 年的零增长到 2007—2008 年度的“半壁江山”。这意味着 20 世纪 90 年代中期之后，俄罗斯高校中收费制学生的比例一直在稳步增长。如果我们将学费和其他学习成本纳入计算，高等教育的收益率可能还会进一步下降。Androushschak 用 RLMS（2004—2006）的数据估测了俄罗斯男性和女性在不同年龄的月度工资收入走势，其中，男性部分如图 4—2

所示。马丁·卡诺瓦则借助这个数据测算了包含学费和其他教育成本在内的高等教育收益率。这些成本包括入学考试准备费用（约40%的学生花费了9700卢布）和平均学费支出（约27000卢布，其中工程教育专业为22000卢布，因为大部分的工科学生都获得了政府资助），最终基于不同年龄段的收入测算出的结果显著拉低先前的高等教育收益率。[①] 表4—3中卡诺瓦的数据比较了两种不同测算方式的结果，前者只将接受大学教育所放弃的收入获得作为私人成本，后者则将上述额外成本也算在内。结果显示，后者测算出五年制本科教育平均收益率为8%（男性6.1%，女性10%），而前者却高达12%（男性8.3%，女性15.9%）。对于毕业于工程专业的男性来说，后者的结果（7.8%）与前者（9.6%）相差幅度不大，但是女性接受工程教育的收益率差异却高达9%，远远大于平均水平（5.9%）。但我们应该谨慎地看待这种回落，因为俄罗斯官方关于制造行业工资增长的数据以及2005—2009年学费成本的数据显示，高等教育的工资溢价仍然保持稳定，甚至有少许上涨，这是由于学费成本上涨的速度没有工资上涨得快。因此，我们也不能简单地认为2005—2009年的高等教育收益率经历了衰减。因为政府投入高等教育领域的公共资金经历了巨大增长，这很大程度上压低家庭或个人承担高等教育成本的比例，并因此在同期保持高等教育收益率的稳定。

综上所述，俄罗斯劳动力市场在20世纪90年代的快速转型，加之其高等教育的收益率一直处于高位，至少可以部分地解释1995—2010年俄罗斯公立大学转向社会融资的行为，目的是为了满足高等教育收益率不断上升而带来的教育需求。这也可以解释为何很大一部分“付费制”学生选择经济学和商科类专业，因为它们是

---

① Carnoy, Martin, *University Expansion in a Changing Global Economy: Triumph of the BRICs?* California: Stanford University Press, 2013, p. 94.

21 世纪初期以来收益率最高的两个专业。对于工科类专业来说，尽管付费接受工科类教育的学生并不多，且近年来全国大学入学考试的分数表明工科专业的学生甚至比其他专业的学生要低，这说明俄罗斯社会对工科教育的需求正在走低。但有趣的是，工科教育的收益率还是高于平均水平。如果工科教育对于雇主来说意味较高的数学技能，且毕业后能获得较高的工资收入，为什么中学毕业生不选择这些工科专业呢？解释之一就是，随着工科专业大学入学考试对数学分数的要求在降低，高等工程教育传递的“数学修养较好”的信号开始弱化。另外一个解释可能是，高等工程教育的收益率仍然很高，但是接受工程教育的非经济成本可能正在上升，尽管这种专业的问题解决能力也可以用在其他工作中。卡尼科夫（Kanikov）认为，某些工程教育训练可能仍然具有吸引力，但是大部分工程教育都会走向枯萎。①

三　印度的高等教育收益率：居高不下

同巴西和俄罗斯类似，让印度学生给收费制公立大学或私立大学支付高额学费的动力之一，也是高等教育相对较高的收益率。如表 4—4 所示，20 世纪 70 年代末到 90 年代末，印度高等教育的私人收益率可能达到每年 11%—13%。这似乎并不高于一些发展中国家如巴西，但要比中国（直到最近）高很多，也比一些成熟的发达经济体如美国和欧盟高很多。② 印度经济从 20 世纪 90 年代末开始快速增长，与此相对应的是 21 世纪初大学教育尤其是技术工程教育的收益率也会相应增长。在过去的 10 年里，女性投资中等教育的收益率要高于男性，但是反过来，男性投资高等教育的收益率却

① Kanikov, F., and O. Trunkina, “Orientation of High School Students towards Education in Engineering”, *SocIs*, No. 11, 2004, pp. 111 - 115.

② Boarini, Romina, and Hubert Strauss, “What Is the Private Return to Tertiary Education? New Evidence from 21 OECD Countries”, *OECD Journal: Economic Studies*, No. 2010, April 2010.

要高于女性。与此同时，男性投资三年制工程类专科教育的收益要高于投资大学本科的收益，女性却不是这样。马丁·卡诺瓦估测了2006年的明瑟收益率：中学教育的收益率一定程度上下降了，大学教育仍然与20世纪90年代一样保持较高水平。对于女性来说，中学教育的收益率下降幅度要大于男性，但她们的大学教育收益率经历显著性增长。事实上，无论是三年制专科教育还是四年制本科教育，2006年的数据显示女性的收益率都要高于男性。表中数据还显示，对于男性来说，投资工科类大学教育比非工科类的收益率要高很多，这说明工科教育的收益相当高。

表4—4　　1965—2006年印度不同水平和性别的年度教育私有收益率估测（%）

时间	中学教育			大学教育			工程技术教育	
	全部	男	女	全部	男	女	男	女
1965	18.8			16.2				
1978	19.8			13.2				
1983	13.7	13.2/6.0[e]	23.8	11.6	12.2/10.0[e]	9.5	13.9	12.8
1993	13.8	12.6/5.4[e]	25.5	11.7	12.2/10.9[e]	10.3	15.6	12.3
1999		6.1			12.3			
2006[a]		10.5	15—18.5		12.0	16/13[f]	12/24[f]	16/13[f]
2006[b]					19/19.5[f]	19/18[f]	21/37[f]	30/n.a.[f]
2006[c]					14/14[f]	13/12[f]	12/22[f]	14/n.a.[f]
2006[d]					12/12[f]	11/11[f]	9/17[f]	9/n.a.[f]

注：a. 明瑟收益率；

b. 收益率计算包括接受大学教育所放弃的收入获得；

c. 收益率结算包括：接受大学教育所放弃的收入获得＋学费；

d. 收益率结算包括：接受大学教育所放弃的收入获得＋学费＋额外生均支出；

e. 杜塔（Dutta）的再算结果；

f. 第一个数据是专科教育（三年制），第二个数据是本科教育（四年制）。

资料来源：1965，1978：Psacharopoulos，1985；1983，1993/94：Duraisamy，2002；1999：Dutta，2006；2006：Martin Carnoy.

图 4—3 描绘了 2006 年印度不同受教育水平的男性在不同年龄段的收入变化，显示了选择工程师为职业的应届毕业生的薪水要比一般毕业生甚至研究生都要高。然而，印度接受工科类高等教育的学生通过学费支付了非常高比例的教育成本。学费也是计算收益率时必须考虑的成本之一。因此，马丁 · 卡诺瓦在估测工科教育收益率的时候使用了比一般专科教育和本科教育都要高的学费成本。此外，他在估算 2006 年工科学生私有收益率的时候用了一高一低两个总成本，分别为 25000 卢比和 40000 卢比，因为私立大学和公立大学中的工科教育学费有差异，成本相对高表示在学费较为昂贵的私立大学接受教育。男性工科类毕业生的私人收益率和社会收益率非常高，即使把学费、接受大学教育所放弃的收入获得以及政府的生均支出都算在成本之内。当把接受大学教育所放弃的收入成本计算在内，男性工科毕业生的大学教育收益率为每年 36.8%，而三年制工科专业毕业生为 21%，其他普通专业的毕业生则为 20%；当把学费成本也考虑在内，男性工科毕业生的大学教育收益率下降为每年 20%—24%，三年制工科专业毕业生下降为 11%—13%；再把其他成本算在内，上述两个结果相应地下降为 16%—19% 和 9%—10%。[①] 如果把学费和其他成本考虑在内，三年制专科毕业生的收益率将会出现低于普通四年制本科生的收益率。非常可惜的是，印度户口调查中，没有提供足够的女性四年制工科毕业生的收入数据来计算一个精确合理的收益率。对于女性三年制专业毕业生来说，如果把接受教育所放弃的收入、学费和其他成本计算在内，她的收益率仅相当于甚至少于其他普通专业的专科或本科毕业生。如果不把学费计算在内，结果显示，无论是三年制专科教育还是四年制本科教育，即使是非工科技术类专业的收益率

① Carnoy, Martin, *University Expansion in a Changing Global Economy: Triumph of the BRICs?* California: Stanford University Press, 2013, p. 98.

仍然是非常高。然而，在专科教育水平上，学费和其他家庭费用的进一步上涨，也许会降低其收益率水平，并进而降低专科教育的入学率。

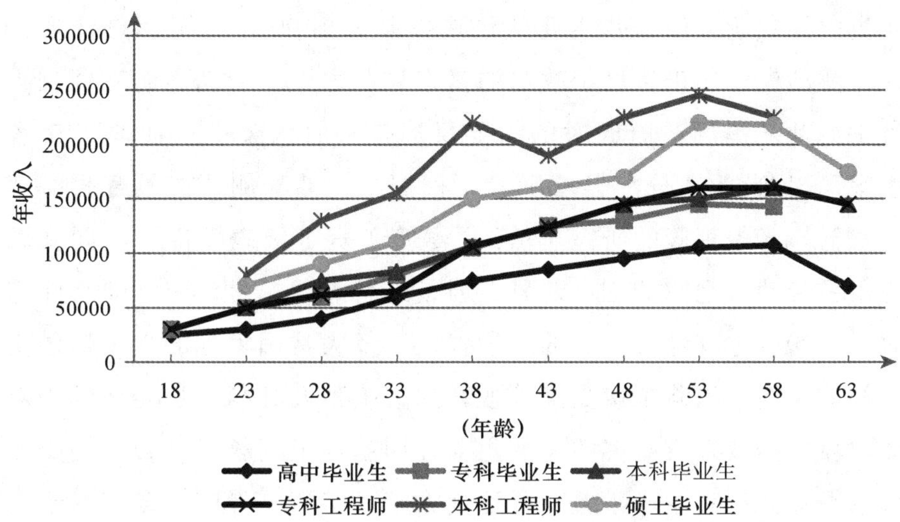

图4—3　2006年印度不同受教育水平的男性在不同年龄段的年收入（卢比）

资料来源：National Sample Survey Organization, National Sample Survey, 62nd round, 2006. Delhi.

综上所述，20世纪90年代以来，印度中学教育的私人收益率已经日趋下降，大学教育的收益率在过去20年里居高不下。相比之下，工科教育的收益率在所有专业中拔得头筹。收益率之高，促使民众对高等教育的需求与日俱增，私立院校开始投入高等教育市场化的浪潮，大力吸引工科类和商科类学生也就不足为奇。同样，按照这个逻辑，我们很容易从高等教育融资的角度理解政府为何放宽私立大学的扩张，并使得学生和家庭承担这种扩张的大部分成本。未来，印度高等教育的入学率是否还会持续增长，其收益率是否还会与过去一样持续走高尚未得知，尤其是印度工程教育入学率方面的大举扩张有可能导致收益率的下降。

四 中国的高等教育收益率：节节攀升

中国虽然在20世纪70年代末实行了改革开放，但对内改革主要集中在农业方面，其主要的经济体制直到90年代仍然是计划性的，劳动力市场仍然处于政府的紧密控制之下，劳动力的工资收入也是如此。中国政府此时的主要目标是“收入公平”而非“市场效率”，因此收入分配异常平等，根据收入差异测算的教育收益率非常低。张俊森等的研究显示：“尽管工资等级表默许了不同受教育水平劳动力之间的工资差异，但是这种差异非常之小。而与此同时，政府通过减免大学生的学杂费，以及为贫困家庭的学生提供生活补助，基本消除了接受高等教育的直接私人成本。”① 经济学界对此时段中国教育收益率的关注主要在回答以下问题：是否不同受教育水平的劳动者生产率差异要远远大于其工资差异呢？尤其对于大学毕业生来说，不同受教育水平劳动者之间的工资差异是多少？② 教育的收益率低到何种程度？③ 例如，刘志强用1988年的数据计算得出，高等教育临界收益率要一定程度上高于中学教育，前者是每年4.5%，后者是每年3%。④ 经济学家进一步将20世纪90年代之后中国教育收益率的稳步增长视为中国从计划经济向市场经济转型的一个程度指标。⑤ 随着政府弱化对工资的控制，教育的收益率从

① hang, J., Y. Zhao, A. Park, and X. Song, "Economic Returns to Schooling in Urban China, 1988 to 2001", *Journal of Comparative Economics*, Vol. 33, No. 4, December 2005.

② Fleisher, Belton, and Xiaojun Wang, "Returns to Schooling in China under Planning and Reform", *Journal of Comparative Economics*, Vol. 33, No. 2, June 2005.

③ de Brauw, Alan, and Scott Rozelle. 2006, "Reconciling the Returns to Education in Off-Farm Wage Employment in Rural China", Stanford University, 2006.

④ Liu, Z., "Earnings, Education, and Economic Reform in China", *Economic Development and Cultural Change*, Vol. 46, No. 4, July 1998.

⑤ Yang, Dennis T., "Determinants of Schooling Returns during Transition: Evidence from Chinese Cities", *Journal of Comparative Economics*, Vol. 33, No. 2, June 2005.

20 世纪 90 年代开始急剧上升，且在 21 世纪初期上升更为快速，尤其是高等教育部分，如表 4—5 所示。[①] 这可能是因为 20 世纪 90 年代年轻劳动力的收益率要高于年长劳动力，年长劳动力在其年轻的时候倾向于在政府控制的国有企业工作，这限制了他们抓住经济改革带来的开放性机遇的能力。

随着中国政府在 20 世纪 90 年代推进普及九年义务教育以及高等教育扩招，大量的中学毕业生和大学毕业生开始进入劳动力市场。即使如此，中国的中等教育和高等教育收益率还是开始提升并持续走高。张俊森的研究指出：1988—2011 年，城市样本中受过大学教育的劳动力占比从 12.6% 上升到 28.1%，大学毕业生相对于高中毕业生的工资溢价仍然从 12.2% 上升到 37.3%。[②] 这可能有以下几种解释：其一，正如弗莱舍（Fleisher）曾经估测大学毕业生的生产力和工资之间存在很大差距那样，20 世纪 90 年代初期中国大陆的大学毕业生已经享有很高的真实回报。[③] 政府在此时段对于高等教育入学率的紧密控制，可能驱动了不同受教育水平群体间的收入差异增长。然而，20 世纪 90 年代初期，仅仅只有 4% 的劳动力进入并完成大学教育，这可能会导致选择性偏差，进而高估上述“真实回报”。其二，此时的中国劳动力市场改革已经开始推进，青年劳动力有可能已经进入劳动力市场，且他们的技能更加符合中国转型经济的特殊需要，所以他们的工资收入相比于年长劳动力更能反映真实的教育收益，因为后者更倾向于在工资相对较低但较为稳定的职位工作。因此，当年长劳动力退休，年轻

① Carnoy, Martin, *University Expansion in a Changing Global Economy: Triumph of the BRICs?* California: Stanford University Press, 2013, p. 84.

② Zhang, J., Y. Zhao, A. Park, and X. Song, "Economic Returns to Schooling in Urban China, 1988 to 2001", *Journal of Comparative Economics*, Vol. 33, No. 4, December 2005.

③ Fleisher, Belton, and Jian Chen, "The Coast-Noncoast Income Gap, Productivity, and Regional Economic Policy in China", *Journal of Comparative Economics*, Vol. 25, No. 2, October 1997.

表 4—5　　1988—2005 年中国不同水平和性别的年度私有教育收益率（%）

研究	年份	总体收益率	总体男性	总体女性	总体城市	总体农村	高中阶段	职业教育	大学本科
Johnson and Chow	1988	3.3			3.3	4.0			
Li	1995		4.3	6.9	5.4		≈7.4	6.2	6.8
de Brauw and Rozelle	2000					6.5			
Heckman and Li	2000								10.8
Zhang et al.	1988		2.8	5.2			3.7	1.0	3.1
	1992		3.7	5.8			3.2	3.1	5.0
	1995		5.6	7.9			5.1	4.0	6.1
	1998		6.4	9.2			5.4	5.5	8.0
	2001		7.5	12.5			7.1	5.9	9.3
Loyalka	2005 男性						10.1	10.0	14.9
	2005 女性						14.5	22.6	23.3
Calculated rates (Martin Carnoy)	2005 男性								16.7
	2005 女性								17.3
Martin Carnoy	2005 男性								27.4
Graduates employed as engineers	2005 女性								27.4

资料来源：Carnoy，Martin，*University Expansion in a Changing Global Economy*：*Triumph of the BRICs*? California：Stanford University Press，2013，p. 84.

劳动力会替代他们，教育收益率就会随之增长。张俊森等的研究也指出，所有劳动力的教育收益率都发生增长，但年长劳动力的增长幅度较小一些。[①] 其三，随着中国经济在20世纪最后十年的快速增长，工业生产越来越复杂，整体上向金融和商业服务转轨，对于受过高中和大学教育的劳动力的需求也快速增长。其四，由于新的技术引进以及计算机使用频率的增加，各种公司内部高技能强度的工作岗位激增，这使得接受过本科教育的劳动力广受欢迎，即使本科毕业生的供应增长比中学毕业生快得多。马丁·卡诺瓦使用一个全国范围内具有代表性的农村和城市样本（包括农民工在内）对2005年的教育收益率进行估测，尽管没有对选择性标准进行校正，但对其中的"零工资"进行了处理，结果显示高等教育的收益率相当高且处于上升趋势。他还用这个样本特别估算了高等工程教育的收益率，结果显示高等工程教育的收益率要比大学教育的平均水平高，比非工程教育类高出很多。[②] 此外，其他研究也表明，中国的高等教育收益率正在上升，因为新进入劳动力市场的毕业生相较于劳动力市场的年长劳动力来说，更有可能获得与他们的生产力相匹配的薪酬。[③]

马丁·卡诺瓦根据2005年中国人口普查数据估计了中国不同受教育水平的男性在不同年龄段的月收入差异，如图4—4所示。这与他对印度和巴西的估计有很大差别。在中国，男性的工资收入在32岁以后并未再能稳定增长。这是因为截面数据（某一时间点的估计）反映的是在不同时间点进入劳动力市场的不同年龄

---

① Zhang, J., Y. Zhao, A. Park, and X. Song, "Economic Returns to Schooling in Urban China, 1988 to 2001", *Journal of Comparative Economics*, Vol. 33, No. 4, December 2005.

② Carnoy, Martin, *University Expansion in a Changing Global Economy: Triumph of the BRICs?* California: Stanford University Press, 2013, pp. 85 – 86.

③ Maurer-Fazio, Margaret, "Earning and Education in China's Transition to a Market Economy—Survey Evidence from 1989 and 1992", *China Economic Review*, Vol. 10, No. 1, February 1999.

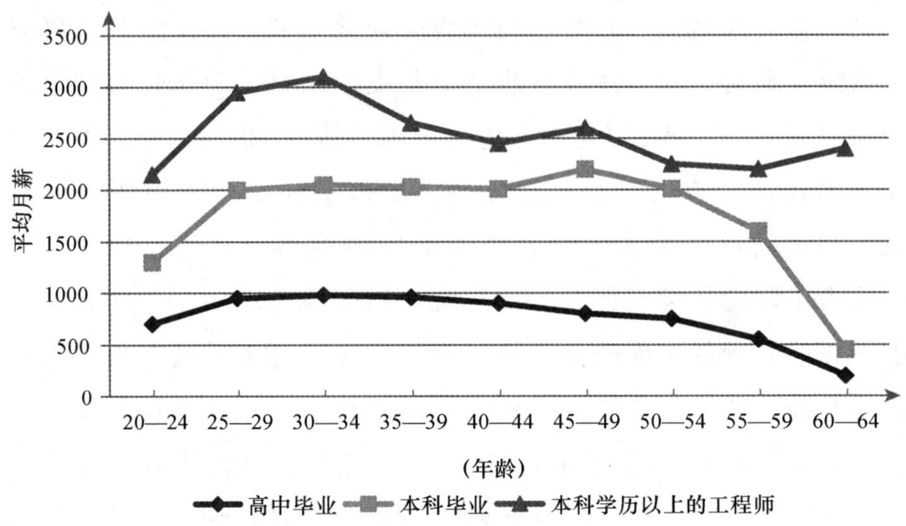

图 4—4 2005 年中国不同受教育水平的男性在不同年龄段的月收入（元）

资料来源：马丁·卡诺瓦根据 2005 年人口普查数据估测。

段的个体收入，而劳动力市场改革仅仅在 20 世纪 90 年代才开始影响工资收入。所以，上述所有劳动力收入的年龄差异只能很准确地估测出 22—32 岁年龄段的未来收入，尤其是对受教育水平高的劳动力来说，但却会相对低估较高年龄段的未来收入。此外，如果中国经济仍然持续增长，所有年龄段的劳动力真正收入将会以经济增长的相同速度上升。这样的逻辑说明马丁·卡诺瓦的测算有可能低估真正的高等教育收益率，尤其是高等工程教育领域。然而，由于上述收入数据没有经过选择性偏差的校正（例如大学毕业生有可能比那些止步于高中的学生更有能力或更适合接受大学教育），结果会出现向上偏倚的情况。所幸的是，罗朴尚使用经过选择性偏差校正的绝对偏差估计也得出类似偏高的结果①，印证了大学教育的回

① Loyalka, Prashant, Jianguo Wei, and Weiping Zhong, *Mapping Educational Inequality from the End of Junior High School through College in China*, CIEFR Working Paper, 2011.

报值得家长为孩子的高等教育每年支付 5000—6000 元人民币的学费以及其他几千元的额外费用。我们无法获得最近几年中国高等教育收益率的完整数据并进行测算，但考虑到近几年中国经济的高速持续增长，估计对于受过高等教育的劳动力需求也将持续性增长，尤其是对高等工程教育方面的毕业生来说。因此，中国高等教育的收益率仍然会持续走高。

一个有趣的现象是，尽管高等教育的收益率很高，但许多中国媒体上仍然时常有“大学生就业难”的新闻。事实上，也许是媒体的报道没有捕捉到事实的全部。研究表明，平均来看，大学应届毕业生确实需要花费一定的时间来找工作，而且第一份工作的起薪相对较低，有些甚至每月只有几百元。但是，大学毕业生的工资会随着时间的推移稳步增长，因而创造较高的收益。[①] 除此之外，大学毕业生还会获得许多隐性福利，这些也可能未被收入调查所捕捉。此外，正如不同专业的大学教育带来的收益率不同，在不同层级的院校接受大学教育的收益率也有很大差异。艾略特（Elliot）运用一个非连续回归设计分别测量了中国四年制本科和三年制职业院校毕业生未来工资的因果效应，结果发现，四年制本科教育的边际报酬为 40%—60%。[②] 大学教育尤其是四年制本科教育的高收益率也许会对扩大中国的收入不公平有持续影响。高速的经济增长率和对高教育水平劳动力的需求偏好超过大学毕业生供给的增长速度，这使得三年制职业院校毕业生的工资报酬相对于中学毕业生来说被拔高了。

综上所述，尽管各种研究者使用的方法存在很大差异，且现实情形中接受过大学教育的劳动力一直在大幅度增加，但各种研究结

---

① Park, Albert, Fang Cai, and Yang Du, “Can China Meet Her Employment Challenges?”, *Growing Pains: Tensions and Opportunities in China's Transformation*, 2010.

② Fan, Elliot, Xin Meng, Zhichao Wei, *Rates of Return to University Education: The Regression Discontinuity Design*, Stitute for the Study of Labor (IZA), No. 4749, Febryary 2010.

论最后都殊途同归，即 2005 年之前，中国高等教育的平均收益率一直在增长，且持续高于中学教育。然而，从 20 世纪 90 年代中期开始增长的高等教育收益率是否促进了民众对于大学教育的需求？这种需求是否又足够强力以给予政府压力来快速扩张高等教育的入学率？此外，政府决策层是否意识到大量投资高等教育能够产生较高的经济回报且促进经济增长？笔者虽然没有直接的证据进行回答，但答案应该是不证自明的，这些问题都应该得到肯定的回答。正如上文所述，中国对于高等教育扩张的限制主要是政治性的，但从 20 世纪 80 年代初期到 90 年代中期，中国的经济实际增长率超过 10%。完成高中教育的年轻人比例已经有了本质上的增长，中国民间也积累了数量可观的现金储蓄，中国的决策层和领导人对“专家治国”变得越来越重视。这些因素杂糅在一起，即给予政府在数量上扩张高等教育入学率的压力，也给予政府基于社会资本进行高等教育融资的动力。考虑到大学教育的高收益率，政府和民众都非常乐意促成高等教育的扩张政策。此外，由于中国特色的社会主义体制，学生及其家庭对政府通过学费转嫁高等教育成本的举措并没有其他选择，加之此时的高等教育确实有相当高的收益，政府的学费政策并没有受到很多抵抗。很乐观的是，尽管过去十几年中大学教育的生均成本在上升，但是大学学费却未出现大的波动或涨幅。这说明中国政府对于大学普及性收费的政治意义非常敏感，不愿意承担学费上涨对于政治合法性造成的负面效应。

第三节　小结

本章考察了高等教育收益率的概念、测算规则及其影响因素，进而估测了“金砖四国”高等教育转型过程中的收益率变化趋势。结果显示，巴西的高等教育收益率经历了一个急剧增长之后，一直保持在这个高点之上；俄罗斯的高等教育收益率经历了稳步上升之后有些许回落，但幅度并不大；印度和中国的高等教育收益率得益于经济的快速增长，一直节节攀升而居高不下。上述结论印证了上文对“金砖四国”高等教育大扩张背后驱动力的猜测，即一直处于高位的高等教育收益率高出大众期待，普通家庭对接受高等教育的需求日益旺盛，投资热情不减。高等教育转型作为“金砖四国”政府获得政治合法性的重要途径，满足绝大部分普通民众对高等教育的需求，即扩大高等教育入学率是其首要任务。然而，对于仍处于发展中阶段的“金砖四国”来说，政府投入高等教育的公共经费却无法实现与入学率的同步增长，那四国政府又是如何解决这个问题的？后文将进行解答。

第五章

知识经济与创新：转型中的外部冲击

人类经济正发生着深刻的变革。一个新的经济时代正在到来，这就是人类经济经过工业经济发展阶段之后，正步入知识经济时代。所谓知识经济（knowledge economy），是指建立在知识的生产、分配和使用之上的经济。它以知识为标准，把现代经济视为继“农业经济”和“工业经济”之后的全新社会形态。[①] 对于20世纪90年代的“金砖四国”来说，“知识经济”是一种理解上的革命。正是这场革命，催生“金砖四国”集体性举国建设研究型大学的浪潮。

第一节　知识经济冲击中的“金砖四国”

一　知识经济：概念、特征与影响

知识经济作为一种经济形态，其基本内涵是：知识不仅包括社会科学、人文科学、自然科学、技术科学在内的广义的知识体系，而且包括知识的生产、积聚、应用，尤其是知识进步及更新的能

① 李仙飞：《知识经济时代高等教育战略性变革》，广东高等教育出版社2010年版，第1—2页。

力。它将在经济的发展、财富的增长中发挥最为重要的作用，乃至成为未来社会经济发展的决定性要素。知识经济时代增加了国家、民族以及地区经济的发展对于知识体系及其动态发展过程的依赖程度。由此将从根本上改变人类的思维和习惯，对整个社会带来翻天覆地的变化，推动经济理论的创新和经济科学的发展。因此，知识并不仅仅是人们对于客观世界的认识，被时代刻上经济学的烙印，使得它拥有新的内容。这一新的内涵不仅要求更新旧的经济增长观念，让经济增长从资源依赖、劳动依赖、技术依赖转移到知识依赖、教育依赖的轨道上来，还要更新旧的知识观念，使知识的生产、积累、使用都能与经济增长相匹配，从而成为直接的财富源泉。①

事实上，对于知识在经济发展和经济增长中的作用，历史上许多先贤都有过深刻的论述。这些经济思想史上的闪光点，虽未成系统但却照亮了后人探索这一问题的道路。早在 19 世纪 50 年代，马克思依据对大工业本质及发展趋势的分析，敏锐地指出知识是一种直接的生产力。马克思说："自然界没有制造出任何机器，没有制造出机车、铁路、电报、精纺机等等。它们是人类劳动的产物，是变成了人类意志驾驭自然的器官或人类在自然界活动的器官的自然物质。它们是人类的手创造出来的人类头脑的器官；是物化的知识力量。"② 古典政治经济学的代表人物亚当·斯密在其代表作《国富论》中，首次把人的经验、知识、能力看作国民财富的重要组成部分和发展生产的重要因素。他认为，"人的才能与其他任何种类的资本，同样是重要的生产手段"，"学习的时候，固然要花费一笔费用，但这种费用，可以得到偿还，赚取利润"。③ 因此，在亚当·斯密眼中，为获取知识而进行的花费已是一种投资，具有资本的属

① 彭坤明：《知识经济与教育》，南京师范大学出版社 1998 年版，第 2—3 页。

② 《马克思恩格斯全集》第 46 卷下，人民出版社 1980 年版，第 219—220 页。

③ 亚当·斯密：《国富论》，商务印书馆 1979 年版，第 246—258 页。

性。德国历史学派的先驱李斯特把物质财富的积累称为“物质资本”，把来自智力方面成果的积累称为“精神资本”。他在《政治经济学的国民体系》中认为，国家生产力的进退取决于人类对于前任积累的精神资本领会的深切程度，以及如何运用和发扬光大。[①]美国著名经济学家刘易斯也把“知识的增长”视为经济增长的三个直接原因之一。他在《经济增长理论》的导言中如此论述：经济增长的“直接原因主要有三个……第二是知识的增长及其应用，这个过程发生在整个人类历史中，但近几个世纪以来产量较迅速地增长显然是与生产中知识较迅速地积累和运用相关的”[②]。

根据发达国家20世纪下半叶的发展经验，以将知识经济的核心特征归纳如下：其一，“基础”知识化。古典经济学将经济或财富增长的基础总结为“土地是财富之母，劳动是财富之父”，但随着18世纪中叶工业革命的发展，马克思进一步将其引申为“现代大工业是以现代科学技术为基础的，因而科学技术是生产力”。[③] 在这一基础上，他将劳动类型一分为二，即简单劳动和复杂劳动。后者指的是经过教育过程从而获得某种科学技术知识和能力的劳动力所从事的劳动过程，是倍加的简单劳动，在财富增长过程中发挥重要作用。知识经济是大工业经济发展到一定程度的产物，其经济基础是大工业经济基础的进一步继承与发展。首先，大工业经济时代，科学、技术、知识和教育已然演变成财富积累的必要条件，科学与技术是其中占权重较大的两个影响因素，在如今的知识经济时代更是如此。其次，大工业发展时期，劳动者把后天再教育所获得的能力与先天具有的能力有效结合，已然出现由倍加的简单劳动组成的复杂劳动。但在知识经济时

---

① 李斯特：《政治经济学的国民体系》，商务印书馆1961年版，第124页。

② 刘易斯：《经济增长理论》，上海人民出版社1994年版，第4页。

③ 彭坤明：《知识经济与教育》，南京师范大学出版社1998年版，第2—3页。

代，复杂劳动的核心要素是劳动者掌握知识、获得知识和创造性运用知识的能力。知识逾越劳动成为经济发展最核心的要素，经济的增长和财富的积累日益依靠知识的生产与传播，知识内嵌于经济链条的每一个环节，会从本质上变革经济运转的逻辑，也会从根本上提升每一环节的运行效率。

其二，产业软件化。它指的是所有产业运用知识的频率大幅度增长，从而使产业结构得到优化，进而实现产业的知识化。首先，从结构角度看，类似于制造业的传统产业占比会快速下跌。有数据显示，20 世纪 70 年代，制造业大概占一个工业化国家国民生产总值的 30%—50%，但到 20 世纪最后十年，它所占的比例已经严重萎缩，最多只占 20%。① 相反，包括网络经济、电子贸易以及通信产业、软件产业在内的以知识密集及新知识的应用为特征的新型产业得到迅猛的发展。其次，知识经济中科学及知识含量的大幅度提高，使得传统产业越发知识化、软性化。生物工程知识体系、新工业技术的创新、知识服务型概念分别融入第一、第二、第三产业，改变了以往的产业现状，也实现了新的产业目标，使社会经济得到新的发展。最后，在知识经济时代，出现了以知识的生产和使用为内容的第四产业，也称知识产业。知识不仅成为经济增长和财富积累的核心要素，其自身也演变成为资本市场中的一种特殊商品，并进而衍生出教育产业、信息咨询业、点子公司等知识产业。

其三，发展创意化。经济的发展、财富的增长越来越依赖一个民族的创新意识和创造能力。在工业经济时代，经济发展在很大程度上依赖对资源的垄断。然而，在知识经济时代，资源垄断已经被彻底打破，走向资源共享和全球性的优化配置。在技术经济时代，经济发展在很大程度上依赖对技术的垄断。但在知识经济时代，技

---

① 彭坤明：《知识经济与教育》，南京师范大学出版社 1998 年版，第 15 页。

术垄断也将被彻底打破，技术走向市场并且互相转让。因此，依靠资源垄断和技术垄断保持经济增长的时代都将宣告结束。决定经济发展能力及保持经济竞争优势的最重要因素，就是一个民族和国家的创新意识及创新能力。正所谓资源有限，创意无限。技术诚可贵，创新价更高。也可以说，知识经济时代是一个主要依靠创新求发展的时代，体现在理论创新、制度创新、技术创新、设计创新和模式创新等方面。

二 知识经济对“金砖四国”的冲击

20 世纪 90 年代，发达国家已经率先进入知识经济时代，而以知识驱动的经济增长在“金砖四国”初见成效。例如，印度的信息技术软件服务行业吸引了全球目光，而印度也从信息技术的发展中获得巨大收益。2000—2001 年，印度信息技术行业产值达到印度整个 GDP 的 2%，年度产值高达 82.6 亿美元。与此同时，与印度毗邻的中国开始在沿海地区培育与打造高科技产业园区，推动以创新为动力的经济增长。巴西此时已经在世界级的技术开发领域享有盛名，如航空业（巴西航空）、热带农业（巴西农业研究所）、生物技术行业等。俄罗斯也凭借苏联时代的坚实基础在航空航天、军事工业等领域占据优势。然而，相对于“金砖四国”想要在全球政治经济格局中谋求的位置来说，这些成就还微不足道。此外，知识经济的核心内涵已经不仅限于信息和通信技术以及高科技产业，而是一个以知识生产、获取、传输和高效使用的系统，终极目的是为了让工商业、社区和个体高校使用知识，从而促进更好的经济与社会发展。可以说，20 世纪 90 年代的“金砖四国”还远未形成这样的系统，下面使用世界银行开发的“知识经济评估方法”（Knowledge Assessment Methodology，KAM）进行评估。

KAM 使用了 95 个国家（包括发展中国家和发达国家）的 66

个结构变量，并将其概括为知识经济运行必需的四大支柱因素：经济激励与社会体制；教育与人力资源；创新系统；动态的信息基础设施。它假设一个国家只有在上述四个领域都发挥出色，才能增加经济效率和灵活性，以应对新的挑战，捕捉新的机遇，且确保经济发展成果能够惠及全社会。根据 KAM 的构建框架，世界银行使用了一个“知识经济评估记分牌”来评估巴西、中国、印度和美国在 2000 年的知识经济发展程度，而美国是当时世界上知识经济最发达的国家之一。[①] 该记分牌可以评估这些国家在上述四大支柱上的表现。总的来说，如果一个国家在任何一个支柱上表现强势，它就更有可能获得高效运用知识经济促进经济增长和社会福利的制高点。

从图 5—1 中可以看出，20 世纪末巴西、中国和印度在经济与政治体制方面仍然很不完善，知识经济的发展土壤还尚未成熟，包括对现存知识的高效运用、创造和生产新知识、启动新的创新项目等。经济与政治体制是一国经济能否利用知识的核心支柱，对其他三个支柱的效力影响巨大。此外，坚实的教育基础是知识经济的关键。巴西和印度在教育方面的软肋在于其中学入学率，两国都要低于中国，但此时中国的人均收入不足巴西的 20%。另外，巴西的高等教育入学率要比印度和中国高一些。不同国家在教育获得水平方面的差异也反映在其参与知识经济的方式上。巴西和印度有相对高比例的大学毕业生，但成人识字率的水平较低，因此他们更多地活跃在小型的高科技领域。此时的中国在基础教育方面更加擅长，较为成功地运用大范围的制造业来促进经济增长。在创新体系方面，新兴经济体巴西、印度和中国都非常弱小。最显眼的指标在于，他们投入在科技研发（Research and Development，R&D）活动上的经

① 由于世界银行 2000 年的数据中未能包含俄罗斯，无法将其进行比较，笔者将在后文对俄罗斯的知识经济程度单独进行详述。

费占 GDP 的比重连 OECD 国家的1/3 都不到。在信息基础设施方面（如电话、电脑、因特网等），它们与发达国家的差距也非常大。这拉大了他们与发达国家之间业已存在的差距，后者此时正在准备收获信息革命带来的潜在利益，受基础设施限制的发展中国家参与程度非常小。从新兴经济体内部的比较来看，巴西的知识经济发展程度优于中国，中国优于印度，但它们与美国、日本等发达国家相比都相去甚远。

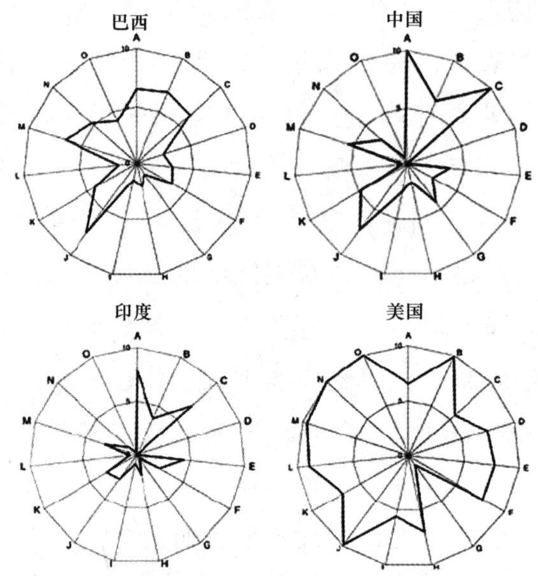

图 5—1　2000 年巴西、中国、印度与美国的知识经济评估

注：图中的坐标含义分别为：A. 年均 GDP 增长速度；B. 人力资源发展指数；

经济激励与社会体制：C. 国内生产总值构成比例（1990—1999 年平均）；D. 关税与非关税壁垒（2001）；E. 法治程度；F. 腐败程度；

教育与人力资源：G. 成人识字率（15 岁以上人口占比）；H. 中等教育入学率；I. 高等教育入学率；

信息基础设施：J. 电话数量/每千人（1999，包括有线电话和移动电话）；K. 电脑数量/每千人（1999）；L. 网络主机数量/每千人（2000）；

创新体系：M. 对外直接投资占 GDP 的比重（1990—1999 年平均）；N. R&D 支出占国民总收入的比重（1987—1997 年平均）；O. 制造业出口中的高科技产品占比（1999）。

资料来源：http：//www. worldbank. org/。

相较于上述三个国家，20世纪末的世界第一重工业军事大国俄罗斯还正挣扎于金融危机的旋涡中。虽然苏联时代的重工业基础为俄罗斯的科技研发奠定了良好基础，但转型中的俄罗斯遭遇的挑战似乎更多。这集中表现在：其一，资金严重匮乏。俄罗斯农业科学院副院长恩斯特院士提到，在俄罗斯，基因技术已经很成熟，能改造动植物生长激素、培育抗病害动植物品种、培育医用转基因动物以及按照人们要求培育出具有特殊性能的转基因动物等，它的开发应用价值和促进经济发展的作用是巨大的。可此时俄罗斯的生物技术产业化却步履维艰，这主要是资金问题。1999年7月，送第一批宇航员到新建的国际空间站的计划也因经费问题差点延期，它已无法承担在世界航天事业中应履行的义务。

其二，体制僵化。由于旧体制的束缚和科技界本身对迈向市场的思想准备不足，俄罗斯的科研和生产仍然严重脱节。20世纪末，1克红细胞生长素在国际市场上的价格是150万美元左右。此时俄罗斯农科院已研制出生产红细胞生长素的原料：含有天然凝乳酶的转基因绵羊，却不知道推广普及，加以产业化，变为巨大的经济效益，这主要与俄罗斯的科研体制有关。[①] 俄罗斯的科研体制一直采取的是双轨并行、互不干涉。科研单位只负责具体课题的研究攻关，取得成果后，经过有关部门的鉴定验收就置身事外，研究成果的推广则由其他部门负责，是否能变为生产力、形成经济效益都和研究单位不再有直接联系。其直接后果是科研单位没有经费，科研人员没有市场意识，科研成果被束之高阁；而推广单位则缺少技术和推广技术的研究人员。

在民族复兴和大国崛起的双重压力下，为了追赶已经率先进入

① 岳瑨：《90年代世界各国“知识经济”发展状况分析》，《苏州科技学院学报》（社会科学版）2004年第11期。

知识经济的欧美日等发达国家和地区，“金砖四国”也雄心勃勃地制定了各自的知识经济发展规划。对于以自然资源丰富著称的巴西来说，像美国和亚洲等国家以微电子为主导的研究和开发模式并不适用。巴西利用知识经济时代中从信息技术向生物技术转型的契机，创立了所谓的“生物创新体系”或“生物环境模式”。这种经济发展和创新模式力图使巴西在2050年前成为食品加工、生物燃料、生物技术、钢铁等自然资源产业中拥有强大研究能力和优势的国家。[①] 2007年，英国政策研究组织（DEMOS）把这种模式正式定义为“自然知识经济”（natural knowledge economy）模式，也称“巴西式创新”。[②] 这种经济发展模式是知识经济的替代性发展模式，是用建立在自然资源基础上的创新代替了建立在纯科学和技术基础上的创新，即运用科学技术手段对自然资源进行开发和利用的过程。自然知识经济把知识经济与以自然为基础的经济模式合二为一，形成生命科学产业和现代生物技术经济。为了发展这种“自然知识经济”，早在20世纪70年代，巴西国家科学技术发展委员会就在国内发起两个生物技术计划：基因组学综合研究计划（PID）和热带疾病研究计划（PIDE）。1981年，巴西政府出台国家生物技术计划，统一管理农业、能源和医药生物技术方面的研究所与经费。1984年，巴西政府还成立了旨在为发展科学技术提供支持的“巴西科技发展支持计划”（PADCT），其主要目的在于培训科研工作者，发展科学研究机构和促进知识的商业化进程。1997年，上述计划进入第三阶段，约17%的经费投入生物技术领域。这一计划基本上以政府和公共研究机构为主导，几乎没有私人部门的参与。进入21世纪，巴西为发展生物技术等高新科学技术，进行一系列制度化创新，主要目的在于促进私人资本的大量进入（如为了促使私

---

① Kirsten Bound, *Brazil: the Natural Knowledge Economy*, *Demos*, UK, 2008, p. 43.

② Ibid..

人企业进行创新，提高私人部门的研究与开发支出）。可以说，巴西正在不遗余力地向知识驱动型国家靠近。[①]

20 世纪 90 年代之后，俄罗斯开始重视创新经济的发展。1996 年颁布的《关于科学和国家科学技术政策联邦法》是俄罗斯第一部有关科技政策的法律，也是国家科技政策的总纲领。2002 年 3 月，俄安全委员会、国家上院与俄罗斯联邦总统科学与高科技委员会联席会议指出，有必要加快创新进程。2002 年 3 月 30 日，时任总统普京批准了《俄罗斯联邦 2010 年以前及更长时期科技发展政策原则》。该纲要确认未来几年俄罗斯的主要任务之一就是，“构筑国家创新体系”。2004 年，普京总统在科学、技术和教育委员会会议上指出，要通过科学和教育改革使俄经济由现在的原料依赖型向主要依靠高科技的智力资本创新型发展方式转变，促进俄经济的稳定高速增长。[②] 在原有的各种支持创新政策的基础上，2005 年 8 月，俄罗斯政府批准《2010 年俄罗斯联邦发展创新体系政策基本方向》，它既是指导俄罗斯国家创新体系建设的基本文件，也是俄罗斯国家创新体系建设的中期规划。2006 年，由俄罗斯教育和科学部制定的《俄联邦 2015 年前科学与创新发展战略》草案被送交联邦政府审议。它提出稳步提高研发投入、吸引年轻人才加入创新队伍、扩大创新产品的出口等目标。[③] 从政府制定的诸多政策以及领导人的意志中可以看出俄罗斯对于知识经济的一种渴望。

南亚大国印度过去 20 年中的经济增长受到世界瞩目，以信息

---

① 宋霞：《试论巴西促进自然知识经济发展的最新举措》，《拉丁美洲研究》2011 年第 3 期。

② 李靖宇、荣丽华：《俄罗斯国家科技基础与普京政府科技政策取向》，《东欧中亚研究》2000 年第 6 期。

③ 邹秀婷：《俄罗斯创新经济对中俄经贸科技合作的影响》，《西伯利亚研究》2007 年第 1 期。

技术为核心的高科技产业为此立下汗马功劳。1986 年，印度决定将 IT 软件行业当作其经济发展的突破口，由此颁布《计算机软件出口、软件开发和培训政策》。[①] 时隔不久，印度就尝到高科技驱动发展的甜头。2000 年，印度已成为世界上仅次于美国的第二软件出口大国，其软件产值是 10 年前的 200 多倍，此时的 IT 行业总产值高达 83 亿美元，85% 的产品出口至欧美等发达国家和地区，占据全世界软件市场总份额的 17% 和 60% 的美国市场。[②] 在巨额回报的激励下，印度进一步制订更具野心的发展计划，要把印度建成为“世界信息技术超级大国”和“超级知识大国”，到 2008 年，IT 产业总产值的目标为 850 亿美元，其中出口额达 500 亿美元，占出口总额的 1/3，为印度创造 220 万个就业岗位，并把印度经济增长率提高到两位数。1999 年，印度成立信息技术部，颁布诸多保障和刺激 IT 技术产业发展的法律法规。如培养人才，创设风险资本，简化外资企业投资信息产业的手续等，以保障印度软件产业不断升级。此外，为了保护知识经济中的知识产权不受剽窃和侵犯，印度 1994 年就颁布了反盗版条款，还制定了专门的《信息技术法》，切实保护知识产权。[③] 为了使印度的知识产权政策迈向国际化，新的《专利法》于 2005 年开始实施。为使数据保护法制化，印度政府修订了 2000 年的《信息技术法》，为软件和信息技术外包行业提供符合国际标准和规范的数据保护法律体系。印度政府还成立了总理科学顾问委员会和国家知识委员会，允许这些机构就国家科技发展问题、知识社会给印度带来的机遇和挑战等直接向总理提出建议。2004 年，印度政府相继提出加强生物技术、纳米技术、医学研究、印度科学院基础设施建设的计划和基金。[④] 可以说，印度是发展中

---

① 虞学群：《知识经济与印度的迅速崛起》，《社会科学研究》2001 年第 6 期。

② 熊昌义：《印度谋求成为世界大国》，《瞭望》2001 年第 Z1 期。

③ 虞学群：《知识经济与印度的迅速崛起》，《社会科学研究》2001 年第 6 期。

④ 任彦：《印度走自主创新强国路》，《上海教育》2007 年第 Z1 期。

国家最受惠于知识经济也是对其最为渴望的国家之一。

在20世纪90年代的中国，国家创新能力日益成为国家意志的一个重要构成。1995年，时任国家主席江泽民指出："创新是一个民族进步的灵魂，是国家兴旺发达的不竭动力。一个没有创新能力的民族，难以屹立于世界先进民族之林。"1998年，他再次强调："迎接未来科学技术的挑战，最重要的是坚持创新，勇于创新。科技创新越来越成为当今社会生产力的解放和发展的重要标志和基础。""加快建立当代中国的科技创新体系，全面增强我们的科技创新能力，这对于实现我国跨世纪发展的宏伟目标，实现中华民族的伟大复兴，是至关重要的。"为提高国家创新能力，进行国家创新体系建设，1997年11月，中国科学院将研究报告《迎接知识经济时代，建设国家创新体系》呈交国务院，得到党和国家领导人的高度重视。根据科技部、教育部和中国科学院的规划，在国家宏观层面推行"技术创新工程""知识创新工程""211工程"和"863计划"等国家重大科技计划，共同构成推动国家创新体系建设的总体布局。[①] 21世纪初发布的《国家中长期科学和技术发展规划纲要（2006—2020年）》更是明确指出：到2020年，全社会研究开发投入占国内生产总值的比重要提高到2.5%以上，力争科技进步贡献率达到60%以上，对外技术依存度降到30%以下，本国人发明专利年度授权量和国际科学论文被引用数均进入世界前五位。[②] 由此可见，21世纪中国向知识经济转型势在必得。

第二节 创新型国家与研究型大学建设

可以看出，20世纪90年代"金砖四国"正处在向知识经济转

① 王战军：《中国研究型大学建设与发展》，高等教育出版社2003年版，第47—48页。

② 成思危：《论创新型国家的建设》，《中国软科学》2009年第12期。

型的十字路口，国家意志和国内舆论十分看好科技创新对国家发展的促进作用，各种法律法规正在完善，以做好前期铺垫。具体到实践层面，“金砖四国”都在努力搭建自己的创新体系和强力建设创新型国家。那么，什么是创新型国家？它在全世界范围内是如何分布的？它与研究型大学又是什么关系呢？

一 创新型国家与研究型大学分布

18 世纪中叶以来，世界上众多国家都在各自不同的起点上努力寻求实现工业化和现代化的道路。不同国家发展经济和增加国民财富的途径不同，一种是利用丰富的自然资源，另一种是依靠发达国家的市场、资本和技术，还有一种是未来科技创新。学术界把第三种国家称为“创新型国家”，它通过提升自主创新能力来积累竞争优势。它主要体现在国家发展不是通过要素驱动，而是通过自主创新实现经济、社会的持续和协调发展，具体体现为：在创新投入、知识产出、创新产出以及以我为主的创新能力等方面远远高于其他国家。一般认为，创新型国家至少具备以下四个基本特征：用于研发的创新投入较高，占 GDP 的比例一般在 2% 以上；高达 70% 的科技进步贡献率；显示国家自主创新能力的对外技术依存度指标通常在 30% 以下；创新产出高。世界公认的创新型国家（地区）的分布情况与世界经济中心区域相吻合。欧洲共有 12 个创新型国家，加上北美的美国和加拿大，形成“环北大西洋经济圈”，这是 19 世纪以来世界上经济最发达、科技最先进的区域。亚洲和澳洲入选的 6 个国家中，除以色列以外均属于环太平洋地区，与美国和加拿大构成“环太平洋经济圈”。这是近 20 年来世界上经济最活跃、发展最迅速的地区，如表 5—1 所示。①

① 刘念才、周玲：《面向创新型国家的研究型大学建设研究》，中国人民大学出版社 2007 年版，第 45—46 页。

表 5—1　　创新型国家（地区）名单

区域	国家（地区）名称					总计
欧洲	瑞士	英国	德国	芬兰	爱尔兰	12
	丹麦	瑞典	挪威	奥地利	比利时	
	法国	荷兰				
北美洲	美国	加拿大				2
亚洲	日本	韩国	中国台湾	以色列	新加坡	5
大洋洲	澳大利亚					1

资料来源：The Top 15 Most Innovative Countries in the World，http：//www. mentalfloss. com/blogs/archives/5954.

随着20世纪下半叶东亚和东南亚地区的迅速发展，环太平洋地区成为世界上经济最活跃的地区。这一地区在世界产业份额、产出份额和贸易份额中的比重越来越大，使得美国与环太平洋地区和亚洲地区的贸易关系越来越密切。20世纪80年代，美国西部的人口比重和产业比重都超过东部地区。根据亚太经济合作组织（OECD）峰会的报道，21个APEC成员国目前总人口达26亿，约占世界人口的40%，国内生产总值之和超过19万亿美元，约占世界的56%，贸易额约占世界总量的48%。[①] 世界经济中心从环北大西洋地区向环太平洋地区转移的趋势已经出现。但是，世界科技中心目前依然在环北大西洋地区，聚集当今世界上70%的创新型国家。环太平洋地区仅有7个国家和地区属于创新型国家，占最主要的21个国家的1/3。面向知识经济时代，环太平洋地区要想真正成为21世纪的世界经济中心，就必须努力将本地区发展成为世界科技中心。其中，中国和俄罗斯以及南亚的印度何时能够建设成为创新型国家，将成为影响世界科技中心能否成功向环太平洋地区转移

---

① 刘念才、周玲：《面向创新型国家的研究型大学建设研究》，中国人民大学出版社2007年版，第45—46页。

的重要因素之一。

根据历年公布的《全球竞争力报告》可以看到，各创新型国家和地区在全球竞争力排名中均名列前茅。2006—2007 年的报告指出，在 125 个国家和地区中，20 个创新型国家和地区综合竞争力全部排在前 24 位，这充分说明创新型国家和地区也是当今最具国际竞争力的国家和地区。它们在与创新能力密切相关的指标上均占据领先地位。然而，在剩余的国家和地区中，仅有中国香港排在第 11 位。“金砖四国”与这些创新型国家的差距还很大，其中印度排在第 43 名，中国内地排在第 54 名，俄罗斯排在第 62 名，巴西排在第 66 名。[①] 拉低这个排名的一个最重要原因在于，“金砖四国”缺乏世界排名靠前的高水平研究型大学。对比上海交通大学公布的“世界大学学术排名 2007”与《全球竞争力报告》发现，创新型国家和地区在世界大学排行榜中极具竞争力，占据排行榜的前列：20 个创新型国家和地区聚集世界上 80% 以上的高水平研究型大学，所有的创新型国家和地区不论大小均拥有若干所世界排名前 500 的高水平研究型大学，绝大多数创新型国家和地区至少拥有一所排名前 200 的世界知名大学，几乎所有排名前 100 的世界一流大学都位于创新型国家和地区。排名越靠前的大学，在创新型国家和地区的聚集度就越高。很显然，研究型大学特别是高水平的研究型大学已经成为创新型国家和地区的重要特征之一。可以说，研究型大学在高等教育的发展和建设创新型国家中具有基础性、战略性和综合性作用。综观人类历史，科学技术与经济、社会的关系从来没有像今天这样紧密。“金砖四国”要想和平崛起，离不开研究型大学的推动和支撑作用。

---

① The Global Competitiveness Index，http：//www. weforum. org/pdf/Global_ Competitiveness_ Reports/gcr_ 2006/chapter_ 1_ 1. pdf.

二　研究型大学的分工与主要功能

一般来说，创新型国家的创新体系由知识创新系统、技术创新系统、知识传播系统和知识应用系统四部分构成，各个部分之间各有侧重，又相辅相成，共同构成一个开放的有机整体。

首先，知识创新是由与知识的生产、扩散和转移相关的机构与组织构成的网络系统，是技术创新的基础和源泉。其核心是国家科研机构和研究型大学，还包括其他高等教育机构、企业科研机构、政府部门和起到支撑作用的基础设施等。其主要功能是知识的生产、传播和转移，在这一系统中，政府行为发挥主导作用。

其次，技术创新系统是由与技术创新全过程相关的机构和组织构成的网络系统，其核心是企业，还包括政府部门、科研机构、高等院校和其他教育培训机构等，主要功能是学习、革新、创造和传播新技术。相较于知识创新中政府行为发挥的主要作用，技术创新系统中，更多的是以市场机制起主导作用。

再次，知识传播系统主要指高等教育和职业培训系统，它包括高等院校、科研机构和企业等，主要功能是培养具有较高技能、最新知识和创新能力的人力资源。政府行为在知识传播中起主导作用，同时也要发挥市场机制的作用。

最后，知识应用系统的主体是社会和企业，它包括政府部门、企业、科研机构和其他组织等，主要功能是知识和技术的实际应用，依靠市场机制起主导作用。

四个创新子系统之间以及组成子系统的各要素之间相互联系、相互依存、相互制约，从而构成复杂的国家创新网络系统。创新需要不同的行为主体，包括企业、实验室、科学机构与消费者之间进行分工和协作，要求在科学研究、工程实施、产品开发、生产制造和市场销售之间进行交流和反馈。其核心目标就是建立科学与技术发展、科学与技术创新、产业发展、管理创新、组织创新和制度创新之间的互动机制，最终形成一个整体的创新型国家。①

菲利普·阿特巴赫说："当今世界，每个国家都想拥有世界一流大学。似乎一旦离了它，便寸步难行。"② 此处的世界一流大学指的是高水平研究型大学，是以创新性知识的生产、传播和应用为中心，以产出高水平的科研成果和培养高层次社会精英为首要目标，在社会与经济发展、科教进步、文化繁荣和国家安全中发挥重要作用的大学，是知识经济时代社会的重要支撑之一。它是知识创新系统和知识传播系统的主要行为主体之一，兼有知识生产和知识传播的双重责任。研究型大学并非从事学术研究的唯一机构，专业研究所、政府实验室、企业研究中心和其他机构同样进行研究，许多也参与国际学术界的活动。但大国的研究型大学常常是复杂的国家创新体系的一部分，是进行研究最有效的机构。作为科研的场所，大学把研究者、教师和学生联合在一起，组成高校的知识探索、生产和创新的团体。博士生上进心极强，是非常优秀的人力资源，他们也能从直接参与高水平的研究中受益。研究型大学拥有众多的学科和专业，可以让研究受益于跨学科的创见，这一点对于生物技术和环境科学等前沿学科特别重要。大学还能以其他机构所不能的方式把基础研究和应用研究结合起来。正是科学发现与科学解释的学术规范、教与学及各学科的科学家和学者在大学里的独特结合，极大地丰富大学的学术环境。因此，虽然科学研究也能在大学之外进行，但大学确实是进行探索研究的最有效场所。③ 汤姆森科技信息

---

① 王战军：《中国研究型大学建设与发展》，高等教育出版社 2003 年版，第 49—50 页。

② 戴维·查普曼、安·奥斯汀：《发展中国家的高等教育：环境变迁与大学的回应》，范怡红等译，北京大学出版社 2008 年版，第 22—34 页。

③ 刘念才：《世界一流大学：战略、创新与改革》，上海交通大学出版社 2009 年版，第 41—42 页。

集团根据 20 年中发表研究成果的利用率，公布了 21 个学科中 5900 名最具学术声望的专家。85% 以上的各领域高水平专家在创新型国家，而高水平研究型大学成为这些专家在创新型国家和地区最理想的工作场所，聚集了 70% 以上的专家，是正在大学工作的顶级专家总数的 97% 。[①] 大学是许多国家进行科学研究的重要场所，高水平的研究型大学更是与知识生产结下不解之缘。科学发展史上的诸多案例表明，研究型大学诞生许多重大科学理论和实验技术的重大创新。例如，麦克斯韦（电磁理论奠基人）曾担任剑桥大学实验物理系主任，宾夕法尼亚大学则创造了世界上第一台电子计算机等。

由于研究型大学独特的组织特性，它在国家创新体系中有两大重要使命：第一，为国家创新体系的四大子系统培养高层次创新型人才。事实上，大学诞生之初，传播知识、培养人才就是其根本使命之一。在知识经济时代，人才差距是决定企业差距和国家差距的关键因素。一个民族国家拥有数量越多和水平越高的创新型人才，它就越能在复杂的世界政治经济格局中获得主动权。这种创新型人才的培养超越许多普通大学的职能范围，主要由研究型大学来培养，因为它具备许多普通大学不具有的知识创新职能。

第二，研究型大学是进行基础研究和应用基础研究的重要基地。基础研究是指为了获得关于现象和可观察事实的基本原理的新知识（揭示客观事物的本质、运动规律，获得新发现、新学说）而进行的实验性或理论性研究，它不以任何专门或特定的应用或使用为目的，却是科技创新的先导和源泉。[②] 由于基础科学研究和应用基础研究的长期性与非营利性，企业和一般的科研机构难以承担和

---

① 刘念才、周玲：《面向创新型国家的研究型大学建设研究》，中国人民大学出版社 2007 年版，第 49 页。

② 孙伦轩、曹清峰：《经济增长视角下高校 R&D 经费支出结构及其影响差异：基于省际面板数据的实证研究（1999—2011）》，《教育科学》2014 年第 3 期。

做出突破性的贡献，研究型大学属性的巨量科研资金、优秀专业人才、宽容而竞争激烈的学术氛围，共同构成研究型大学基础科学研究的独特组织优势。[①]

第三，研究型大学是知识创新的源头和传播的纽带。从知识生产过程来看，许多科研成果诞生于高水平的研究型大学。以中国为例，攀登计划中，大学承担项目所占比例约为30%；国家自然科学基金面上项目中，高校所占比例约为67%；大学在国家“863”计划中获得经费占比约为14%。“八五”期间，高校共获国家自然科学奖88项，占获奖总数的一半左右；获国家发明奖274项，占获奖总数的1/3左右；获国家科技进步奖550项，占获奖总数的1/4左右。[②] 从知识传播来看，研究型大学为高素质人才传播知识提供必需的交流场所，大量知识通过其传播和扩散。

20世纪90年代以来，“金砖四国”的经济复苏与不断开放的巨大内部市场，吸引各大跨国公司不断加大经济投资。“金砖四国”所提供的异常优惠的投资政策和廉价的科技人力，也使得它们成为发达国家海外R&D投资的热土。有数据显示，2007年中国和印度分别以247亿美元和129亿美元成为全球排名前两位的研发投资净流入国。由此可知，跨国公司看重“金砖四国”的巨大市场和廉价的人力资源，使得这几个新兴发展中国家成为跨国公司“跑马圈地”的重要投资市场。2004年，经济学人信息部（Economist Intelligence Unit，EIU）通过问卷调查研究过104家跨国公司的海外投资国别选择。报告显示，在这些公司跨国投资的全球布局中，中国以39%的高投票率位列榜首，印度的投票率为28%稍逊美国位列第三，“金砖四国”中的巴西也获得11%的高投票率位列第六。跨

① 王战军：《中国研究型大学建设与发展》，高等教育出版社2003年版，第52页。

② 同上书，第56页。

国资金的大量涌入，使得“金砖四国”开始有能力增加本国的科研经费投入。OECD 在 1995—2005 年的监测数据显示，9 个非 OECD 经济体（阿根廷、巴西、中国、南非、以色列、俄罗斯和中国台湾等）的 R&D 经费年均增长率达到 15.5%，相比之下，OECD 成员国年均增长率仅为 5.8%，有足够资金来加大本国的 R&D 投入。在这 10 年间，OECD 国家所占的总份额估计已从 92% 下降到 82%。同样，美国和日本两个最大的研发份额也从 1995 年的 56% 下降到 2005 年的 48%。从全球整体情况来看，2008 年仅中国（2168 亿美元）和印度（450 亿美元）在全球总投入中所占比重就达到 21.6%，成为目前世界上投入增长速度最快的两个国家。[①]“金砖四国”的 R&D 投入中，很大一部分都投入了它们的高等教育系统。然而，考虑到研究型大学对于发展知识经济的重要性，许多非精英的普通大学未能分得一杯羹，绝大部分投入高等教育系统的研发资金都进入了研究型大学，后文将就此展开讨论。

第三节　小结

本章在阐述知识经济的概念、特征以及影响之后，集中考察了知识经济对处于转型中的“金砖四国”的冲击。评估显示，20 世纪 90 年代“金砖四国”的知识经济初见端倪，但发展程度远远低于欧美等发达国家和地区。在建设国家创新体系来应对知识经济冲击的过程中，研究型大学的作用越发凸显。创新型国家和地区是研究型大学分布最集中的，聚集了世界上 80% 以上的高水平研究型大学；因为研究型大学是培养知识型人才、进行知识创新的最核心场所之一。这回答了“金砖四国”为何要举国建设研究型大学的问

① 张永凯：《全球 R&D 活动的空间分异与新兴研发经济体的崛起》，博士学位论文，华东师范大学，2010 年。

题。然而，同“金砖四国”的高等教育系统要在数量上进行大扩张所遇到的资源瓶颈一样，四国政府如何在公共资金有限的情况下，同时实现高等教育在数量上的扩张和质量上的提升，第六章和第七章将进行详细阐述。

第六章

成本分担与分化：转型中的融资变革

20世纪40年代到70年代左右，美国在全球范围内率先发起高等教育的扩张运动，大范围地增加高等教育入学率。随后，先发国家如英国、德国、法国、日本等也不甘落后，分别于20世纪60年代左右奋发追赶，纷纷在20世纪末之前大范围地拉升了自己的高等教育入学率，共同完成全球范围内的第一次高等教育大扩张。20世纪90年代之后，由“金砖四国”领衔的发展中国家开始全球范围内的第二次高等教育大扩张。但在数量形态上很相似的两次扩张背后，发达国家和发展中国家所使用的融资策略却有很大的差异，表现为高等教育成本的分担以及不同层级院校成本的分化。在20世纪后半叶的第一次扩张中，发达国家的高等教育系统存在结构上的分层，但是不断增长的资源和经费在扩张过程中几乎被均等地分配至每一层级的院校以及每一个学生，没有证据证明不同层级院校之间的经费和资源差距在不断扩大。这是因为他们实行补偿性的成本分担机制，即进入精英大学的学生需要支付多得多的学费，这个数额相对于他们的教育总成本来说等同于进入低层级院校的学生所缴纳的学费。如此一来，对于民众来说，接受不同层级高等教育的成本是相对平等的，没有出现分化的趋势。[①] 伯顿·克拉克认为，正是不同层级大学的使命分化与资源的均等分配，从面向大众的社区学院到更具选择性的精英大学，才成就了美国高等教育系统在数量扩张与质量卓越之间达成均衡。[②]

在“金砖四国”的高等教育扩张过程中，四个国家分别使用了“成本分担”的策略，将高等教育的成本转移给学生及其家庭，但是这种转移的幅度要比发达国家大得多。首先，“金砖四国”的高等教育扩张基本上都是靠收费制的公立大学和全额付费的私立大学来完成。其次，由于在成本分担的同时没有相应的补偿机制，不同层级的高校在资源获取方面出现大幅度分化的现象。处在“金字塔”层级结构顶端的精英大学获得政府公共资金的巨额补贴，而生存在“金字塔”层级结构底端的普通大学和私立大学却依靠学生的学费苦苦支撑，恰恰是后者支撑了“金砖四国”的高等教育扩张。本章将要详细阐述“金砖四国”高等教育扩张中上述的两大特征，并试图解释四个国家为何会有这种政策偏好，又是如何实现的？

第一节 成本分担：合法建构与日益分化

一 高等教育成本分担的合法性建构

20 世纪 90 年代之前，“金砖四国”中的中国和俄罗斯（苏联）的高等教育完全由政府出资支持，巴西和印度的高等教育经费也主要来自政府的公共资金，无论是中央联邦政府还是地方州政府。几乎所有进入公立大学的学生都无须承担很高的教育成本，除了接受

---

① Martin Carnoy, *University Expansion in a Changing Global Economy: Triumph of the BRICs?* Stanford: Stanford University Press, 2012, p. 8.

② Clark, Burton, *The Higher Education System; Academic Organization in Cross-National Perspective*, Berkeley: University of California Press, 1983.

教育所放弃的收入、少许象征性的学费以及一些直接的私人费用以外。在中国和俄罗斯，教育成本由政府全额补贴，许多学生甚至可以获得一定数额的奖学金来弥补因为接受高等教育而放弃的收入损失。在这种融资模式中，高等教育被视为纯粹的公共产品，大学毕业生能够给整个社会带来巨大的外部效应，为政府通过公共财政资助高等教育提供了政治合法性。这种效应一定程度上表现为政府投资高等教育所带来的社会收益。同小学教育和中学教育一样，支持政府全额补贴高等教育的内在逻辑是：通过收取学费来覆盖大学教育的昂贵成本有可能会造成投资不足。对于经济实力较差的弱势家庭来说，投资高等教育可能会有先天性的困难。因此，通过公立大学的收费制来实现成本分担，或者通过扩招私立大学的全额付费生来实现高等教育的扩张，会对有能力考入大学却来自低收入家庭的学生形成资金障碍。按照这个逻辑，大学收费会导致社会效率低下，因为缺乏投资能力的家庭和学生往往具有较高的外部效益，却会因为私人投资不足被浪费。此外，大学收费还会导致社会不平等，因为它让高等教育机会的获取是基于支付（经济）能力而不是基于学术能力，这样会让经济实力较强的社会阶级获益，从而拉大社会阶层差距。

然而，反对大学收费的人往往忽略一个明显的社会现实：即使大学教育是免费的，高等教育的机会分配也往往高度不公平。除了俄罗斯，20 世纪 90 年代之前，“金砖四国”中其他三个国家的高等教育仅仅有极少数人才能获得。在巴西和印度，只有那些有能力在孩子的幼儿卫生保健和营养以及高质量的小学教育和中学教育进行投资的家庭才有可能将孩子送入大学。即使在苏联，高等教育已经开始向大众敞开大门，却仍然倾向于面向精英阶层的孩子，包括政治精英以及受体制赏识的受教育程度较高家庭的孩子。理论上，政府提供免费高等教育的政策意义在培养掌握专业技术的官僚管理人员和促进地方经济增长。但是，在政府意识形态的熏陶之下，许多低收入的城市或农村弱势群体也被卷入这种大学融资模式，认为他们的孩子最终能从这种免费的公共产品中获益。事实上，“金砖四国”中，大学的入学机会（尤其是那些具有高度选择性的精英大学）一直更为青睐来自特权阶级的学生。因此，当仅仅有极少数一部分学生能够接受高等教育这种“公共物品”，且这一部分人还来自靠代际继承所形成的特权阶级，高等教育就很难再成为一种“公共物品”。很显然，这部分既得利益群体会“以公为私”，以免费高等教育的逻辑将公共资源占为己用。如果政府能够证明大量大学毕业生能够带来让社会受益的“外部效应”，就能合理说明为何会资助少数特权的政治或社会经济群体利用公共资源来获得较高的收入，或者是进入某些实权或执政岗位，因为经由大学教育培养的学生能够成为训练有素的医生、技艺精湛的工程师以及开明的领导人，从而增加民众的幸福感和促进社会和谐。受益于这种“外部效应”的是整个社会，而不仅仅是某个毕业生本身。因此，判断高等教育是否具有“外部效益”，是政府是否合理合法投资高等教育的关键论断。事实上，这些特权阶级凭借“文化再生产”将高等教育的公共资源私有化，却未能证明他们接受的公共资源最后创造了哪些“外部效应”。他们掌控着主导社会的经济和政治权力，有能力就上述逻辑自圆其说。如今，所有的“金砖国家”都在通过公立大学“收费制”或者增加私立大学的数量实施高等教育的成本分担策略。这种融资策略发生转变，对于高等教育系统的“经济效率”和“社会公平”，都有着非比寻常的意义。

许多研究将高等教育的这种私有化趋势置于一种新的意识形态逻辑中加以考虑，也就是说，从一种相信高等教育是公共物品的统摄性思想向私有物品的新思想转变。“金砖四国”允许私立大学在高等教育的供给方面发挥重要作用，意味着私立大学提供的教育正式成为一种商品服务，但这种商品的质量需要受到政府的管制。这意味着在成本分担和允许私立大学扩张方面出现一种新的意识形态，也就是日益被政府接纳的新自由主义思想。政府越来越不愿意用纳税人的钱为高等教育“埋单”。然而，在政府是否决定实行公立大学收费或者扩张私立大学的时候，主要的问题并不是教育是一种“私有物品”还是“公共物品”之争，而是应该考虑补贴给高等教育的大量公共资金是否造福了整个社会，以及这些公共资金是否公平合理地分配给了来自不同社会阶级的学生。毋庸置疑，“金砖四国”在发起高等教育大扩张的过程中肯定会遇到许多融资障碍。这是因为在20世纪90年代中期，“金砖四国”的人均GDP还很低，相对于20世纪60年代欧洲发达国家进行高等教育扩张的时候，其经济实力还比较薄弱。同时，相对于20世纪90年代的北欧或美国来说，此时的“金砖四国”贫困程度非常高，中产阶级还未形成，因此，国家向社会进行高等教育融资必然困难重重。从这个历史逻辑来看，“金砖四国”在公立大学收取学费或者在私立大学把高等教育当作一种“有偿服务”的融资策略，是与当时的社会特权阶级协商的结果，因为只有后者才有能力支付高等教育的费用。

理论上说，如果政府通过设置学费数额和监控教育质量来紧紧控制私立大学，那么“私立”二字就变得有名无实。事实上，政府正是通过对私立大学的审计和控制，并借此增加高等教育的入学率来获得更重要的核心利益——政治合法性。当弱势家庭或满意度较低的家庭无力支付高等教育的费用时，政府也甘愿进行一部分补贴。事实上，私人办学在政府和学生及其家庭之间放置了一道“缓冲区”，帮助政府在权责博弈中收放自如。无论学生及其家庭做出正确或者不正确的选择，也无论私立大学提供了高质量或者低质量的教育服务，在一种市场导向的公共服务提供过程中，政府在满足民众高等教育需求的责任方面留有足够的活动空间。因此，从政府角度来看，私立大学扩招是“一箭双雕”。然而，从社会管理角度来看，在私立大学中就读的学生比例过大也会有很多消极作用。例如，许多私立大学常常是围绕某一特定的“顾客”群体办学，如仅仅面对某一种族、宗教或者是富人阶级，因此构建一种同质性的教育氛围，这会损害高等教育的多样性和包容性。因为绝大部分私立大学是依靠学费来支撑所有运行成本（也有一小部分受到宗教团体的补贴），而不同私立大学之间的学费数额分化之大，就意味着不同大学的生均成本差异之大，进而表明不同私立大学在师资力量和其他投入上存在巨大差异。这对于像“金砖四国”这样不断依靠私立大学来吸收不断增长的入学人数的高等教育体系来说意义非常。这就意味着不同社会阶级群体中有着不同支付能力的学生将会被区别对待，教育不公平将会持续发酵。所以，像“金砖四国”中印度和巴西这样更加依赖私立大学来消化入学率的国家会有更大幅度的平权行动，弥补或抵消这种内嵌于系统内部的不公平。

二 高等教育成本的投入与分化趋势

“金砖四国”高等教育大扩张的一个更重要的特征是，不同层级的院校花费的生均成本出现大幅分化趋势。事实上，这种分化也在美国、日本和欧洲国家的高等教育扩张中出现，但是精英大学和普通大学的资金差距不断加大却没有在第一次大扩张中出现。印度是个例外，因为印度的精英大学从政府获得的生均经费已然是普通大学的4—5倍，因此，这种差距在高等教育扩张进程中再没有增加。然而，随着发展中国家开始竞相建设“世界一流”大学，精英大学和普通大学之间的成本分化开始主导四个“金砖国家”，即使是印度也无法逃脱。

院校成本的日益分化可能会带来两种公平问题：其一，政府拨付给大学教育的公共资金以越来越不公平的方式分配给精英大学和普通大学，这会加剧上层和下层社会阶级的学生获得经济发展机会的不平等。上层社会阶级的学生已经有非常大的概率进入精英大学，因为他们的父母接受过较高水平的教育，且属于高收入群体，因此他们更有可能接受高质量的小学教育和高中教育，从而帮助他们在大学入学考试中击败其他对手。与此同时，政府补贴给精英大学的生均经费也在不断增长。受到全球化知识经济的冲击，政府开始倾向性地重点投入和发展某些“世界一流大学”，高质量的研究型大学教育相比以前更富有价值。如果整个社会能够从这些外部效应中受惠，公共资金分配不断分化所带来的公平问题相对整个社会利益的意义就变得相形见绌，即使上层阶级能够从这种投资中受益更多。

其二，不断分化的私立高等教育也会带来公平问题。在严重依赖私立大学支持高等教育扩张的国家，如巴西和印度，不断分化意味着更高精英的大学能够通过收取学费提供更高质量的教育，但这种教育却会越来越将那些没有支付能力的学生排除在外。与此同时，非精英大学开始压缩成本，向弱势阶级提供低成本的教育，虽然低成本让没有能力支付高学费的家庭接受高等教育，但这种教育的质量必然是日趋下降的。按照这种逻辑，民众接受高等教育的质量也会基于他们的支付能力而不断分化，这意味接受高等教育所能带来的经济机遇会受到家庭经济实力的直接影响。在“金砖四国”中，中国最可能出现第一种问题，印度、巴西和俄罗斯可能反映出第一种和第二种问题在某种程度上的结合。

某种程度上，高等教育的成本分化与成本分担以及市场化趋势的根源相类似。在相对欠发达的国家，如中国、印度甚至是巴西推行如此大范围的高等教育扩张，很明显需要减少大学的生均成本才能达成。我们将会看到，随着三个国家高等教育系统的扩张，生均成本都在不断下降。有人认为较低的生均成本具有积极意义，特别是当高等教育生均成本的比例比基础教育高许多的时候。生均成本的减少，意味着可以形成规模经济，或者提高经济效率而不是降低质量。然而，我们在巴西、印度和中国观测到的高等教育生均经费的绝大部分缩减都来自“结构效应”。随着学生入学人数的快速增加，低成本（同时也是低质量）的院校吸收了越来越多的学生。在中国，这意味着二本院校（公立大学）以及低质量民办大学的快速膨胀。在巴西和印度，这表现为低成本的，通常也是低质量的私立大学的快速繁殖。因此，这三个国家在人均 GDP 仍然很低的情况下开始扩张进程，大量的新增学生被许多低成本的普通院校吸收，这在整体上拉低高等教育的生均成本。后文的分析还会证明：在中国和巴西，普通大众型院校的生均成本在 21 世纪初一直在下降，近期有所回升。然而，三个国家的精英研究型大学的生均经费一直保持走高，在巴西和中国甚至经历了剧烈增长。

为什么这三个“金砖国家”有这样的政策偏好呢？这是因为它们要想把所有的学生纳入高成本的院校来回应不断增长的高等教育需求，会遇到大量的融资困难。事实上，它们本来可以收取更高的学费（在印度和中国）或在公立大学收取学费（巴西）来达成这个目的。然而，即使中国的高等教育收益率在节节攀升，印度的收益率居高不下，但是在两个发展中大国收取能够支撑所有院校高成本运行的学费，还是不具有政治可行性。在巴西，向公立大学收取学费是一种“政治禁区”，所以，通过收费制来扩张公立大学绝不在政府的考虑范围之内。原因很简单，这会直接损害政府得之不易的“政治合法性”。然而，在用低成本扩张高等教育入学率的同时，各国政府开始遭遇新的紧急压力：21 世纪以来，“金砖四国”越来越注重提高教育体系的质量，包括本科教育的质量。这种压力可能来自越来越频繁出现的“世界排名”。作为“世界大国”的中国和俄罗斯开始对这种“排名之痛”特别敏感，从而不断加重对精英大学生均经费的投资力度。即使俄罗斯在高等教育扩张过程中没有像中国、印度和巴西那样整体性地锐减生均经费，但是与其他三国相似的是，俄罗斯精英大学和普通大学的生均经费差异也在逐渐加大。紧随中国的脚步，俄罗斯也在不断加大力度建设自己的“世界一流”大学。那么，相对于发达国家，“金砖四国”在其高等教育扩张中投资的经费总额到底有多少？四个国家在成本分担与融资模式上有哪些差异呢？后文将进行详细讨论。

三　“金砖四国”的高等教育总投资

我们将通过计算“金砖四国”高等教育生均花费的绝对值来估测四个国家对高等教育的总投资差异，然后将其与基础教育的投资相比较，来推断“金砖四国”分配教育资源时在公平方面的考虑。如果生均花费的变化与教育质量的变化关系密切，则可以进一步推测“金砖四国”的高等教育质量变化趋势。

估测“金砖四国”的高等教育总投资非常复杂和烦琐，因为现在四个国家的大部分学生都通过支付学费来接受大学教育，而且在巴西和印度，是大学自身而非政府来划定学费的数额。因此，这两个国家的大学学费额度受到市场变化的影响，学校与学校之间、专业与专业之间各不相同。印度的情况更为复杂，在央地政府的博弈结构中，联邦政府和各邦政府分别对管辖范围内的公立大学学费有自己的规定，州政府还干预私立大学的学费设定，并时常对一些学生进行补助。在中国，所有的私立大学和公立大学的学费都受到相应管制，估测相对简单。因此，对于除了中国以外的其他三个国家，我们要估测政府对公立大学的总投资以及学生进入大学（无论是公立还是私立）的平均学费额度。对于巴西来说，公立大学的学费无须估测，因为绝大部分进入公立大学的学生都是免学费的，因此需要估测占比 3/4 的私立大学学生的平均学费额度。图 6—1 是根据 2005 年的购买力平价（美元）估测的“金砖四国”高等教育生均经费结果，包括政府的公共支出以及学生的私人支出，其中根据各国的生活成本进行了差异校正。[①] 四个国家投入高等教育的经费存在很大的差异。巴西在 2000 年的高等教育生均经费与许多发达国家如法国、意大利和西班牙相当，但比美国要少很多（2008 年，美国的生均经费经购买力平价校正后为 30000 美元）。印度的生均经费最低，在 2005 年仅为 1400 美元（经过购买力平价校正），其中还包括私人的学费支出。经过通胀调整，可以看到巴西和中国的生均经费在 21 世纪初的十年中一直在下降，巴西下降得更为剧烈。私立大学的生均学费在下降，与此同时，私立大学的学生占比却在上升。印度也有少许下降，尽管它的生均经费起点很低。因为成本低廉的私立大学的扩张速度远超于公立大学，这就拉低了生均经费。但是技术工程教育的扩张速度又比人文社会科学相对快一些，从而拉升生均经费。此外，近年来精英大学的入学人数在快速扩张，增加了相应的生均经费。巴西和中国的下降趋势开始趋于平稳，中国甚至在后五年中有少许的上升。俄罗斯则完全呈现出另外一番景象，其高等教育生均经费随着 21 世纪初的经济复苏一直在剧烈增长。尽管如此，俄罗斯的高等教育生均经费仍然比绝大部分欧洲发达国家要少，一定程度上等同于 2006—2009 年的西班牙。[②]

---

① 在经济学上，它是一种根据各国不同的价格水平计算出来的货币之间的等值系数，以对各国的国内生产总值进行合理比较。

② Martin Carnoy, *University Expansion in a Changing Global Economy*: *Triumph of the BRICs*? Stanford: Stanford University Press, 2012, pp. 110 – 112.

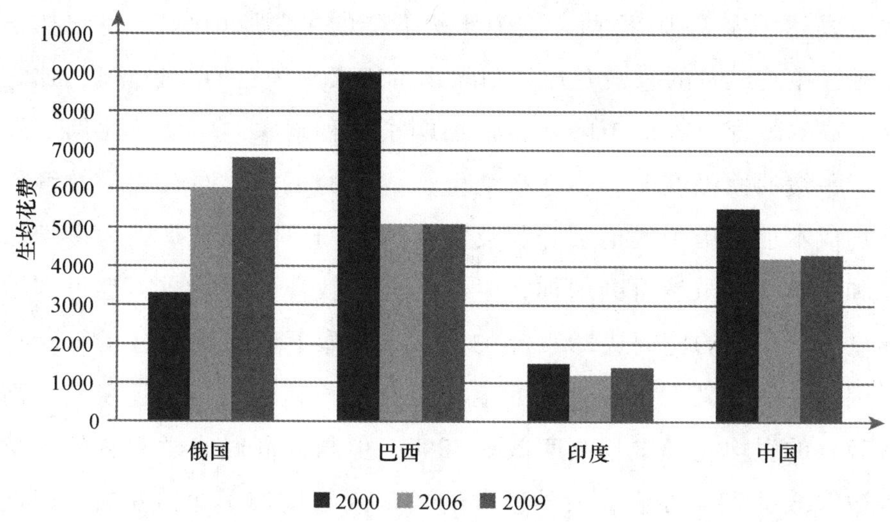

图 6—1 2000—2009 年“金砖四国”的高等教育生均支出比较
（根据 2005 年购买力平价计算）（美元）

资料来源：根据 OECD 发表的《教育一瞥》2001 年、2002 年、2009 年、2010 年和 2012 年的数据估算。

印度和中国可以凭借相对较低的生均成本扩张高等教育的原因之一是，教师薪酬非常低。这在俄罗斯的一部分大学和巴西的绝大部分私立大学中同样显著。而这两个国家的生均成本在 21 世纪初期如此剧烈下降的主要原因，则是生源竞争日益激烈，私立大学的学费有显著减少，反过来通过增加班级规模来压缩成本。此外，巴西、印度和俄罗斯的大学教师常常在多所大学任职，并且以辅导高中生为兼职。在印度，尽管无论是公立大学还是私立学院都明令禁止教师在外兼职，但还是有许多教师兼任私人教师。

随着巴西、中国和印度的高等教育入学率从很低的水平开始扩张，不仅是每个学生的实际支出在下降，大学教育相当于小学教育生均经费的比例也在下降，尤其是在中国和巴西。它们的高等教育生均经费起点很高，如图 6—2 所示。在中国和印度的所有大学以及巴西的公立大学中，这个比例仍然高于发达国家，但俄罗斯已经接近发达国家。[①] 在巴西，这个比例下降的主要原因是21世纪初小学教育生均经费的急剧上升（扣除物价因素，经过通胀校正），加之私立高等教育成本的下降就更是加剧了这种现象。印度的比例下降趋于平缓的原因在于，小学教育生均成本的下降，同时大学教育的生均成本也经历了类似下降。俄罗斯的比例不降反升是因为小学教育和中学教育虽然得到增加，但恰巧大学教育的生均成本也得到实质增长。中国的比例从2000年的20.2%剧烈下降到2008年的5.3%，是因为虽然名义上小学教育的生均经费增长超过六倍，且名义上高等教育的生均经费增长幅度低于30%，但与此同时小学教育的入学人数锐减了23%左右，大学教育的入学人数增加了5倍左右，因此本质上说，大学教育相当于小学教育生均经费的比例在锐减。

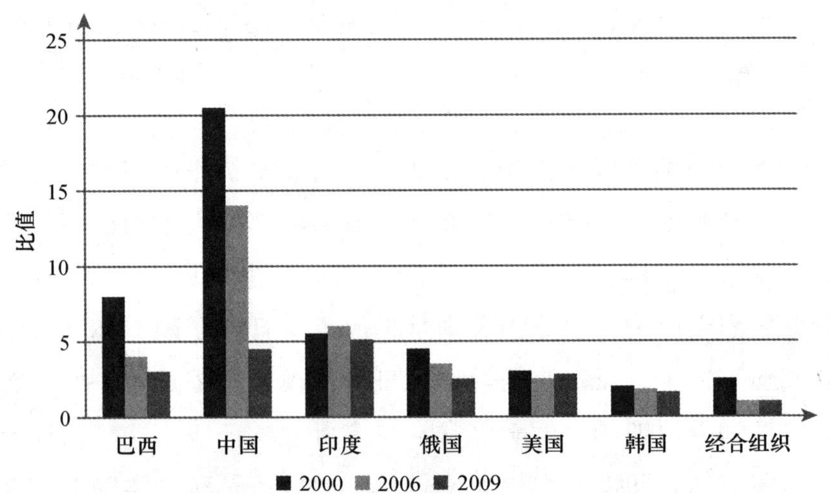

图6—2　2000—2009年部分国家和组织大学教育与基础教育的生均经费比值之比较（%）

资料来源：根据OECD发表的《教育一瞥》2001年、2002年、2009年、2010年和2012年的数据估算。

① Organization for Economic Cooperation and Development (OECD), *Education at a Glance 2011: OECD Indicators*, Paris: OECD, 2011.

总的来说，21 世纪初的头十年，“金砖四国”的高等教育生均经费在持续走低，这可以通过与其基础教育的生均经费相比较而得出。这在一定程度上说明四个国家的基础教育条件正在逐步改善，而高等教育由于扩张程度巨大，使得整体境遇堪忧。事实上，四个国家许多普通公立大学和私立大学在基础设施、师资配置方面的不完善，已经验证了上述结论。那么，在高等教育整体性投资如此拮据的情况下，精英大学和普通大学是按照何种比例从中获取经费的呢？

第二节　成本分化：“金砖四国”的实践

一　巴西

巴西的高等教育融资体制在“金砖四国”中别具一格，因为它实行的是“双轨”系统，其中一条是完全由联邦政府、各州政府和市政府（主要是前两者）资助的不收取任何费用的大学系统；另一条则完全依靠社会资本融资，主要来源于学生学费，还有一部分天主教堂的补助。联邦政府在法律意义上主掌巴西的私立大学系统，通过质量审计以及要求私立大学参加大学入学考试等手段，来保证私立大学的可信度。巴西在 20 世纪 90 年代中期就已经有很高比例的学生进入私立大学，且在 21 世纪初，这个比例又经历了快速增长。绝大部分的私立大学不开设研究生课程，且无法从政府或者工商业获取研发资金。因此，大部分私立大学的教师不进行科学研究。[①] 2008 年，私立大学中的教师仅有 13% 拥有博士学位，这与 2002 年的数据接近。相比较而言，联邦大学中 50% 的教师拥有博

---

① Nunes, Edson, Marcia de Carvalho, and Julia Vogel de Albrecht, “A Singularidade Brasileira: Ensino Superior Privado e Dilemas Estrategicas da Politica Publica”, *Observatorio Politico*, 2009.

士学位，州立大学中的比例为42%。因此，联邦大学或州立大学的教师薪资要普遍高于私立大学。此外，巴西教育部的数据显示，2008年私立大学的师生比为1：18，联邦大学为1：10，州立大学为1：12，一小部分市立大学为1：17。这些数据都意味着，私立大学的生均支出要远低于联邦大学和州立大学。当比较私立大学的平均学费和政府投入公立大学的生均支出的时候，这一现象非常值得注意。事实上，高等教育的私有化进程本身并不是导致巴西精英公立大学和私立大学分化的根本原因。因为一些老牌私立大学的学费也很高，一些新建的私立大学进入高等教育市场后也以高成本来提供精英教育。相反，巴西政府有意识地放松对一些私立大学的管制，许多还是营利组织，它们的成本较低却吸收了大部分学生，如此便加大招生人数较少的精英大学（大部分是公立）和面向大众的普通私立大学之间的差距。21世纪初以来，出于对私立大学不断削减生均成本难以保障质量的考虑，巴西政府一方面减慢公立大学的招生人数增长，另一方面加强对私立大学在招生方面的管控。

圣保罗的一个私立大学联合会自1999年开始在巴西抽取样本总数超过500所的高校数据进行研究，结果显示巴西的大学生均经费在快速下降。此外，霍佩尔教育咨询公司（Hoper Associates）根据它在全国范围内的数据测算也发现了相同时期平均学费的下降趋势。然而，这两个研究都没有进行专业领域的加权。事实上，不同专业的入学人数占比随着时间的推移在变化。随着巴西高等教育的扩张，商科和法律专业的入学人数相对减少，工科、医学类的学生数量则得到相应增长。但是招生的主要专业并没有改变，教育、商学、法律、医学以及工程与科学仍然是学生选择的主要专业。

巴西高等教育的生均总支出基本等于公立大学（联邦大学、州立大学和市立大学）的生均支出与私立大学的生均学费加权的结果，加权比率为公立大学和私立大学的招生比例。必须注意的是，私立大学还会收到教会的经费补助，但是根据霍佩尔教育咨询公司的研究，这笔经费占私立大学总收入的比例非常小。[①] 此外，与印度的私立大学可以积累资金剩余（当学费收入超过运营支出的时候）不同的是，巴西的私立大学面临的竞争更激烈，许多大学甚至严重产能过剩，即使是一些营利性大学的利润也非常低。图 6—3 是根据巴西 2000—2010 年公立大学生均支出的官方数据以及霍佩尔教育咨询公司关于私立大学生均学费的数据绘制的巴西高等教育生均经费走势。公立大学的生均支出在 21 世纪初经历下跌后于 2003 年止跌反涨。尽管并不是所有的公立大学都是精英大学，但这些数据说明所有精英大学的生均经费在过去十年间都经历了增长。

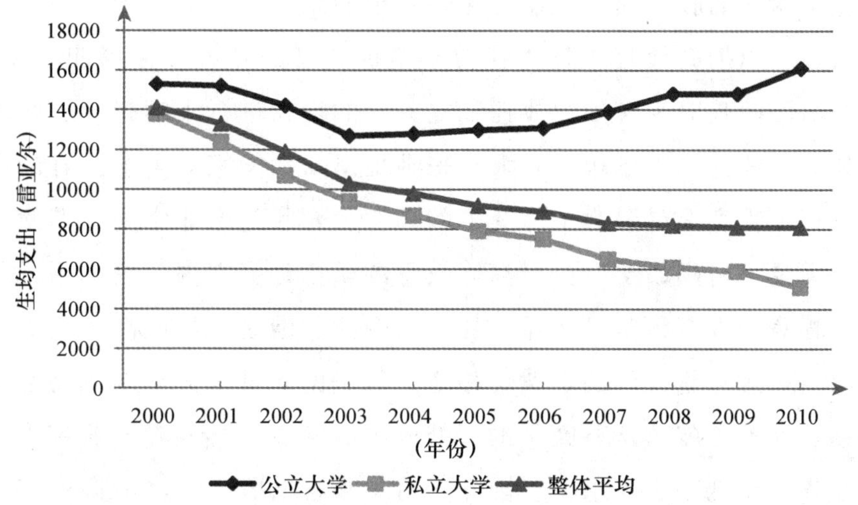

图 6—3 2000—2010 年巴西公立大学和私立大学的生均支出

注：由于巴西的公立大学由政府资金全额资助，私立大学则完全依靠学费收入生存。因此，图中公立大学的生均支出可以引申为公立大学中的公共生均资助，私立大学的生均支出可引申为生均学费收入。

资料来源：Martin Carnoy，*University Expansion in a Changing Global Economy*：*Triumph of the BRICs*? Stanford：Stanford University Press，2012，pp. 120 - 122.

① Martin Carnoy，*University Expansion in a Changing Global Economy*：*Triumph of the BRICs*? Stanford：Stanford University Press，2012，pp. 120 - 122.

与此同时，私立大学的学费自21世纪初以来经历了快速下跌，从最初与公立大学基本持平跌至公立大学的1/3。几乎所有的私立大学都是非精英大学或普通大学，这意味着巴西精英大学和非精英大学之间的生均经费正在迅速分化，并会因此拉开两种大学之间教育质量的距离。

这种成本分化背后的原因有许多。有可能是因为巴西高等教育系统内部低成本和高成本专业在公立大学和私立大学的分布构成发生变化，更多高成本的专业开始集中在精英型的公立大学。此外，不断增长的私立大学数量带来市场内部的竞争压力。这种压力迫使私立大学降低学费，并通过吸收低收入家庭的学生来扩张，进而弥补竞争带来的收入损失。这意味着新建的私立大学会不断增加低成本项目，以损失教育质量为代价来增加自己的收入。在第四章中，我们对巴西政府为何如此放任私立大学的增长进行了解释。巴西政府如此信任并严重依赖私立大学来满足民众和国家对高等教育的需要，很大程度上是因为个体获得的高等教育收益率非常高，即使把许多需要支付高昂学费获得高等教育的学生计算在内，更不用说那些工程和计算机科学等收益率更高的专业。但是，如此高的高等教育收益率意味着大学的学费会相应上涨，由此带来大学准入的经济壁垒。此外，就读这种廉价的、低成本的私立大学或者专业带来的收益肯定要低于平均水平。因此，对于来自低收入家庭的高中毕业生来说，越来越难以获得高等教育的机会，因为他们既无法在大学入学考试中获得高分，也不能承担私立大学高昂的学费。巴西政府已经注意到，进入廉价的、低成本私立大学的学生接受的高等教育与那些家庭经济基础较好或者有能力直接进入免费公立精英大学的学生所接受的高等教育正日益分化。因此，政府开始部分地补助私立大学中来自低收入家庭的学生，并立法通过“平权行动”以增加来自弱势群体的黑人和土著学生进入联邦大学的数量，还计划拓展公立大学的夜校课程，为更多弱势群体提供接受高等教育的机会。即使这样，由于巴西过分依赖私立大学来完成高等教育的大扩张，普通的巴西年轻人接受的高等教育质量还在日益下降。

二　俄罗斯

像巴西一样，俄罗斯仍然为那些在俄罗斯国家统一考试（Russian Unified State Exam，USE）中获得高分的学生提供免费的公立大学教育，通常由联邦政府全额资助。但与巴西不同的是，在俄罗斯，那些不能通过考试获得免费教育的学生有机会通过支付高昂学费进入精英的公立大学，且这种学生的比例越来越多。因此，在俄罗斯，许多付费学生与通过考试获得免费入学机会的学生一样进入公立大学，另外有 1/6 的学生进入私立大学，但他们支付的学费要比公立大学收取的学费低得多。这种大学的融资策略转变，建立在 1992 年俄罗斯联邦教育法的法律基础之上。该法案同时给予大学在人事聘用和预算分配方面更多的自主权。然而，随着 20 世纪 90 年代俄罗斯经济出现衰退，政府拨付给高等教育的资金锐减，大学被迫越来越依靠学费收入来获得生存。1997—1998 年，接近 1/5 的学生支付学费，一些大学的资金收入中，学费占据的比例居然高达 70%。①

贝恩的追踪研究显示，俄罗斯的大学学费政策起源于 20 世纪 80 年代的定向培养制度，高等院校为某些特殊的国有企业培养对口的专家，用人单位则为他们的学费“埋单”。随着 20 世纪 90 年代初期共产主义政权和计划经济的瓦解，免学费的名额大幅度锐减，考生进入大学的法律、商学以及金融等专业的压力越来越大。尽管 1992 年的联邦教育法以及 1993 年的俄罗斯新宪法仍然保证提

① Bain，Olga，“The Costs of Higher Education to Students and Parents in Russia：Tuition Policy Issues”，*Peabody Journal of Education*，2001，pp. 57 – 80.

供一些免费名额，但同时规定这些名额仅提供给第一次进入大学的学生，名额分配基于大学入学考试。这为那些无法通过考试进入公立大学的学生通过支付学费获得入学机会提供了法律基础，但仍然仅限于大学与国有企业之间的定向培养。1994 年的一项政府法令改变了这一现状，从而使得学生和他们的家庭能够直接支付学费。公立高等院校将学费当作额外资金收入的一项主要来源，尽管当时舆论普遍认为这项收入来源无法拓宽，因为在 20 世纪 90 年代俄罗斯经济萧条的背景下，大学学费之高远超普通俄罗斯家庭的可承受范围。但是随着 21 世纪初俄罗斯经济的好转，付费进入大学的学生比例迅猛增加。时至今日，俄罗斯公立大学中的一部分学生能够获得政府资助，另一部分则须自费入学，两者的比例在大学与大学乃至系与系之间都不一样。总的来说，俄罗斯公立大学中，有超过一半的学生是付费生。俄罗斯的所有大学生中，有 1/6 在付费制的私立大学就读。按照这个比例，公立大学内大约 45% 的学生享受免费教育，但这个总数只占俄罗斯高等教育总招生人数的 37% 左右，即 63% 的学生需要支付学费进入公立大学或私立大学。不同大学、不同专业间的学费数额不一样，因为学费数额的差异还会受到学生在俄罗斯全国统一考试中得分的影响。

和巴西类似，要估测俄罗斯的高等教育生均经费意味着要计算政府对每个学生的生均补贴（主要是公立大学中免交学费的学生）和学生所交的学费。图 6—4 是根据俄罗斯政府报告给联合国教科文组织的数据做出的估计。该资料来源于俄罗斯政府投入高等教育的经费占 GDP 的比例。然而，OECD 在其 2008 年的《教育一瞥》（*Educational Indicators*）中测算的数值却要稍微低一些。因此，我们使用俄罗斯教育部的数据对 2006—2010 年的生均经费进行再次估测，结果如图 6—5 所示。两次估测结果证明，2000—2009 年俄罗斯高等教育的生均支出经历巨大增长。以 2005 年的购买力平价

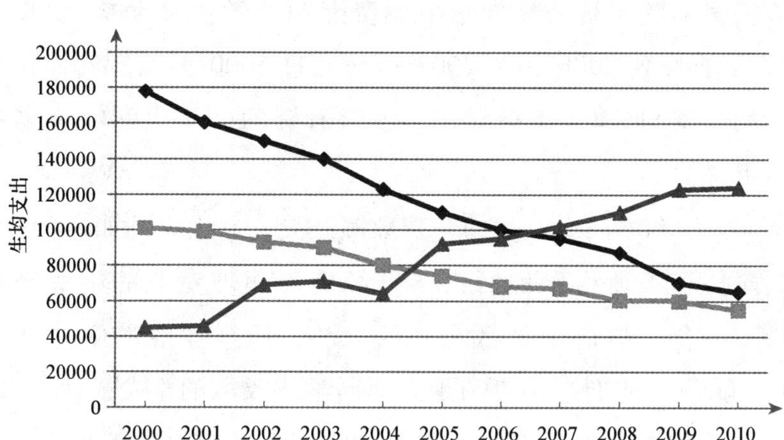

图 6—4　2000—2001 年俄罗斯公立大学计划内与计划外不同专业学生的生均支出（卢布）

注：俄罗斯的高等教育计划内招生均由联邦政府全额资助，计划外招生的生均支出全部来自学费收入。

资料来源：俄罗斯数据统计委员会与俄罗斯联邦教育门户网站。

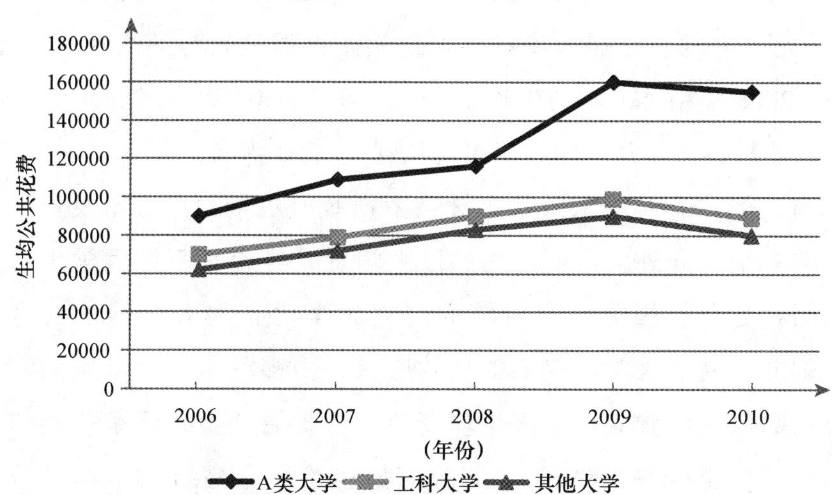

图 6—5　2006—2010 年俄罗斯不同类型大学中政府全额资助生均支出之比较（卢布）

资料来源：俄罗斯高等经济学院与俄罗斯教育部网站。

计算，俄罗斯政府给公立大学中免费配额的学生补助从 2000 年的 2200 美元增长到 2008 年和 2009 年均超过 5000 美元。然而，2010 年的生均经费与 2009 年持平，尽管政府资助的学生配额一定程度上有所下降。

不同大学和不同专业间的学费数额差异非常大。例如 2009—2010 年，莫斯科和圣彼得堡地区大学里经济与管理专业的学费平均为 95000 卢布/年，这两个地区之外的大学，同样专业的学费平均为 72000 卢布/年。此外，莫斯科地区不同学校收取的学费差距尤其大，一些掌握特权的精英大学收取 200000—300000 卢布/年的学费，合 7000—10000 美元/年。技术工程专业的学费要比其他专业的平均水平（60000 卢布/年）高出很多，莫斯科地区高校的技术工程专业平均每年学费达到 100000 卢布。如果经过通胀校正来按市值计算，私立大学的学费相对于政府补贴给免费配额学生的经费来说急剧下降。随着越来越多的学生被纳入高等教育体系，受到市场竞争的影响，绝大部分私立大学在 21 世纪初压缩学费数额以吸引正在锐减的有潜力支付学费的学生。俄罗斯高等经济学院根据俄教育部的数据估计，2006—2008 年精英大学的生均学费收入从 160000 卢布增长至 170000 卢布，非精英大学从 98000 卢布增长到 105000 卢布。

与其他“金砖国家”类似，俄罗斯政府也给精英大学投入更多的公共资金。此外，不同院校的巨大学费差异带来不同大学生均成本的另一分化，因为享有特权的公立大学比私立大学的学费多得多。因此，精英大学不仅能够从政府获得更多的生均公共资助，还能够依靠收取学费获得更多生均资源。与其他“金砖国家”不同的是，俄罗斯至少在 2009 年之前政府拨付给公立高校的生均经费一直在增长。那么，精英大学的生均经费增长速度是否快于普通大学？事实上，尽管精英大学在俄罗斯一直存在，但直到 2000 年，俄罗斯政府才官方指定一批大学作为重点资助大学。这一批大学共有 38 所，由两所传统的旗舰大学（莫斯科国立大学和圣彼得堡国立大学）、7 所联邦大学（在多个区域通过合并地方大学组建）以及 29 所已经被官方指定为综合研究型大学（National Research Universities，NRUs）构成，这些大学都被寄予厚望成为旗舰大学甚至“世界一流大学”，我们将其称为 A 类大学。使用俄罗斯高等经济学院来自教育部的数据，可以分别估测这些 A 类大学、不属于 A 类的工科大学以及不属于 A 类的其他大学的生均公共支出和生均学费收入。近些年不同类型大学的公共生均支出都在相应增加，但是经过通胀校正，2010 年出现下滑。这个估测证实了 2008 年俄罗斯在教育政策方面的波动作用，即相对于不属于 A 类的工科大学以及不属于 A 类的其他大学来说，A 类大学的公共生均支出得到大幅度提升。这与中国在 20 世纪 90 年代末的政策转向相类似，即“211 工程”拉开 112 所“211 工程院校”与其他高校之间的分化水平。与此同时，生均学费收入的模式并没有改变，A 类大学仍然在持续高收费，但相较于非精英大学，它们的生均学费收入有轻微下滑。从这个数据还可以看到，非精英的工科大学与其他非精英大学获得的公共资助几乎差不多，但是前者攫取学费的能力更强。因为俄罗斯联邦预算的分配是基于师资和其他成本之上，2009 年公共预算资助的计划内名额开始持续减少，这导致 2009 年生均公共支出的上升。

三　印度

印度高等教育扩张的一个主要特征就是，不受资助的私立学院快速增长，它们的运营成本全部依靠学费收入。私立大学的招生人数占到工程类本科生的 93%、商业管理类的 90% 和医学类的 50% 以上，总人数占印度全国招生人数的 50%—60%。私立大学如此大范围地招生，但每个学校之间的学费差异却很大。此外，每个州的学费政策中规定的私立大学学费数额以及不同专业的学费也是不一样的。对于政府来说，无论是公立大学还是私立大学，它们收取的学费能够补充因中央政府或州政府公共资助锐减导致的资金不足。因此，成本分担在印度的高等教育融资中扮演越来越重要的角色。然而，成本分担的程度非常难以测量，因为印度的高等教育结构异常复杂。每个州的大学和学院分别通过各自实施的大学入学考试或者全印度的统一考试来招录学生，国家级的院校如印度理工学院和印度管理学院还要单独进行自己的全国统一考试。学生根据这些成绩来排名，排名较高的学生支付的学费相对较少，数额也由每个州政府来决定。公立学院仅招录排名较高的学生，收取相对较低的学费，各州的数额不一。私立学院会招录大量排名较高的学生，并在政府规定的数额内收取他们学费。那些排名较低的学生只能通过支付相当高的学费进入私立大学，他们的学费由学院单独规定。无论是公立大学还是私立学院，都必须招录一定比例来自较低社会种姓的学生，因为政府的平权行动要求来自指定种姓的学生占比大约50%。受益于平权行动的学生将会得到政府的学费补贴，数额取决于指定阶级的类别，从50%到100%不等。学费补贴包括奖学金、全额或者部分勤工俭学、政府直接报销学费等形式。另外，与公立大学和学院不同的是，私立学院以及私立名誉大学可以招录来自非指定群体的学生，并收取他们相比于公立大学学费高得多的学费。此外，根据不同的州政府规定，私立学院和大学可以向25%的学生收取更高的学费，这些学生是那些在大学入学考试中得分非常低，且在学费之外没有任何讨价还价能力的学生。

理论上说，所有的私立大学都是非营利组织，因此按法律规定不能盈利。然而，许多私立大学能够也确实积累了大量的剩余资金，总额等于其收取的学费总数刨去支出给教师和其他服务上的费用。大部分私立大学会使用这些剩余资金来扩大招生，以回应市场需求，并因此为了下一轮扩张积累更多资金剩余。扩张最迅速的专业正是市场需求最热烈、民众渴望最迫切的领域和专业。例如2000—2005年，当政府资助的院校只增长3.5%的时候，不受政府资助的私立学院却逆势扩张109%。2002年，78%的工程与技术学院为私立学院。[①] 2006年，这个比例增至85%，2009年接近93%。这股私立工程技术教育的扩张进程主要发生在南方各邦，如安得拉邦、卡纳塔克邦、泰米尔纳德邦以及喀拉拉邦等拥有的私立工程技术教育学院占比最高，其他邦中比例较高的就是西部的马哈拉施特拉邦和北部的北方邦。[②] 与此同时，许多迹象表明公立大学和学院也开始了扩张之路。在印度的"十一五"（2007—2012年）规划期间，印度中央政府开始增加印度理工学院（IITs）、印度科学与教育研究院（IISERs）、印度信息技术研究院（IIITs）以及全国技术学院（NITs）的数量。[③] 这些学院全部都是拥有高度自主权的精英大学，受中央政府资助且成本高昂，主要用来促进印度科学与工程技术领域的高端发展。必须注意的是，这些机构的招生人数占到整个招生人数的比重仍然非常小。

21世纪初，印度的高等教育大扩张并不是偶然的，而是中央政府的一种有意识的决定，目的是要减少中央政府在资助本科教育扩张中的责任，而将这种压力转嫁给地方邦政府。[④] 各邦政府并没有心甘情愿地承接这种责任，很少通过完全资助的公立大学和部分

---

① Tilak, Jandhyala B. G., and Geetha Rani, "Changing Pattern of University Finances in India", *Journal of Services Research*, Vol. 2, No. 2, 2003.

② Beteille and Tara, "India's Higher Educational Expansion in the Global Knowledge Economy", *Stanford University School of Education*, 2008.

③ Planning Commission, *Tenth Five Year Plan* 2007 - 2012, New Delhi: Government of India, 2008.

④ Bhushan, S., S. P. Malhotra, and S. Gopalakrishnan, *Facing Global and Local Challenges*, *Country Report*: *India*, New Delhi: National University of Educational Planning and Administration, 2009.

资助的私立大学进行扩张，而是通过完全不受政府资助的私立大学实现这种扩张，同时，间接控制这些大学的课程设置、考试标准以及学费标准。这是因为，地方邦政府希望将更多的资源投入基础教育和中等教育领域，因此鼓励用社会资本来达成高等教育扩张的目的。这种从直接控制向间接管制的转换尤其体现在那些有较高收益率的专业和领域，如工科、计算机以及管理类专业。如图 6—6 所示，这一策略转变的直接结果就是工科类专业受公共经费支持的生均支出稳步下降，直到 2005 年左右才开始有所回升。这个数据不包括不断增长的生均私人支出。政府公共资金对每个学生的平均支出为 13000—20000 卢比，根据汇率计算为 300—500 美元。需要注

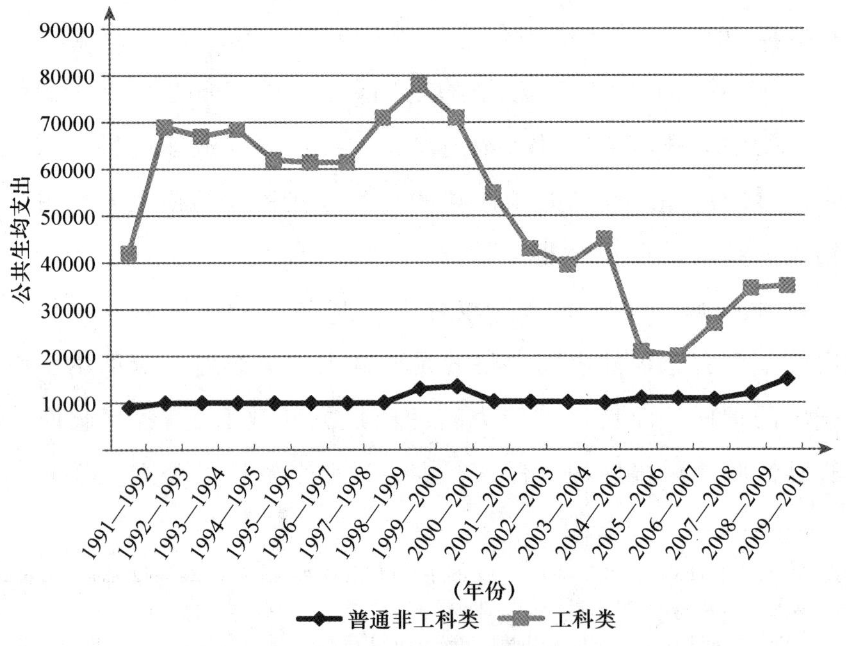

图 6—6　1991—2010 年印度工科类和普通非工科类大学中政府全额资助生均支出之比较（卢布）

资料来源：Ministry of Higher Education and Development, Analysis of Budget Expenditure on Education（2002, 2006, 2009）；UGC, Annual Reports（2011）.

意的是，各个邦之间的政府资金数额存在很大差异，且在专业差异方面，现在正在快速增长的工科教育的公共生均支出要比非工科类专业高很多。整体来说，通过扩建不受政府资助的私立学院来吸收消化不断增长的学生数量，地方政府大幅度削减了生均公共资金的总量。与此同时，中央政府和邦政府辖内的大学学费数额却差别巨大。前者的学费仍然很低，但只有在大学考试中得分非常高的学生才能进入这些学校学习。截然不同的是，一些州立大学的学费很高，尤其是在泰米尔纳德邦、卡纳塔克邦、喀拉拉邦、哈里亚纳邦、旁遮普邦以及拉贾斯坦邦。20 世纪 90 年代后期，许多州立大学的预算中，接近或超过 50% 来源于学生的学费，如马德拉斯大学（50.4%）、班加罗尔大学（63.7%）以及旁遮普大学（50.4%）。

尽管不同工程学院的学费差异很大，私立学院收取的学费要比公立学院高出很多，但仅仅依靠学费数额仍然难以反映出工科学生的生均成本。除了学费，公立学院还从地方邦政府和中央联邦政府获取资金。阿加瓦尔（Agarwal）认为，这个比例大概在 50%。[①] 按照这个比例测算，公立工科院校在 2008—2009 年的生均成本在 50000—60000 卢比，折合成美元为 1200—1500 美元/年，比私立学院的生均成本高一些。除了公立大学或者受助学院，印度中央政府还会资助少量的精英型技术大学。7 所印度理工学院在 2008 年培养了 7000 名学生，印度理工学院的数量更是在最近几年增长到 16 所。印度理工学院的入学考试极为严格，培养出来的毕业生被认为能够与发达国家精英大学的毕业生媲美。因此，它的支出要比其他公立大学的生均支出还高得多。2008 年政府的数据显示，7 所印度理工学院来自政府预算的生

① Agarwal, Pawan, "Higher Education in India: The Need for Change", *Working Paper*, No. 180, 2006.

均成本为154000卢比，折合成美元为3100美元。[①] 此外，学生每年还须支付750—800美元的学费。然而，即使将上述费用加在一起，还是会低估印度理工学院的生均成本。马丁·卡诺瓦根据两所印度理工学院和一所国家技术学院的数据估测，三所院校在2009年的生均成本为8000美元。

与中国类似的是，印度精英大学中，每名学生的花费要远比普通大学高得多，印度政府对精英大学的补贴可能要超过中国（除了清华大学和北京大学这两所顶尖大学），因此，两类院校的生均经费差异甚至可能比中国还要大。印度理工学院和全国技术学院的学费要比普通私立大学低得多，因为能够进入这两种院校的学生都在入学考试中名列前茅。但是与中国的精英大学相比，即使按名义值计算印度理工学院的生均成本增长速度要远慢于前者，如果按实质计算印度理工学院的支出可能还有所下降。因此，若经过通胀校正，像印度理工学院和全国技术学院这样的精英公立大学的生均成本与其他非精英大学之间的差异在过去十年里并没有加大。图6—7描述了印度政府在1999—2008年投入印度理工学院的运营成本与资本成本。结合图6—6说明2000—2006年印度高等教育的生均成本在下降，随后经历一个上升过程，但是精英大学和非精英大学的生均成本差异在过去十年里并没有显著变化。这与“金砖四国”中的巴西和俄罗斯有显著差异。印度中央政府管辖内的精英大学确实有更多的生均资源，其学生也受到更多的政府补助。然而，印度政府似乎并没有意愿来增加单个精英大学的生均资源，也没有证据显示非精英的公立和私立学院的生均成本在走低。与此相反，印度中央政府开始选择建设更多的精英大学（印度理工学院数量在增加），因此给更多的学生提供精英大学的入学机会。

① Banerjee, Rangan, and Vinayak Muley, "Engineering Education in India", *Report to Mumbai: Energy Systems Engineering*, 2007.

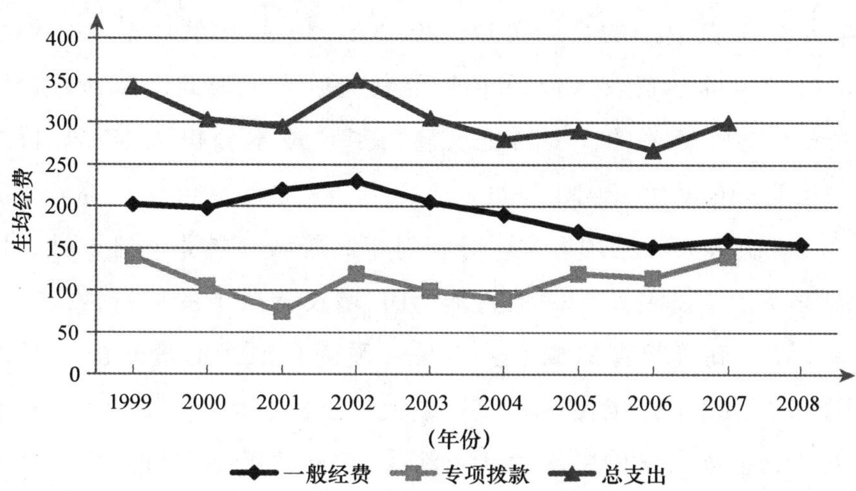

图 6—7　1999—2008 年印度理工学院的公共生均支出（1000 卢比）

资料来源：Ministry of Higher Education and Development, Analysis of Budget Expenditure on Education（2002, 2006, 2009）; Banerjee, Rangan, and Vinayak Muley, 2007, Engineering Education in India. Mumbai: Energy Systems Engineering.

四　中国

在“金砖四国”甚至全世界范围内，中国是短时间内高等教育系统发生最剧烈变革的国家。在这个变革过程中，决策者将中央政府控制下的高校数量从 345 所减至 111 所，并且大幅度增加省属四年制本科院校的数量和规模。民办院校被允许扩大规模和数量，并从 21 世纪初获得授予本科学位的权力，现在吸纳了大约 1/5 的四年制本科生。[①] 总的来说，非精英大学的数量从 1996 年的 700 所（大部分为公立大学）增长到 2009 年的 2304 所，其中 720 所为公立本科大学，370 所为民办本科院校，928 所为公办职业院校，286 所为私立民办院校。院校结构变迁的同时，政府也

① 来源于中国教育统计年鉴（2010）的数据。

根本性地改变了高等教育的融资方式。1990年，中国高等教育经费的83%来自政府的直接拨款，2009年，这一比例降至49%，加上占比33%的学费收入以及18%的其他收入。因此，高等教育大扩张背后融资变革的主要特征就转向了“成本分担”，到20世纪末，几乎所有学生（无论是进入公立大学还是私立大学）都需要支付学费。决策者开始理解成本分担对于高等教育扩张的必要性，以及该策略在经济变革带来的人均GDP增长背景下的可行性。对于政府来说，高等教育的成本分担是一种刺激消费的策略，因为20世纪80年代和90年代民间积累了大量资本。因此，从1997年到2006年，公立大学的平均学费上涨4—5倍，民办本科院校的学费也经历了大幅度增长。然而，2007年，国务院规定高等院校的学费禁止上涨，在5年内固定在2006年的水平，只允许不同省份之间、不同级别院校之间以及小幅度的专业之间存在差异。如表6—1所示，在绝大多数省份，公立本科院校（无论是“985高校”“211高校”还是省属高校）的学费在4000—6000元，北京、上海和一些发达省份收费相对较高一些。另外，一些数据显示，民办本科院校的学费往往是公立本科院校的两倍之多。与此同时，高职高专院校的学费要比公立本科院校多一些。除此之外，国务院还规定所有大学的住宿费不能超过1200元/年。2008年，四年制本科院校的调查数据显示，来自较低（最低五分位数[①]）社会经济阶级家庭的学生平均每年在大学教育上的必要开支为9300元，比来自较高（最高五分位数）社会经济阶段家庭的学生开支多2300元左右。因此，不同社会背景的学生，个人支出存在不同程度的差异。

① 统计学术语，把所有数值由小到大排列并分成五等份，处于四个分割点位置的数值就是四分位数。最低五分位数是指社会经济阶级处于最低20%的家庭，最高五分位数则是指社会经济阶级处于最高20%的家庭。

表 6—1　　2013 年中国不同地区和层级的大学学费水平　　单位：元

高校类型	北京	南京	武汉	西安
“985 高校”	北京大学（4800—5300）	南京大学（4600）	武汉大学（4500）	西安交通大学（4950—5200）
“211 高校”	对外经贸大学（5000—6000）	南京理工大学（4600）	武汉理工大学（4500）	西北大学（3850—4850）
省属高校	北京工商大学（4200—5000）	南京财经大学（4600）	湖北经济学院（4000）	西安工业大学（3500—4500）
高职高专	北京财贸职业学院（6000）	南京交通职业技术学院（4140）	武汉职业技术学院（5000）	陕西财经职业技术学院（5500）

资料来源：曹淑江：《我国高等教育成本与学费问题研究》，《中国高教研究》2014 年第 5 期，第 44—50 页。

尽管从 1998—2010 年中国高等教育的绝对总支出增长五倍多，但并未带来生均经费的总体性增长。精英大学和非精英大学的生均经费差距在扩大，尤其是在不同层级院校以不同速度扩张的背景下。如图 6—8 所示，1997 年，精英大学（部属高校）的生均支出仅仅比非精英大学（省属高校）高出 20% 左右，大约为 3200 元，从 2001 年到 2008 年，这个差距拉开至 15000 元，并在 2009 年和 2010 年进一步增长到 20000—25000 元。在 21 世纪初，政府放开重建私立大学（民办院校）的权限，为民办三本院校的增长繁殖带来机遇。这些院校收取高额学费，大力吸收那些家庭经济基础较好却未能通过高考进入公立院校的高中生。如上文所示，中国的精英和非精英公立大学的学费差额并不明显，造成 21 世纪初两种院校生均经费差异的主要原因是政府直接拨款的规模差异，政策决定者把主要资金倾向性地拨付给精英大学。为了把这些精英大学建设成研究型大学，在 1998—2010 年“985 工程”一期、二期和三期，国家给 39 所院校共投入 881 亿元，帮助它们在科研创新、学科建设、

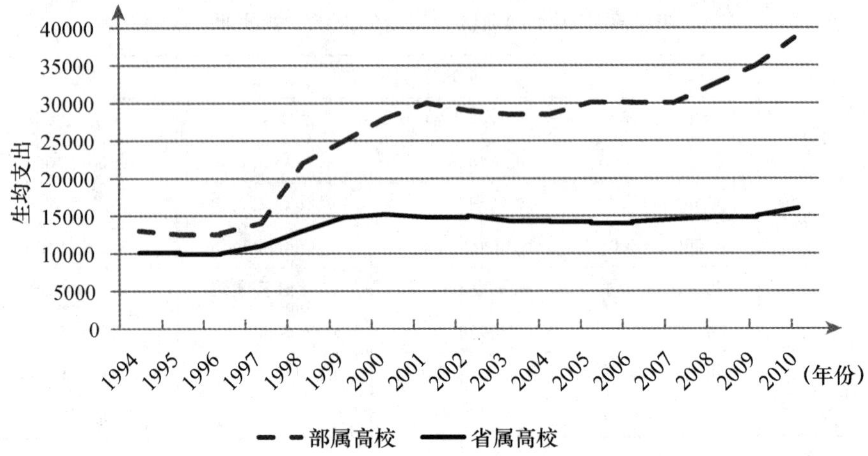

图 6—8 1994—2010 年中国中央部属高校和地方省属高校的生均支出之比较（元）

资料来源：中国教育统计年鉴（1995—2011）。

师资力量以及国际合作等方面全方位提升。启动更早的“211 工程”，则给 100 余所部属（包括 985 院校）院校拨付了接近 200 亿元特别资助来发展重点学科。因此，精英大学和非精英大学的生均经费差距日趋加大。莫玉林对中国顶尖大学的研究显示，其生均经费甚至正在迅速赶超其他世界顶级大学。中国的两所旗舰研究型大学（清华大学和北京大学）在 2007 年的生均经费分别为 51000 美元和 34000 美元，而同年经过购买力平价校正的麻省理工学院、牛津大学和加州大学伯克利分校的生均经费分别为 216000 美元、53000 美元和 48000 美元。在每一位教授或者研究人员的研究支出方面，2007 年，麻省理工学院平均每位研究人员的经费为 131000 美元，清华大学和北京大学分别为 87000 美元和 53000 美元。[①] 处

① Mohrman, Kathryn, “The Emerging Global Model with Chinese Characteristics”, *Higher Education Policy*, Vol. 21, No. 1, 2008.

于地方政府管辖之下的省属大学，无论是公立大学还是民办院校，相比于部属院校来说，得到的经费都相形见绌。尽管正是他们承担了高等教育大扩张的主体任务。因此，他们唯一能做的也许就是压缩生均成本。根据国家统计局的数据，中国高等教育扩张过程中生师比翻了一番，从 1993 年的 8：1 增长至 2008 年的 17：1，而在省属院校，这个比例远远高于部属高校。当然，相较于那些欠发达地区，经济发达的省份和地区会给它们管辖范围之内的省属院校提供更多资助。

第三节　小结

高等教育的成本分担政策肇始于欧美等发达国家与地区，历史悠久，且具有广泛的合法性基础。在 20 世纪 80 年代之后“金砖四国”的高等教育转型过程中，高等教育的成本从完全或主要由政府出资转向家庭和社会共同分担的机制，成本分担机制被普遍采用。然而，上述两种成本分担机制有本质的区别。发达国家在实行成本分担的同时还实行学费补偿机制，使得不同层级院校之间的经费和资源差距基本保持稳定，而“金砖四国”在实行高等教育成本分担机制的同时将绝大部分的政府公共资金拨付给少数精英的研究型大学。两种补偿机制导致的结果差异在于：在发达国家即使接受不同层级院校的高等教育，民众的教育成本是相对平等的，而在“金砖四国”，由于政府在高等教育资金和资源拨付过程中的选择性分配，使得不同层级院校的生均成本出现较大的分化趋势。这意味着进入精英研究型大学就读的学生比在普通二本院校就读的学生享受更多的公共教育资源。然而，正是这样的融资策略变革，使得“金砖四国”在资源限制的情况下同时完成高等教育大众化（数量）和研究型大学建设（质量）两大任务。

第 七 章

政府控制与分权：转型中的权力变革

“金砖四国”为了同时达成高等教育大众化和研究型大学建设的目标，在高等教育的融资体系上进行成本分担和分化的变革。然而，这种融资变革是建立在一种分权变革之上的。在“金砖四国”的高等教育系统自20世纪80年代开始转型之前，大学经费几乎全部来自政府的公共资金，政府也几乎全权掌控大学内部和外部所有事务的生杀大权。实行成本分担和分化政策之后，政府投入占到大学总支出的比例锐减，大学需要开辟其他渠道获得更多的资源。当然，政府不能替代大学开辟这些渠道，只能通过分权让大学获得一定的自主能力，从而自力更生。因此，融资变革和权力变革是“金砖四国”高等教育转型的“一体两面”，彼此不能割裂。此外，研究型大学在知识生产和创新方面背负了更神圣的使命，而知识生产本身是一种非常特殊和需要更多自由的活动，因此需要被赋予更多的自主权。可以说，从政府直接控制走向分权控制是“金砖四国”高等教育转型的必经之路。

然而，大学自主与民族国家政治目标之间的张力被认为广泛存在。许多私立大学为了积累更多盈利剩余而大范围地压缩生均成本，造成其教育质量普遍下降，进一步导致教育结果的不公平。这正是大学自治与国家管制之间张力的一种表现，是作为国家代理人的政府所不愿意看到的结果。因此，为了捍卫教育公平和社会正义，政府需要采取另外一些措施来激励大学提升质量，尤其是对承担高等教育数量扩张主体任务的普通大学。一般来说，“新公共管理运动”带来的许多政策偏好如“市场化”“质量保障”等得到了普遍运用。正如伯顿·克拉克所描述的那样，政府权威、学术权力和市场力量构成既相互作用又相互斗争的“竞技场”。[①] 本章试图从这个逻辑出发，探寻在“金砖四国”的高等教育转型过程中，政府为了达成数量扩张和质量延续的目标给大学让渡了哪些权利，如何让渡的？在让大学有了一定自主权的同时，政府又采取了哪些激励措施来督促大学提升教育质量，以减少大学自主与国家政治目标之间的张力？这些措施是否起到了作用？

第一节　政府控制与大学自主

一　巴西

巴西的高等教育系统在“金砖四国”中的特别之处在于，有非常高比例的学生进入私立大学，且私立高等教育系统与公立高等教育系统渐行渐远。私立大学大约招录了全部学生的3/4。而且，近年来，许多私立大学转变为营利性组织，与公立大学在制度与价值上截然不同。2007年大约已经有1/3的私立院校为营利性组织，这个比例自21世纪初以来一直稳步增长。[②] 与此同时，公立大学则主导了高层次的本科生和研究生教育。两类院校与巴西政府有着不同的历史关系，尤其是在过去20年中，私立营利性大学在数量

① 孙伦轩：《新制度经济学视阈下的高等教育混合管理模式研究》，硕士学位论文，兰州大学，2012年，第39页。

② Martin Carnoy, “University Expansion in a Changing Global Economy: Triumph of the BRICs?”, *The Journal of Higher Education*, Vol. 85, No. 6, January 2012.

和规模上的发展壮大，使得两类大学与政府的关系更是扑朔迷离。后文将厘清这两种复杂关系，并剖析政府如何采取措施努力提高大学入学率和促进大学提升质量，两类大学又是如何回应这种变革的。

法律意义上，巴西政府对公立高等教育系统有着完全意义上的控制权。公立大学完全依赖政府资金，其内部的官僚治理结构也完全根据政府立法设置，这使得政府能够全权界定大学的角色，还能对师资聘用、专业和院系构成、课程设置以及受他们资助的研究项目的种类进行全权定夺。但事实上，受到美国模式的影响，巴西政府在许多内部事务上给大学留有足够的决策余地。因此，公立大学内部以大学教师为核心的学术力量，在与教学和研究活动相关的内部组织事务上仍享有很大的自主权。私立大学的学术力量却要弱小得多，因为除了政府之外，它们还要受到市场的牵制。

不同类型的大学对教师的角色定义有很大差异，这也反映出这些院校的本质以及学术人员在学校决策过程中的参与程度。西蒙·施瓦茨曼对巴西不同种类的多所公立大学和私立大学中 1200 名大学教师的调查研究显示：在公立研究型大学，大约有 46.1% 的教师只进行本科生教学；52.3% 的教师同时从事本科、硕士和博士的教学工作；仅有少于 2% 的人只从事研究生教学。在地方公立大学（非研究型），62.5% 的教师只从事本科生教学；37% 的教师同时从事本科和研究生的教学工作。在私立精英大学（包括天主教大学与主要颁发商业和经济学学位的高收费私立大学），64% 的教师主要从事本科生教学，34% 的教师同时从事本科和研究生教学。最后，在私立普通大学中，几乎所有的教师都只从事本科生教学（93%），仅有 7% 的教师同时从事研究生和本科生的教学工作。另外，公立研究型大学中，超过 53% 的学术人员是有着外部资金支持的全职研究者，这个比例在地方公立大学是27%，在私立精英大学是25%，而在私立普通大学仅为7%。此外，还存在一小部分精英型公立研究型大学，其70%以上的教师都是全职研究者，54%仅进行研究生教学。①

这些数据表明，巴西不同种类的高校在组织和管理方式上存在显著差异。施瓦茨曼认为，1968年巴西高等教育改革中引入的“系部模式”在公立大学系统中发展良好，且受到学术人员的广泛认可。随后，这种模式成了私立精英大学聘用学术人员的参照。然而，在私立普通大学，“系部”作为最小的学术单位并未受到认可，这种组织差异正是理解每个大学教师拥有多少权利的关键。在上述调查中，当受访者被问及是行政人员还是教师群体在制度层面和学术单位中的11个不同决策领域享有决策权的时候，调查反馈的结果是：几乎大部分教师都认为行政权威在院校决策过程中掌控着很大权力（他们被认为在11个不同决策领域中的7个扮演主要角色），但是来自不同类型院校的教师回答有显著差异。在公立研究型大学和公立地方大学，行政权威被感知为11个不同决策领域中5—6个领域的主要决策者。然而，在私立精英大学，行政权威在11个不同决策领域中的8个领域握有主要决策权，在私立普通大学则为9个。在另一维度即教师群体的影响力方面，教师最具影响力的是公立研究型大学，在11个决策领域中的4个占有掌控权，其次是公立地方大学和私立精英大学的3个领域。私立普通大学中，教师的权利微乎其微，仅在11个不同决策领域中的1个领域占有主动权。②

达勒姆认为，在20世纪六七十年代巴西军人执政时期，军政

① Balbachevsky, Elizabeth and Simon Schwartzman, “Brazil: Diverse Experiences in Institutional Governance in the Public and Private Sectors”, *Changing Governance and Management in Higher Education*, August 2011, pp. 35 – 56.

② Ibid..

府试图压制大学的学术自由，而巴西公立大学在回应和反抗这种压制的过程中，其学术权力反而得到集聚和巩固。在这个过程中，公立大学内部以绩效和能力为核心的学术价值被法制化，建立起一种激进的平等主义。这是因为，军政府拨付给公立大学的研究经费不断增多，而经费分配标准是基于政府科研机构所判断的学术能力强弱来拨付的。学术权力的凝聚使得“学院制”（collegiality）成为大学处理内部事务过程中最重要的一种权力结构，尤其是在许多日常学术生活领域，例如教师晋升、研究型大学内部的权力分配等。可以说，这是军政府遗留下的一个重要历史遗产。在地方的公立大学，国家权威扮演的角色日益强大，但“学院制”或个体教师在日常学术生活或大学的整体决策领域也发挥着重要作用。地方公立大学内部行政权威的选举聘用，被认为是教师和学生的特权，不受任何外部力量的控制和影响。此外，教师的教学和科研能力也不是用来判断教师晋升的唯一标准，这使得地方公立大学的教师享有更多的自由。[①] 但巴西私立大学中的教师没有这么幸运，所有的学术事务几乎都由行政权力把持。尤其是当涉及全校范围内的决策时，虽然他们很少受到政府权威的影响，但此时的决策权仅仅握在学校内部高级行政人员的手上，因为依靠学费生存的私立大学必须考虑市场需求。然而，私立精英大学和私立普通大学之间也有很大的区别。在私立精英大学，以学院为单位的学术群体广泛参与到许多决策领域，如新教师选聘、教学和科研评估、设定科研规划等；在私立普通大学，这些决策中除了选聘新教师以外都被行政权力所垄断。因此，相较于公立大学，巴西私立大学内部的学术自主程度相对较弱，依靠层级模式进行管理的行政权享有更大空间。但细分开

① Balbachevsky, Elizabeth and Simon Schwartzman, “Brazil: Diverse Experiences in Institutional Governance in the Public and Private Sectors”, *Changing Governance and Management in Higher Education*, August 2011, pp. 35 – 56.

来，主要由学术力量构成的中介团体在私立精英大学更为积极和活跃，在私立普通大学中，则完全由行政权掌控。

总的来说，巴西的公立大学和私立大学享有的自主权出现分化态势。公立大学在政府的保护之下，大学教师享有充分的自主权，学术安排支配着大学内部的政策决定议程，且这些安排相较于私立大学来说覆盖了更多学术领域。公立大学里的行政力量则负责回应政府的相关政策，如资源分配、员工安置、招生安排以及设定新专业等，因为公立大学的预算最终由政府设定。在大学自主权谱系的另一端，私立普通大学（招收巴西65%—70%的本科生）虽然更加远离政府的控制，它们基本上不能获得政府的公共资金补助，但这类大学却很少给予其内部大学教师在学术事务方面的自主权。它们根据商业化模式来运行，在顶部的国家权威向下到底部的学术组织之间有一个相对清晰的管理系统。[①] 这很符合逻辑，因为现在巴西的大部分私立大学确实是一种高等教育市场中的营利组织。这个市场的竞争性很强，同时它的规模在一定程度上受到政府的限制。这是因为，巴西有非常高比例的穷人群体难以承担私立大学的学费。因此，成本核算是许多私立普通大学首要考虑的因素，这需要大学内部在教学时间、师资安置、课程设置、教师评估的规范化等方面有强有力的控制才能达成。在这样的竞争性环境中，巴西的私立高等教育系统开始不断整合，出现许多拥有复杂内部层级管理系统的跨城市、多校区的私立大学。相较于私立普通大学，私立精英大学则将目标瞄准开发高端市场，因此它们面临的市场竞争相对较小，学术群体和教师个体成员享有更多的自主权。然而，私立精英大学的高水平管理

---

① Balbachevsky, Elizabeth and Simon Schwartzman, "Brazil: Diverse Experiences in Institutional Governance in the Public and Private Sectors", *Changing Governance and Management in Higher Education*, August 2011, pp. 35 – 56.

仍然比公立大学对学术事务有更多的控制，且相对较少地服从国家权威的管控。

二 俄罗斯

作为特定历史情境中的组织，俄罗斯大学不可避免地受到有过70年历史的苏联体制的影响。后者不仅快速扩张了高等教育体系，还将其与军工企业的人才培养紧密结合在一起。苏联的中央集权政府在人事聘用、课程设置和意识形态等方面牢牢控制着大学里的学术和行政人员。时至今日，许多苏联时代的教师仍然活跃在俄罗斯的大学里。他们经历了20世纪90年代的“休克式”沧桑巨变，大学获得大量自主权。但随后俄罗斯于1992—1997年经历了一场经济大萧条，大学在享有自由的同时不得不为生计发愁。因为苏联时代的最后十年里高等教育的入学率一直萎靡不振，民众对于高等教育的需求此时开始出现井喷式增长。然而，苏联解体后，随着对苏联式的产品需求锐减，许多在苏联时代与大学联系紧密的行业难以独立生存，但大学却没有在此关键时刻进行改良以回应社会需求。

到2008年为止，后苏联时代的高等教育扩张已经让俄罗斯成为世界上高等教育入学率最高的国家之一。但与此同时，老龄化的到来，使得俄罗斯的青年人口正在减少，这意味着在不久的将来，俄罗斯的许多大学入学人数将会锐减。在这种背景下，俄罗斯政府开始重申对大学的控制，一方面理顺其融资系统，制定政策帮助大学彻底从苏联模式中转变出来；另一方面，在入学人数减少的情况下，帮助大学提升教育质量，整体性地提升俄罗斯高等教育的竞争力。[①] 为了理解近年来俄罗斯政府颁布实施的高等教育政策，以及

① Sigman, Carole, “Higher Education in Russia: Potential and Challenges”, *Institut Francais des Relations Internationales*, *Russie Nei Visions*, 2008.

它为不同类型大学制定的目标与其内部学术和行政人员之间的交互作用，马丁·卡诺瓦对25所俄罗斯大学的行政人员和学术人员以及俄罗斯中央政府的决策者进行访谈，结果发现：在俄罗斯这样一个庞大而多元的国家，高校对中央政府的上述改革意图有不同的反应模式。[①] 尽管俄罗斯联邦政府正在努力利用自己在财政方面的影响变革整个高等教育系统，但是许多在苏联时代活跃的大学教师和行政人员仍然期待政府的计划调控与财政补助。将自己视为依靠国家财政生存的机构，已经成为一种习惯，虽然现在许多大学已有相当数量的学费收入且能够自主支配。[②] 政府资助和管制大学成为俄罗斯高等教育界的一种历史法则，虽然受到多方面的冲击，但仍然有主导性的影响。一小部分大学正在试图挣脱这种法则，但仅仅是个别案例。

在1992—1997年俄罗斯经历经济大萧条的时候，政府曾将"提升大学自主权"视为国家战略目标，旨在让大学在联邦政府和地方政府的控制下获得一定的财政权和程序权。1993年颁布的教育法让权力下放、大学自治以及非国立大学的引入等得以合法化。该法进一步确认了大学教师在教学和研究方面享有的学术自由。此外，大学可以通过合同制来聘用大学教师，因此从理论上说，他们已经不再隶属于公务员系列。[③] 然而，2000年弗拉基米尔·普京（Vladimir Putin）上台，他的核心执政理念就是重新将权力整合到联邦政府手中，包括恢复联邦政府对公共物品和服务的集权控制，高等教育系统也不例外。2004年，普金治下的联邦政府发起一系列

---

① Martin Carnoy, "University Expansion in a Changing Global Economy: Triumph of the BRICs?", *The Journal of Higher Education*, Vol. 85, No. 6, January 2014.

② Kuhns, Katherine, "Globalization of Knowledge and Its Impact on Higher Education Reform in Transitioning States: The Case of Russia", *Stanford University School of Education*, 2011.

③ Joseph Zajda, Rea Zajda., "Policy Shifts in Higher Education in the Russian Federation: Autonomy, Standards, and Quality", *European Education*, Vol. 39, No. 3, January 2007.

行政改革，调整了中央政府对高等院校的资助体系，进一步巩固对高等教育系统的监督与控制。

现在，俄罗斯教育与科学部（Ministry of Education and Science, MOES）能够全权定夺俄罗斯高等教育系统的政治方向和运营管理策略。世界银行的咨询报告认为：俄罗斯的个体大学要想拥有更多的自主权，MOES 的文化可能需要一次大的变革。此外，中央政府与地方各州政府也需要就向大学放权进行讨论和协商。[①] 事实上，只要各州辖区内的高等教育系统对各州的发展需求更具回应性，地方政府其实很愿意提供更多资源。然而，根据马丁·卡诺瓦的访谈结果，大学和地方政府在这个过程中未能形成对接，尽管大学的自主权不断增大，却很少受到地方政府的资助。原因在于，公立联邦大学仅对位于莫斯科的 MOES 负责，却很少对地方当局和城市需要进行回应。因此，当地方政府想要将高校纳入自己的经济发展规划时，两者之间产生沟通鸿沟。[②] 事实上，一些地方政府对于大学的合作持积极态度，希望与他们辖区内的大学保持紧密的联系。但是，联邦政府对大学财政的控制与地方需要之间存在脱节，加之所有公立大学内部的“公共预算名额”都由联邦政府资助并最终由教育部配置，很少受到地方政府或大学的资金投入，由此阻断大学与地方政府的联系。

那么，俄罗斯的大学自主权如何在决策过程中发挥作用呢？在此根据莱维（Levy）的三条标准（即任命自主、学术自主和财政自主）来判断当代俄罗斯威权体制背景中俄罗斯大学的自主程度。

首先，尽管俄罗斯大学里的教学人员和学术人员名义上为国家聘用，但实质上则是通过大学内部的同行评议选择或者校长任命并

---

① Canning, M., *The Modernization of Education in Russia: World Bank Report*, Moscow: World Bank Russia Office, 2004, p. 51.

② Martin Carnoy, "University Expansion in a Changing Global Economy: Triumph of the BRICs?", *The Journal of Higher Education*, Vol. 85, No. 6, January 2014.

被大学聘任。如此来说，俄罗斯大学在聘用和解雇师资以及学术晋升方面有相当大的自主权。其次，在学术方面，除了联邦法律规定必须使用全国统一入学考试（Unified State Exam，USE）的成绩作为招录学生的标准之外，现在的俄罗斯精英大学都使用自己的入学考试成绩作为额外标准，大学在招生方面已经有很大的自主权。它们受到的主要限制在于招录联邦政府的“公共预算名额”，但这不妨碍它们增加收费制学生的名额。相对于招生自主，俄罗斯大学在课程设置方面的自主程度很小。苏联时代，俄罗斯大学的课程完全受联邦政府控制，即使现在俄罗斯已经加入博洛尼亚进程，50%左右的本科生课程和25%左右的研究生课程仍然要通过俄罗斯教育与科学部的审核。仅有顶尖大学[①]才被允许创造新的课程标准，但最终仍然要通过 MOES 的批准。在这个过程中，会有一些其他院校经由俄罗斯教育方法协会（Education and Methodological Associations，EMAs）参与进来，但这个协会主要由在某一学科领域非常擅长的顶尖大学管理，因此整个课程设计过程几乎都掌握在顶尖大学的手中。再次，大学自主的核心要素即学术自主与自由。根据马丁·卡诺瓦的访谈，俄罗斯大学的学术人员对学术自由有不同的认识和见解，绝大部分人将其界定为“流动自由”，即学术人员是否享有从一个院校或地区向另一个院校或地区迁徙流动的自由。另外一些人则将其界定为学术人员能否自由选择教授的课程内容以及发表学术观点。他的研究结果显示，俄罗斯政府对个体的学术自由限制程度仍然很高，但是相比于过去，教师流动性的增加可视为学术自由方面的一个积极改变。[②] 最后，从财政自主的角度来看，绝大部分公立大学严重依赖国家投入，并将其作为自己的主要资金来源，尽管

① 此处的顶尖大学意指莫斯科大学、圣彼得堡大学以及其他少数几所享有特权的俄罗斯大学。

② Martin Carnoy, "University Expansion in a Changing Global Economy: Triumph of the BRICs?", *The Journal of Higher Education*, Vol. 85, No. 6, January 2014.

现在学费收入占到其资金收入的很大一部分。但是，联邦政府的资金使用非常严格，如果该资金流入某一所院校进而支持了某一名学生，那么，该生就无法在其他院校选修课程或者出国进修。相比而言，学费收入的使用没有任何限制，55%的学费收入进入大学的通用基金，即不指定用途的基金，剩下45%则拨付给院系支配。因此，这给予大学增加招收“学费制”学生的动力，以增加大学资金使用的灵活性和自主程度。这些额外资金通常被用于支持大学内部投资、学生出国项目、工资增长以及新仪器购置等。

三　印度

印度是一个政治上实行联邦民主制的国家，因此，高等教育对于联邦和地方层面上的政治势力都很重要。自1947年印度独立以来，中央联邦和地方各邦两级政府对于高等教育的博弈就从未间断过，这导致印度的高等教育政策在不同阶段有不同的目标导向，以满足多样的政治需求。近年来，随着地方政府辖内的私立学院得到快速增长，政府与大学之间的关系变得异常复杂。对印度高等教育治理形成关键影响的是印度国家治理轨迹和印度领导人的政治目标，而非学术人员和社会需求。地方政府辖内私立学院的繁殖，使得这种大学群体的自主权获得提升，它们能够“抱团”对政府治理施加影响，从而实现学费增收的主要目标。各邦政府同样关心入学率的增长，他们很少对私立学院强调质量的高标准，而后者正是印度高等教育大扩张的主要引擎。

在印度，所有的私立学院都要附属于一所大学，大学像给自己的毕业生一样给私立学院的学生颁发学位。私立学院分为受助型（接受政府资助）和非受助型（完全自负盈亏），两者都要附属于政府控制的公立大学，且接受后者对其课程设置以及审计考试的控制。与此同时，私立学院还要经过印度国家认证委员会（National

Board of Accreditation，NBA）的资格鉴定，后者为其设置最低的基础设施要求以及课程与教学标准。此外，所有的高等教育项目和院校都要受到印度国家评估与鉴定委员会（National Assessment and Accreditation Council，NAAC）的评估与认证。无论是公立学院还是私立学院，政府都会界定他们能够招生的专业以及学生数额等参数。同时，他们必须按照学生种类招收一定比例来自弱势群体的学生，各州政府会控制对这些弱势群体学生征收学费的数额，无论他们入读的是公立学院还是私立学院。根据各州的学费补助政策和平权行动政策，来自弱势群体的学生会受到不同程度的学费补助。因此，即使是私立非受助型学院，也会接收一定比例来自弱势群体的学生，并因此获得来自政府的资助。但是相比于公立学院或私立受助学院，私立非受助型学院还要受到其董事会成员的监督与控制，后者对其进行投资并掌控法定意义上的所有权。因此，这类大学虽然相对远离政府控制，但在学科发展、专业设置、教师聘用方面的权力大多掌控在董事会而非系部，主要是为了让大学能够快速变革课程和师资，以回应市场需求。

无论是公立还是私立的附属学院所享有的自主权必须向其附属的母体大学申请。例如，在课程选择方面，母体大学会为其规定一个学科范围，附属学院可以在这个范围内自主选择，但选择结果仍然要受到母体大学的评估。公立大学授予其附属学院一定的自主权，在某种程度上让后者逃脱大学和地方各邦政府的管制，但中央联邦政府对附属学院的控制并未减少，来自联邦政府的限制如招生名额限制以及对弱势群体进行限制收费等制度仍然存在。此外，附属学院毕业学生的最终学位会同时冠以学院和大学之名，这意味着从附属学院毕业的学生与从其母体大学毕业的学生有本质区别。在联邦政府与地方政府的博弈中，前者为了提升私立学院和公立学院的质量，主张赋予更多的学院以“名誉大学”的自治身份，让他们更多地被置于中央联邦政府的管辖之下，同时挣脱地方政府的官僚和政治影响。被授予“名誉大学”的身份，意味着这些学院也获得了颁发学位的权力，但并不是真正意义上的大学。班加罗尔邦的印度科学院（Indian Institute of Science）和德里邦的印度农业研究院（Indian Agricultural Research Institute）在1958年成为最早被批准的两所名誉大学。1990—1991年度，名誉大学的数量增加到29所，1998年发展到38所，最近则达到110所。[①] 然而，这个数量相对于2011年印度私立学院的总数来说还不超过1%。很少有学院愿意接受“名誉大学”的头衔，从而被置于中央政府的管辖之下，尤其对于私立学院来说，董事会非常担心学科设置和教师聘用等权力从地方政府向中央政府的让渡会让他们无法快速回应市场的需求。因此，无论是公立学院，还是私立学院都宁愿接受地方州政府赋予的自主权和管控程度，而不是来自中央政府的控制和压力，尽管中央联邦政府能够赋予他们更多的自主权。

尽管公立学院和私立学院都在抱怨各种各样的政府管制，但它们都已经学会了如何与政府打交道以获得生存。尤其对于私立未受助学院来说，它们几乎不再受到“母体大学”在课程和考试方面的节制。这些学院的影响力越来越大，使得它们能够结盟起来对地方当局进行游说，从而批准它们收取高额的学费，对象是那些超过25%的未能在大学入学考试中获得高分以及弱势种族的学生。有些邦（例如印度西部的马哈拉施特拉邦）政府会用公共资金扶持弱势种族的学生，这给私立未受助学院创造了一个更大的市场。因此，这类学院享有较高程度的财政自主，相比来说，公立学院受到州政府的控制要多一些，财政自主也不例外。即使“母体大学”在课程和考试方面会设置一些标准，附属学院也会

---

① Pawan Agarwal、王冬梅：《印度私立高等教育的新动向：私立名誉大学的崛起》，《教育发展研究》2007年第20期。

做到“上有政策，下有对策”。许多私立未受助学院会让其教师竭尽所能让更高比例的学生通过大学设置的考试，类似于中国的“应试教育”。这类学院的行政人员主要关心如何招录更多的学生以获得更多的学费收入，其次就是监督教师如何教学以获得更高的考试通过率，保证足够高的毕业率来保住其“品牌”。因此，私立学院往往会限制教师的课堂自由，从而对其讲授课程施加紧密的控制。

四　中国

自从 1978 年改革开放以后，中国的高等教育政策发生了翻天覆地的变化。其中，一个主要变化就是把许多改革开放前隶属各个中央、各个部委的短小精悍的行业型大学合并成隶属教育部的综合性大学。这导致变革后的大学平均规模比 20 世纪 90 年代以前增长 3 倍，规模经济成为大学获益的一种重要途径。[①] 相对于计划经济时代学生接受的是一种定向培养教育，新的社会主义市场经济情境下学生获得了更加灵活、市场导向的教育。毕业生的就业实现“双向选择制”，他们需要自己到劳动力市场寻找工作，而非像计划经济时代那样分配至国企或事业单位某个特定岗位。从 20 世纪 90 年代末到 21 世纪初期，中央政府还引入一系列大学财政分权的改革。第一，绝大部分对于地方普通高校的融资责任从中央政府转移至省、市、自治区一级的政府，但绝大部分的精英大学仍然由中央财政负责资助。第二，从 1997 年开始，大部分学生需要付费入学，学费在接下来的十年里翻了两番。第三，政府开始鼓励大学通过教学和科研服务获取更多的资金。这些融资变革的结果就是从 1995 年到 2000 年高等教育经费中的政府支出和生均支出翻了一倍还多，

---

① Levin H. M. and Xu Z.，“Issues in the Expansion of Higher Education in the People's Republic of China”，*China Review*，March 2005.

但同期政府支出的比例从70%下降至56%。[①] 除了高等教育管理和融资方面巨大的结构性转变，政府还在以下方面拓展了大学的自主权。公立大学的高级行政人员被赋予对大学内部事务的更多控制权，包括资金分配、人事管理、发展规划和科研立项等。民办大学则有权决定自己的内部政策，并获得了增殖和扩张的权力。整体而言，大学获得了越来越多的权力，使得它们变得更有能力回应日益市场化的经济需求。

必须注意的是，尽管在过去的30年里中国政府向高等教育系统引入一系列新自由主义式改革，例如分权、市场化等，但政府在大学治理中的主导性地位仍然未被撼动。[②] 这种表面上看似新自由主义的改革，源于政策决定者的实践经验而非整个国家的意识形态变革。例如，促使中央政府将管理和资助地方高校的权力让渡给地方政府的背后是一种经济动机而非政治动机，因为分权能够促使地方政府分担更多的高等教育投入成本。因此，担负更多成本的地方政府会要求高校培养与当地经济需要相契合的毕业生。此外，分权还让中央政府有更多精力来扶持一小部分精英大学冲击世界一流大学。因此，表面上看似新自由主义的政策对大学自主的影响是有限的，政府同时出台了其他改革措施来增强对高等院校发展的控制。[③] 其中，最重要的一个措施就是对高等院校融资的控制。尽管从20世纪90年代已经转向成本法分担机制，但高等教育的经费来源仍有一半以上来自政府的公共资金。此外，政府还负责设置学费和住宿费的数额标准，大部分的助学金和贷款由政府埋单，因此，牢牢控制公立大学和民办大学的学费净收入。绝大部分地方政府还会根

① Science P., "Higher Education: Finance and Quality", *Sourceoecd Governance*, No. 42, September 2005.

② Li, Haizheng, "Higher Education in China: Complement or Competition to US Universities?", *American Universities in A Global Market*, Vol. 75, No. 1, 2010.

③ Ibid..

据院校的招生人数分配资源，决策者掌握着不同专业的资金分配总额，因此影响不同专业的扩张速度。

政府运用财政手段来塑造大学行为的能力也受到一定限制。其一，不同的院校之间缺乏统一的财务标准，这使得政府难以比较不同院校之间的财务绩效。其二，高校很少将基本财务信息提供给内部重要的利益相关者，更不用说提供给政府做决策参考。其三，来自不同渠道的资金分配不透明，这会加剧前两者带来的消极影响。例如，“双一流”、“985 工程”和“211 工程”拨付给许多精英大学的特殊资助用在何处尚不明朗。财务标准、基本信息和透明性的缺乏，反过来会促使政府机构加大对高校如何使用资金的监督和控制。高校行政人员因此抱怨绝大部分的政府资金都是专款专用，意指资金拨付的同时，政府也制定了资金向院系分配的规则。中国高校一直沿用高度集中的资金分配模式，这更加剧了政府资金分配的严苛程度。因此，来自政府和院校高级行政人员对院系层面的财务控制合力压缩了后者进行积极灵活抉择的空间与余地。[①] 高校及其院系层面能够回应这种财务控制的途径之一，就是通过替代渠道获取其他资金。例如，许多院系开办了高收费的培训项目，如 MBA、EMBA 等；吸引企业资金等横向资金投入科研项目；允许教师参与社会咨询等活动。与俄罗斯类似，中国高校及其院系大致有两种资金来源：一是受到严格控制的政府资金；二是其他渠道获取的预算外资金，高级行政人员对其享有高度的自由裁量权。

除了融资和财务方面的控制，政府还把控着大学高级行政人员和学术人员的任命与晋升。20 世纪 80 年代末期，中央政府在高校管理中创建了一种“双重控制”，规定大学的高级行政人员需要包括一部分来自党组织的成员，主要负责教师和学生事务的日常管

① Loyalka, Prashant, and J. Zhou, “Resource Allocation Models in Chinese Universities”, *Peking University*, CIEFR Working Paper, 2011.

理，以保障大学的文化、组织和政策紧随党的路线。这一传统在20世纪90年代和21世纪初随着一系列政策固化下来。无论是公立院校还是民办院校，在学校水平和院系水平上都建立了基层党委。高校内部的高级行政人员，例如党委书记和校长的任命与晋升都直接由政府决定，这些职位也都肩负着一定的政治使命。[①] 大学的行政人员需要确保政府的政策得以顺利实施，初级别的行政人员、教师甚至是学生都会异常渴望加入党组织，因为融入政党体系能够带来更多额外的职业机遇。这是中国高等教育体系的一个独特之处，但在俄罗斯大学系统中，这一现象已经消失很久。除了对高级行政人员的任职控制，政府还通过给每个大学分配一定的人事编制来控制大学内部普通师资的人事聘任。人事编制则能够保障在编人员享受基本的工资和社会福利，包括“五险一金”等。尽管公立大学以及院系层面对教师的聘用和晋升享有一定自主权，但是编制数量的限制以及讲师、副教授和教授的比例构成，会限制聘用和晋升的机会，这是为何数量有限的副教授职位成为许多青年教师重复性发表论文的主要驱动力。最后，政府还通过设定大学教师工资标准来影响高校的人事管理和教育质量。中央政府和地方省政府的决策者会制定公立大学内部不同级别教师的基本薪资水平。事实上，中国高校教师的薪资水平在全世界范围内都相当低，因此许多教师将获取科研经费作为补充基本薪资的一个重要途径。[②] 从这个角度来看，基本薪酬过低成为大学教师发奋科研的动力之一。另外，薪酬过低会造成大学的人才流失，难以招聘到那些在国外或者其他行业可以挣得高薪的高水平学术人员。然而，虽然政府对大学的人事管理控制紧密，但是应聘大学教师的青年才俊还是络绎不绝，高校在招聘

---

① Li, Haizheng, “Higher Education in China: Complement or Competition to US Universities?”, *American Universities in A Global Market*, Vol. 75, No. 1, 2010.

② 沈红、熊俊峰：《高校教师薪酬差异的人力资本解释》，《高等教育研究》2013年第9期。

合格的青年教师方面并没有产生太大障碍。这是因为，近年来中国的博士供应非常充足，尤其是工科方面的博士。因此，还是有非常多的应届博士毕业生会申请高校教师编制，尽管其他行业提供的薪资可能高得多。对于名列“双一流”大学、“985 工程”和“211 工程”的许多精英大学来说，其后备教师都要毕业于国内顶尖高校或者国外著名大学。许多二本院校的新进教师不仅仅要博士毕业，甚至还要求其本科毕业于国内的精英大学。

除了在融资和人事方面的控制，政府还会通过将院校分为不同的层级进一步影响它的行为。高等院校的分类与分层对其声誉、排名以及获得资助的机会和数额都会产生影响。其中，最重要的在于这种分类会影响高校如何定位自己的使命。例如，一流大学（主要是“双一流”大学）都将建设目标定为“世界一流的研究型大学”，而二本院校（公立）和三本院校（民办）则集中为服务本地经济需要提供更多的人力资源。三本院校还会努力吸收那些来自富裕家庭的落榜考生，只有他们才能够承担高额的学费。此外，21 世纪初以来，政府通过在私立高等教育建制的“独立学院”基本完成对民办院校的控制。这些本质上是民办的独立学院（三本）都会依附一个二本或一本院校作为母体大学，后者为它们提供师资、仪器设备、财政和管理方面的支撑。两者的紧密联系使得独立学院不能脱离母体大学来生存，因此达成国家对民办院校的隐性控制。

最后，政府还会通过《普通高校本科专业目录》规定大学的专业设置和课程内容。各个院校需要根据其关于各专业的培养目的、基本课程和必修课，从上述目录中选择某个指定专业来设计学术结构。政府并不要求所有大学按照统一的专业结构来设置专业，所以大学能够在这个目录之下自由设置专业。尽管如此，专业设置还是要经历很复杂的申请程序。大学需要给政府提供相关信息，如教学条件、学习环境等，通过教育部审批之后，大学才有权设置新专业。为了拓宽学生的知识范围和专业视野，政府开始允许大学开设越来越多的基础课程，大学也授权允许学生在完成相应学分的基础上跨专业选课。但政府强制学校开设的某些基础课如政治、英语和计算机耗费掉学生太多时间，以至于许多专业课无法开展或开设不足。在引入市场竞争原则之后，大学开始运用诸多营销策略来推销自己的专业。例如，许多大学开始更改过于传统的专业名字，代替以时髦的新鲜词汇；调整专业结构，满足新的市场需要；及时运行高科技教学媒体以及在媒介上打广告来推销自己等。这些行为都旨在招收更多的学生，增加市场中的大学声誉。[①]

综上所述，“金砖四国”的高等教育转型过程中，政府开始逐步向大学让渡一些权力，但核心的决策领域仍然掌控在政府手中。这是一个渐进式过程，许多核心权力的让渡不具备现实条件。同时，逐步适应依靠市场力量的大学正在努力抓住这次转型的机遇，羽翼渐丰。但需要看到的是，高等教育的准市场还未能完全建立起来，许多以营利为目的的大学隐蔽运行在市场盲区之内。这与政府放权的初衷是背道而驰的，需要政府进一步采取措施加以弥补。

第二节　市场激励与质量提升

“金砖四国”高等教育转型的初衷是让新的高等教育系统能够更好地满足社会大众和国家发展的需求，从而成为政府获得政治合法性的一种途径。然而，由于整体资源投入不足、市场不完善以及一些私立大学以营利为目的等，许多普通大学不断压缩成本，以获得盈利或生存。这个行为的直接结果就是大学教育质量直线下降。由于“金砖四国”高等教育大扩张的主体任务正是由这些大学承

① 孙伦轩：《新制度经济学视阈下的高等教育混合管理模式研究》，硕士学位论文，兰州大学，2012 年，第 39 页。

担，因此质量损伤的受众面非常广。进入精英大学和普通大学的学生所接受的教育质量差距逐步加大，与政府主导高等教育转型以获得政治合法性的初衷相违背，因此四国政府开始在高等教育系统内部逐步建立一些激励机制，以促使大学提升教育质量。

一　巴西

巴西的精英大学（主要是公立大学）和普通大学（主要是私立大学）在内部组织上存在很大差异，包括政府控制下的自主权差异以及大学内部不同角色握有的决策权差异，这导致两者在提升教育质量的激励性动机方面有很大不同。巴西公立大学与绝大部分私立大学产生差异的原因在于潜在学生的选择。以“保证质量”之名，巴西的联邦政府和各州政府一直在使用大学入学考试系统和入学限制条款（Numerus Clausus）来限制进入公立大学的学生数量。[①]虽然过去十年里公立大学的招生人数有所上升，但增长速度要远比高中毕业生增长的速度慢，因此政府高效地维护了公立大学的高度选择性，尤其是对于联邦大学来说。尽管近年来巴西公立大学的申请比有所下降，但仍然处于高点。21 世纪初，公立联邦大学和州立大学的申请比分别约为 8∶1 到 9∶1，大约可折合成 12% 的入学率，而 2008 年，美国的加州大学伯克利分校招录了 22% 的申请者。这意味着，巴西公立大学的招生市场是一个“卖方市场”，公立大学的名额供不应求，使得它可以通过入学选拔来控制学生质量。相比较来说，巴西的私立普通大学没有如此幸运。2008 年，巴西私立大学的申请比大约为 1.2∶1，其中包括私立精英大学的招生人数，所以可以推测，几乎所有申请私立普通大学的学生最后都通过了申请，而几乎所有质量较差的学生都进入了私立大学，通过入学考试

---

① Martin Carnoy, "University Expansion in a Changing Global Economy: Triumph of the BRICs?", *The Journal of Higher Education*, Vol. 85, No. 6, January 2012.

选拔对于私立大学来说，几乎没有起到任何作用。

糟糕的是，巴西政府并不是通过新建公立大学来扩张公立高等教育系统以迎合大众需求，而是放松对私立大学的管制要求，致使后者自 20 世纪 70 年代后开始快速繁殖。虽然其名义上是一种新的大学形式，实质上则是营利性、教学导向、非大学的学院或学校。施瓦茨曼对此持乐观态度，他认为尽管巴西政府乐于看到私立大学的扩张，却仍然将私立大学视为打破 1968 年改革所形成的均衡局面的“敌对物”。从这个角度来看，私立大学虽然获得了政府的容忍，却依然被置于政府的强力管制之下。[①] 然而，从 20 世纪 80 年代开始，通过形成私立院校联盟以及快速向大学转型，巴西的私立高等教育系统开始挣脱国家的控制，从巴西国家委员获得越来越多的自主权。[②] 这个时期较为宽松灵活的管制环境给营利性私立大学的增长提供了土壤。理论上讲，高等教育市场中对学生的竞争会驱使私立大学改进质量以吸引更多的学生。一部分精英私立大学确实在如此行动以回应市场激励，因为它们竞争的学生来自有足够能力支付较为昂贵同时需要让他们感觉质量够好的教育。但是，巴西的大部分私立大学竞争的对象是那些对每年 2000—3000 美元的学费有支付困难的学生，因此，压缩成本成为这种私立大学的主要目标，提升质量则为其次。此外，为了获得更多的自主权，这些因质量难以过关而遭到政府诟病的私立大学一直在努力整合资源，试图将自己打造成真正的“大学”以提升其政治影响力。一些招生数量相对庞大的私立大学由此获得比其他院校更多的自由，从而远离联邦政府的监督。相比较来说，巴西公立大学的境遇要好得多，因为

① Balbachevsky, Elizabeth and Simon Schwartzman, “Brazil: Diverse Experiences in Institutional Governance in the Public and Private Sectors”, *Changing Governance and Management in Higher Education*, August 2011, pp. 35 – 56.

② Martin Carnoy, “University Expansion in a Changing Global Economy: Triumph of the BRICs?”, *The Journal of Higher Education*, Vol. 85, No. 6, January 2012.

它有着悠久的学术研究传统。达拉谟（Durham）认为：由于20世纪70年代的军政统治使得大学教师的晋升越来越不重视以学术能力为标准，相反更倾向于意识形态标准和任人唯亲的学术繁殖。① 然而，巴西高等教育的一个较好传统是1931年和1968年的公立大学立法改革确定在公立大学和研究型院校开设研究生课程，这个法案奠定巴西大学的学术传统。施瓦茨曼针对大学教师的调查也显示，公立大学中有相当高比例的大学教师像从事本科生教学一样从事研究生教学，公立研究型大学中超过一半的教师获得研究和出版经费的支持，地方公立大学和私立精英大学中大约1/4的教师从事学术研究并发表论文。② 因此，巴西政府在高等教育系统内部构建的规制和激励机制主要针对私立大学。

为了进一步提高大学教师（尤其是私立大学）的学术能力，巴西联邦政府于1996年通过一项新的法案，要求所有的大学中必须至少有1/3以上的教师拥有硕士或博士学位，且至少有1/3是全职教师。尽管该法案受到私立大学联合会的强烈反对，仍然获得国会通过，但法案的最终要求减少为有一半教师有研究生学历和1/3为全职教师即可。此外，法案还要求对大学进行周期性评估以及对每所高校进行周期性检查以建立信用记录，并最终在提升标准方面获得一定成效。如施瓦茨曼针对大学教师的调查结果显示的那样，巴西私立普通大学中，教授本科生课程的大学教师有四分之一获得博士学位，相较于其他“金砖国家”来说已经非常高。此外，为了评估1996年新法案所要求的教育质量，联邦政府设计了一个全国统一考试（Provão），所有专业的学生必须在大学的最后一年通过这

① Martin Carnoy, "University Expansion in a Changing Global Economy: Triumph of the BRICs?", *The Journal of Higher Education*, Vol. 85, No. 6, January 2012.

② Balbachevsky, Elizabeth and Simon Schwartzman, "Brazil: Diverse Experiences in Institutional Governance in the Public and Private Sectors", *Changing Governance and Management in Higher Education*, August 2011, pp. 35–56.

个考试才能获得学位。这个考试受到来自公立大学和私立大学师生强烈一致的反对。公立大学内部受学生支持的教师协会对任何性质的跨校绩效比较评估都持反对态度，而对 Provão 的抵抗仅仅是上述反对态度的一部分。然而，随着该考试最终被付诸实践，它还是获得公立大学的支持，因为考试结果显示，公立大学的学生比私立大学学生的表现要好得多，从而消解了公立大学内部师生对这个考试的抵抗。达拉谟认为："Provão 成为巴西有史以来在促进和提升教育质量方面最有力的工具，因为它最终影响到了高等教育的市场。在这场考试中获得高分的私立大学开始将考试结果当成一种宣传卖点来吸引学生。"[①] 随后，Provão 在 21 世纪初被 ENADE 代替，后者分别在第一学年末和最后一学年末施测，用来测量所有领域学生的专业成绩。然而，这项测验并没有带来想象的结果。因为即使测验成绩被公开，政府对于表现不佳的学校却没有任何的惩罚措施，后者也就失去提升下一次考试成绩的动力。因此，当不良的考试成绩不会危及短期的盈利底线时，即使成绩不合格，也不会必然导致被测大学提高成本来雇佣更昂贵的师资。因此，在大约 70% 的学生都进入私立普通大学就读的情形下，想要整体性提升其质量异常艰难。许多大学仍旧聚焦如何提升效率，而效率又聚焦在成本核算和营利能力而非提升教育服务质量。

然而，对于政府来说，"扩张数量"还是"提升质量"是一个两难问题。即使巴西的高等教育已经迈入普及化的进程，但仍然有许多来自社会底层和少数民族的学生不能获得进入大学的机会，这在一个几乎 3/4 的学生需要支付学费获得高等教育机会的国家是一个政治性问题。随后，巴西通过一道新的法案为这些学生在公立大学打开"机会之门"。该法案规定，公立大学的系部和学院需要开

① Martin Carnoy, "University Expansion in a Changing Global Economy: Triumph of the BRICs?", *The Journal of Higher Education*, Vol. 85, No. 6, January 2012.

设夜校课程来帮助那些不能通过国家统一考试进入公立大学的学生。2011 年 8 月，另一项孕育许久的新法案在巴西参议会通过，要求所有的联邦大学招收一定比例的毕业于公立高中的黑人学生和原住民学生。这个比例基于某一种族占各州人口总数的比例来测算，位于该州的联邦大学对其负有责任。这一举措扩大了过去联邦大学和州立大学“自愿性”平权行动的效果[①]，大幅度增加来自公立高中的弱势少数民族学生进入两类大学的数量。在私立大学系统，巴西政府正在努力凭借立法增加弱势群体的入学机会，通过资助私立普通大学接收那些难以承担私立大学高额学费的少数民族学生。因此，巴西联邦政府第一次资助私立大学，目标却是为了增加那些无力支付学费，同时也无法进入公立大学的学生进入大学的机会。这给予私立大学以很大的动力来接受那些毕业于公立高中的少数民族学生。这些学生能否在这些较低质量的私立普通大学获得成功是另外一个问题，但这确实给私立大学很大动力来扩大招生，以保障从政府处获得持续补贴。

二　俄罗斯

俄罗斯政府已经开始实施一系列改革措施来提升大学教育质量。这些措施依据实施对象可以分为两类：第一类针对那些已经成为一流研究型大学或者被政府视为有潜力成为一流研究型大学的院校，以及被联邦政府合并成为区域性联邦大学的地方公立院校；第二类针对除上述院校以外的普通大学。然而，我们需要将这些改革置于俄罗斯大学适龄人口持续下降以及高等教育入学率已经相当高的背景中来看，因为许多大学已经出现产能过剩，俄罗斯政府正在寻求多种途径来整合高等教育资源。

---

① “自愿性”平权行动指的是公立大学自发性的行动，而非来自政府的硬性规定。

如上文所述，俄罗斯联邦政府给予 38 所精英大学的财政优先权，以期形成一个具有国际竞争力的大学群体。政府希望这些领军大学能够成为其他院校效仿的质量基准，包括为整个大学系统设计课程标准等。确实，在 20 世纪 90 年代和 21 世纪初两次通过改良课程标准来提升质量以后，许多大学得以进一步巩固并突出自己的优势专业和领域。这能帮助它们在竞争日益激烈的高等教育市场中吸引潜在的学生。新的标准减少先前的专业数量，用更宽泛的标准整合或界定了新的专业领域。2009 年，俄罗斯教育科学部（MOES）再次向 38 所精英大学征求意见来制定第三代（前两次分别为 20 世纪 90 年代和 21 世纪初）学术标准，因为俄罗斯加入博洛尼亚进程之后新的标准要符合该框架对学位结构的要求。与此同时，加入博洛尼亚进程成为俄罗斯提升高等教育质量的一大契机。俄罗斯政府决定加入博洛尼亚进程的目的是通过“学历互认”来增加俄罗斯高等教育体系在欧洲的竞争能力以及促进学术流动性，并因此提升俄罗斯高等教育出口的可能性。从提升高等教育效率的角度来看，参与欧洲甚至世界范围内的高等教育竞争能够给俄罗斯的大学系统施加压力来改良其教学方法，以提升教育质量。最后，与巴西推行 Provão 类似，俄罗斯联邦政府会公布不同大学在全国统一入学考试（USE）的结果，作为一种途径来间接刺激院校之间的竞争，以此警告那些招收过多低分学生的院校有可能因此失去联邦政府的资助。现在，尚不清楚这些大学在面对申请人总数和政府资助总额不断下降的情况下如何吸引更高质量的高中毕业生，但是俄罗斯政府还是希望它们会采取措施不断提升质量来达成此目的。

表面上看，俄罗斯政府通过多种途径实现对大学系统的紧密控制，包括使用中央集权的融资体系实现对预算分配的控制、对大学评估与鉴定的控制以及开设与撤销新专业的控制。然而，相较于苏联时期，俄罗斯政府不再依靠强力控制，转向寻求多种治理机制来实现对公共组织的控制，融资机制就是其中的一种。例如，俄罗斯联邦政府近年来不断增加对一小部分精英大学群体的财政投入，帮助它们提升教育质量来建成世界一流大学，同时将它们展示给国内民众和国际社会，以获得一种政治合法性。对于其他非精英公立大学和非国立大学，政府则通过设置学术标准、质量评估、审计合并等手段继续实现紧密控制。因为这些大学比精英大学获得的公共资助要少得多，因此剩余的大学将会彼此之间为剩余的有限资源持续竞争，以争取早日加入精英大学的行列。但是俄罗斯政府在实施上述政策的同时也是心有余而力不足，尤其是遭遇地方大学对某些政策集体抵抗的时候。事实上，许多地方大学的保守的行政人员并没有足够动力推进这些改革，这进一步延迟了政府的预期进程。更为甚者，连博洛尼亚进程的推进也遭遇诸多困难，因为民众无法完全理解该进程对俄罗斯这个民族的重要性。此外，俄罗斯政府尽管非常清楚人口老龄化背景下有必要减少大学数量，但在选择实施策略的过程中也遭遇到许多困难。最简单的方法就是减少分配给某个院校的预算名额，逼迫后者依赖学费生存或倒闭。但是这样的“倒闭潮”会引发政治风险，从而让政府失去地方层面的支持。因此，关闭非精英大学对政府来说并非易事，即使大学适龄人口正在锐减。

从作为组织的大学来看，根据其对政府改革的反应，可以将俄罗斯大学分为三类。第一类是苏联时代与军工企业联系最甚的领军大学。它们的比较优势在于传统的工程领域，因此这类大学倾向于恢复它们在工科生培养方面的传统地位以及重构他们赖以生存的军工企业。由于和平时期俄罗斯已无须再制造大量武器，即使转型后的俄罗斯工商业对这类大学的毕业生需求很大，但它们仍然抱怨国家对军工知识的需求不足，仍然将军队当作其主要服务对象，而不是重构专业结构来努力回应市场的新需求。同时，它们也抱怨高等教育普及化背景下生源质量不断下降，但对如何吸引更好的学生却没有任何作为。这类院校最关注的就是如何获得充足资金，对工程教育的进步与发展漠不关心。对俄罗斯来说，这很不幸，因为这类大学不在少数，它们为了一个不复存在的经济体制而生，却又不愿意回应新的转型。第二类院校与第一类恰恰相反，它们率先积极回应国家变革（例如博洛尼亚进程）以及政府激励（例如拨款竞争），大部分是研究型大学，且在后苏联时代通过与工商业的紧密合作为俄罗斯的国家创新立下汗马功劳。第二类大学较为灵活和主动，愿意尝试一些新的课程和其他实践。在俄罗斯高等教育整体资金不足的情况下，它们同样资金短缺，却不是坐以待毙，而是寻找多种新的融资渠道。例如，与企业形成合作关系，从而共享一些昂贵的仪器设备；开设与其特色相关的专业，吸引付费制学生；通过与中学对口合作，来寻找和招录最优秀的学生等。第三类大学位于第一类“顽固派”大学和第二类“革新派”大学之间，属于“保守派”。这类大学负责发展制定新的国家标准，且俄罗斯政府指望它们实现改革的制度化，因此在俄罗斯当前的历史形势中影响巨大。它们是实施国家改革的“马前卒”，大多是联邦大学，也有一部分地方工科大学开始转变它们在苏联系统中的传统角色，寻找适应新经济的途径。当下它们欠缺的是在学术研究方面进行尖端创新以及在内部管理方面进行创新的能力。然而，这一类大学可能会成为俄罗斯重塑未来高等教育结构过程中最可靠和稳定的力量。

三 印度

在南亚大国印度，高等教育大扩张带来的教育质量问题更是令人担忧。无论是印度联邦政府还是各邦政府，都在努力通过设置课程、制定教师标准以及使用评估工具等途径来提升大学教育质量。但是对于地方邦政府来说，它还期许高等教育的数量扩张以满足地方需求，因此会相对降低对质量的控制标准。这导致各州管辖范围内私立学院的猛增，进而导致教育质量的滑坡。许多年轻的私立非受助型大学异常渴求扩大招生数量，且热衷于提升自己的声誉以吸引更多的学生，而它们的竞争者却是同一地区的老牌私立受助学院和公立的工科学院。理论上说，这样的竞争应该会促使它们改进教育质量，因为各个学校都会努力培养综合素质高、受雇主欢迎的学生以积累声誉。然而，许多私立学院的行政人员却狭隘地将教育质量等同为考试通过率，招录大批经验不足但在考试方面比较擅长的师资。这些教师仅能满足其母体大学所设置的最低标准。私立未受助学院的董事会倾向于雇佣那些学术声望不太高的校长和行政人员，因为他们的工资成本较低，但同时却要求他们在开发新专业、大学品牌营销以及教师激励方面更有特长，能够让教师依据母体大学的课程设置来教学，以帮助学生顺利通过考试。此外，无论是公立学院，还是私立学院都在努力游说州政府增加学费水平，尤其是私立未受助学院还试图说服政府增加那些不能享受“平权政策”的学生的学费，只要学费数额仍然在他们的可承受范围之内。不同州之间的高学费学生比例存在差异，因此成为私立未受助学院与政府讨价还价的关键点。

总的来说，印度的高等教育市场竞争激烈，但社会资本准入门槛较低，且允许后者积累资金剩余用于资本扩张或者转换为私人财产。这种机制导致许多私立未受助学院的资金剩余主要用来进行数量扩张而非质量改进。此外，印度每年培养的工科和其他学科的博士数量非常少，这使得高质量的大学教师供应受到限制。如此高比例的私立非受助型工科学院中，大部分都不招收研究生，且科研经费少之又少，执教的博士中毕业于印度理工学院或印度理学院的也非常少。因此，私立学院不得不转向相对较少的公立工科学院和大学招聘博士。但由于私立学院无法授予终身教职，薪水也比公立学院低很多，因此这个招聘途径也困难重重。最后，对附属学院（公立或私立）负有直接管制之责的州立大学为前者设置的质量标准非常低，事实上，他们也缺乏动力和能力来同时监控数量如此多的附属学院。公立和私立受助学院有相对较高质量的师资和薪酬水平，但它们更希望招募到能讲授高质量课程的教师。事实上，由于合格师资的短缺和较低的质量标准门槛导致这些学院执行的许多提升教育质量的措施未能收到实质效果，因为他们这样做的根本目的是为树立学校品牌进行招生营销，而非真正意义上的提升教育质量。究其根本，印度高等教育系统内部的市场激励程度已经很高，但各州政府将增加招生数量视为其工作的第一重点，由此给以营利为目的的私立学院留下许多市场盲区。

四 中国

同其他三个“金砖国家”类似，中国政府在给大学不断放权的同时，也建立起促进院校质量改进的激励体系。大学排名虽然不是官方公开使用的一种途径，但却是政府默认使用的一个调节杠杆。较高的大学排名能够帮助各个院校获得更高的生均公共经费，并在高考的选拔过程中吸引更高质量的学生。一些大学排名的相关指标受到政府认可，默许大学在不同排名上的上升与下降。为了在不同的排名上获得较高的席位，许多重点大学开始强化自己在相关指标上的配置，尤其是一些硬件指标，例如国家重点实验室的数量、具有硕士和博士培养权的学院数量以及获得政府权威研究资助的数量（如国家自然基金、国家社科基金等）。一些省属普通院校也希望提升自己的排名来引起政府的注意，但大多数情况下都是心有余而力不足。其原因在于，绝大部分省属普通大学在过去20年里都经历了多轮扩张，地方政府还希望他们在接下来的十年中继续扩张下去。此外，它们的财政预算也受到地方政府资金的限制，要想获得提升大学排名所需要的资源投入，必须从一般预算收入之外获取，其中，学费收入是数额最多和最稳定的收入。因此，2000 年之后，许多大学为了节省生均成本，生师比出现快速上升。尽管中央政府和地方政府“三令五申”要改善高等教育质量，但这些省属普通大学领会到的信号仍然是在维持可接受的质量标准内快速增加招生人数。

此外，中央和地方政府试图通过激励高校及其院系改进教学方式和课程设置来提升教育质量。教育部会奖励和推荐不同专业的精品课程，大学内部的高级行政人员也会对各个院系的教学质量进行监控和排名。一些地方省级政府会建立自己的教学评估项目，并将大学教师的薪资和晋升机会与评估结果联系在一起。在大学的另一重要职能即科学研究方面，由于中国政府拨付的科研经费以年均超过 20% 的速度增长，这给高校、院系以及个体教师进行高质量的科学研究以巨大的动力。[①] 尤其在研究型大学，一石激起千层浪，因为它们有更多的资源投入高质量的研究中去。越来越多由政府提供的研究经费同时给院校和教师带来增加额外预算和提升学校声望的机会。因此，许多大学除了对学术论文、专利以及横向科研进行奖励之外，尤其注重教师能否获得政府科研资金的能力，并以此决定是否授以经济物质和职位晋升方面更多的奖励。

尽管中央和地方两级政府对高等教育的许多方面施加控制，但大学内部的高级行政人员和学术人员并没有消极抵抗这种政府控制。相较于“金砖四国”中的巴西和印度，他们似乎将这种集权控制当作需要遵守、适应和发展的学术系统的有机构成。这种集权控制的规则在中国已经根深蒂固，并未受到强烈反抗。相反，许多高级行政人员和学术人员认为它是理解政府和大学关系的关键，是弥漫于大学空间内部的一种社会和文化规范。正是这种规范，使得政

---

① Shi Y. and Rao Y.，“EDITORIAL：China's Research Culture”，*Science*，Vol. 329，No. 5996，January 2010.

府能够在高等教育系统内部顺利实施重大改革，并将成果进行快速推广，这同样有利于整个高等教育系统保持一种长久的稳定性。当然，要注意的是，大学甘愿受政府的控制，有可能导致大学和院系层面的创新不足，尤其是在管理体制、课程设置、教学方式和学术研究等方面。当某些大学处于政府的激励系统之内，它们就更有可能在多个方面突破创新，如拓展额外的资金来源，寻找新的研究资助等。然而，我们也要看到，高校过分沉浸于政府的控制与激励系统当中，会减少市场机制在传递信息方面发挥的作用。此外，由于政府是依赖投入导向的质量测量来评估高校绩效，后者内部的高级行政人员很少考虑以输出为导向的测量，如辍学率、就业率或者各种科研成果的社会影响等。相反，政府和大学会更加注重“硬件”方面的建设，如基础设施、仪器设备和研究资金，对大学的“软件”方面却无所作为，如人才培养和学术研究的质量以及高校在何等程度上促进地方经济与社会的发展等。

第三节　小结

“金砖四国”为了同时达成高等教育数量扩张和质量提升的目的，在转型过程中采取政策分权和市场激励等措施。这种分权既包括从中央政府向地方政府放权，也包括中央政府和地方政府直接授予大学自主权。通常情况下，精英大学会获取更多的自主空间，因为它们背负了更为复杂的知识创新使命，且政府拨付给它们的公共资金较为充足，很大程度上保障了它们教育质量的优越性。但对于普通大学来说，包括巴西的私立大学、俄罗斯的非国立大学、印度的私立附属学院和中国的省属普通大学以及民办大学等，过多的自主权成为一把“双刃剑”，一方面，帮助它们从市场攫取更多资源以获得生存；另一方面，也刺激它们最大限度地压低成本，以积累盈利剩余或者拉升大学排名。“金砖四国”的政府向其高等教育系统内部嵌入的激励机制在这个过程中发挥了很大作用，但由于各国的地方政府视“数量扩张”优于“质量提升”，因此从根本上导致各国内部普通高校教育质量的滑坡。如何挽救这种大范围的质量问题，是“金砖四国”高等教育系统下一步的转型方向。

第八章

结论与展望

一　基本结论

“金砖四国”是20世纪80年代后世界范围内崛起的四个最大的发展中经济体，其高速发展的背后离不开高质量科技人力的支持，也离不开高等教育系统的深刻转型。本书从中国高等教育转型中“政府主导”的现实特征出发，将研究对象和范围扩展至与中国有相似历史与现实情境的“金砖四国”，通过回顾四个最大的发展中经济体在近30年的高等教育转型历程，最终总结提炼出一种新的高等教育转型模式。这种模式与西方发达国家的高等教育转型有本质区别，是一种政府主导的自上而下的转型。它既符合当代中国高等教育的转型现实，又能体现出“金砖四国”高等教育转型的整体特征，且能置于全世界范围内让更多的发展中国家来检验。

对于“金砖四国”的高等教育转型来说，“政府主导”模式的形成既有历史原因，也有现实原因。从历史传承的角度来看，“金砖四国”都曾与社会主义“中央集权”的意识形态结下不解之缘，“政府控制”成为主导四国社会发展的一种文化基因。根据费正清的研究，历史承袭下来的这种明显的文化形式和规章制度形式在国家与社会转型过程中不会被轻易改变。从国家现实发展的角度来看，“金砖四国”是世界范围内最大的四个发展中国家，而发展中国家的现实就是较为稳定的制度化政治秩序和社会秩序尚未建立，政府仍然要保持对整个社会的控制与统摄能力，尤其对于“金砖四国”这样在全球政治经济格局中有重大影响力的国家。高等教育转型是国家与社会转型的有机构成，是政府发挥调控与管理职能的重要方面，自然被置于这种逻辑之下。

如果考虑高等教育转型的政治逻辑，这种政府主导的模式也有其自身的必然性。政府是国家的代理人，政府主导则在一定程度上代表的是“国家意志”。许多传统的政治学研究都将发展中国家视为“依附性国家”或“掠夺性国家”，如新自由主义主张最大限度地限制国家职能，而现代化范式则将发展中国家的转型视为一种被迫和缺乏主体动力地追随、学习西方国家的过程。的确，在20世纪80年代“金砖四国”开始转型之前，四个国家采取的是以意识形态为导向的掠夺性发展模式，国家成为实现某种意识形态教条的工具，并未形成一种整合社会资源的机制。然而，本书通过分析“金砖四国”政府在其高等教育转型过程中的决策机制证明，“金砖四国”在这个过程中正从“掠夺性国家”向“自主性国家”转型，四国政府扮演的并不是一个利益集团或某个特定阶级的利益工具，也不是仅会简单机械模仿西方社会的国家机器。它们已经具备从独立社会利益以及外部压力出发来进行决策和变革，逐步转型成一种自主的、关注社会整体长远利益的政府。

换句话说，“金砖四国”的政府已经深度“嵌入”其高等教育的转型过程当中，政府作为国家的代理人，其本身也成为一个有着自己独特价值偏好的独立行动者。对于现代社会的转型政府来说，通过君主世袭或暴力革命来维持长久稳定的社会秩序已不再可能，它必须依靠非暴力手段并同时让被统治者自愿地接受统治。在达成这种目的的各种途径中，向民众提供高等教育是最重要的一种。接受大学教育是民众共享社会发展成果的一种途径，因为投资大学教育能够直接给民众带来丰厚的回报。此外，高等教育还是一个国家创新系统中最重要的子系统，其“知识生产”的职能可以让民族国家在知识经济时代占据先机，从而间接地让整个社会受益。因此，“金砖四国”让其民众接受到满意的高等教育，反馈给四国政府的恰恰是长久的“政治合法性”，这也是“金砖四国”政府推动高等教育转型的根本动力。

那么，“金砖四国”的政府是如何给民众提供满意的高等教育，国家自主性在这个过程中又是如何体现的呢？本书认为，“金砖四国”的政府在其高等教育转型过程中采用一种“冲击—回应”模式，即以获取“政治合法性”为动力，以满足社会与国家发展的需要为目标，运用政府权威整合资源来回应系统内外部的冲击，最终形成一种均衡。对于20世纪80年代“金砖四国”的高等教育系统来说，其内部的冲击在于，转型前精英式的高等教育无法满足普通大众的需求，高等教育收益率的居高不下让民众对稀有的大学教育渴望至极；其外部的冲击在于，“金砖四国”正被逐步卷入全球的“知识经济”浪潮当中，国家的知识创新能力开始发挥前所未有的决定性作用。高等教育系统是国家创新体系的核心构成，在高等教育系统进行知识生产过程中发挥关键和引领作用的是研究型大学。因此，为了回应上述来自系统内外的冲击，“金砖四国”的政府共同选择大幅度扩张高等教育入学率和举国建设研究型大学的策略。然而，作为四个最大发展中国家的“金砖四国”遭遇的另一现实就是资源瓶颈，有限的政府公共资金并不能同时实现上述目标。幸运的是，随着四国经济的逐渐复苏，民众手中积累了一定的现金红利。为了实现政府资金与社会资本的整合，“金砖四国”在高等教育转型过程中实施成本分担政策，高等教育的经费从全部或主要由国家资助转向国家与社会共同承担，且后者承担的比重日益加大。与此同时，为了让“成本分担”得到顺利实施和鼓励高校自力更生，“金砖四国”的政府开始采取政策分权，建立起一种带有市场导向的竞争机制。

这些在转型过程中采用的分权、市场化等措施，在形态上非常类似于西方国家新自由主义和新公共管理主义所使用的政策工具，但两者在本质上有着重大区别。西方国家的高等教育转型是循着“自下而上”的自发秩序来逐渐构建起现代大学的逻辑，而“金砖四国”则是通过“自上而下”的路径来达成自己的目标。其中的重大区别在于，前者反复强调要弱化政府的作用，而以“金砖四国”为代表的发展中国家却倾向于强化政府在高等教育转型中的作用。这种区别的结果在于，发达国家的高等教育系统在采用成本分担机制的同时自发衍生一种学费补偿机制，来减少由于成本分担造成的教育不公平，因为减少社会不公也是“内生型”高等教育体系的重要职能之一。在“金砖四国”的政府视野中，在可接受的教育公平范围内最大限度地达到“数量扩张”和“质量提升”的均衡，可能是政府通过高等教育转型最大限度地获得政治合法性的最优途径。这种策略偏好导致政府将有限的公共资源集中投入给了少数的精英研究型大学，同时鼓励承担数量扩张主体任务的普通大学自力更生，甚至放任新建一些以营利为目的的私立大学。在给普通大学放权以激励其减少对政府资金依赖的过程中，四国的地方政府更是把保障普通大学的教育质量放在数量扩张的背后。推行这些策略导致的最终结果是，普通大学（尤其是私立大学）的数量迅速膨胀，也如愿吸收了绝大部分“金砖四国”高等教育大扩张带来的绝大部分学生，但是原本就资金不充裕，加之不断强化的市场竞争，使得它们不断压缩生均成本，在转型过程中与精英大学形成分化之势。因此，虽然“金砖四国”在高等教育资源整合过程中获得了成功，最终形成“量质并举”的局面，即数量上实现高等教育大众化甚至是普及化，质量上实现资源集中建设研究型大学并收效显著，但同时要看到绝大部分普通大学的教育质量值得我们堪忧。更严重的是，正是这些普通大学承担了高等教育数量扩张的主体任务，绝大部分来自社会底层的弱势群体学生都进入了这些大学，在一定时间积累以后将会导致更严重的教育不公平。随着“金砖四国”老龄化带来的高等教育适龄人口逐渐减少，以及民众在满足数量需求之后对教育质量的要求不断严苛，普通大学的教育质量问题已经被摆上“金砖四国”政府的案头。新的转型已经开始，可以预见的是，提升普通大学的教育质量和减少不同社会阶级的学生在高等教育结果方面的不公平，将是“金砖四国”高等教育系统在未来的转型目标。其终极目的与本书所研究的转型一样，是为了在新的形势下进一步获得民众所认可的“政治合法性”。

二　贡献和创新

本书的主要贡献在于总结提炼了一种新的高等教育转型模式，这种模式被证明不仅存在于中国，还存在于其他众多的发展中国家，且与欧美等国家和地区的“内生性”转型有本质不同。这种以“政府主导”为核心特征的高等教育转型是一种历史必然，也符合发展中国家整体转型的现实需求。虽然广大的发展中国家在其高等教育转型过程中采取与西方国家趋同的新自由主义政策，但两种政策的根本目的、动力和机制都有本质区别，这导致形态上异常相似的政策却产生完全不同的结果。

本书可能的贡献主要建立在两个创新上。其一，许多高等教育转型研究多以欧美日等发达国家和地区为研究对象，其理论原型也多来源于西方。近 30 年来，随着欧洲福利国家的撤退，新自由主义之急流勇进，公共领域的“市场改革风”也由西方吹向东方，由中心吹向边缘，由发达国家吹向发展中国家，成为一种全球趋势。新自由主义所主张的正是“限制政府，鼓吹自由”，这让许多研究者对近些年中国高等教育的转型倍感焦虑。本书以四个具有代表性的发展中大国“金砖四国”为研究对象，深入挖掘四个国家的共有基础及其高等教育转型过程中的国家行为，举一反三，让许多研究者迷惑的“中国模式”上升为在发展中世界被广泛采纳的一种模式，揭开这种“政府主导”的面纱，让民族国家及其代理人政府以一个积极的形象走入高等教育转型理论的视野。其二，握有主导话语权的新自由主义对民族国家的消极态度，加之全球化和国际化浪潮的冲击，使得“民族国家”的枯萎之声迭起。本书重申国家及政府所代表的民众利益及其作为一个有着自己独特价值偏好的独立行动者，以“政治合法性”为理论基础，探寻国家现代转型背景下获得政治合法性的途径转变，证明发展中国家的政府参与和主导高等教育转型的合理性。

三 讨论与展望

每一种模式都不是十全十美的，只能做到尽善尽美。“金砖四国”以政府主导的高等教育转型有其历史必然性和现实合理性，也在数量扩张（高等教育大众化）和质量提升（研究型大学建设）方面取得有目共睹的成就，在帮助四国政府获得政治合法性方面获得了成功。然而，我们必须看到，这种外生性的“政府主导”模式，与西方国家“内生性”的高等教育转型相比，缺少一种自我修复性能。“政府主导”模式的目的在于满足国家和社会发展的需要，政府行为的根本动力则在于获得更为长久的政治合法性。在政治逻辑主导的高等教育转型中，高等教育系统内生的一种教育逻辑往往被忽视，教育的人文关怀被丢弃。在本书中，我们可以看到由于实施成本分担政策的同时未能与西方国家一样实施一种修复性的学费补偿政策，使得许多非精英大学（包括公立普通大学和私立大学）开始压缩成本以增强在招生方面的竞争力。与此同时，教育分流恰恰使得大部分来自底层社会的学生进入这些成本低廉的普通大学，接受质量相对较差的大学教育。因此，虽然高等教育入学率大规模增长让许多普通家庭的孩子接受了大学教育，但是接受精英高等教育和普通高等教育的结果显然不同，这会损伤高等教育的整体性功能。遗憾的是，本书并未能深究这种损伤的程度及其进一步带来的消极结果，这将是笔者下一步的努力方向。

此外，由于这是一项跨国比较研究，数据收集难度异常之大，本书所用的许多数据并不严格地属于同一口径。这也是本书的不足之处，值得后续研究进一步完善。最后，本书在比较过程中过分注重对“金砖四国”在政府主导方面进行“求同”，目的是为了对这种模式进行总结提炼并将其与发达国家的转型相比较。但正是这种思维模式反而忽视了四个国家的“存异”，进而淡化除“政府主导”以外影响高等教育转型的因素。例如，印度和巴西相较于俄罗斯和中国更加注重转型过程中的公平问题。因此，“求同”过程中的“存异”，需要在未来的研究加以完善。

无论如何，转型之路仍在延续。新形势下“金砖四国”的普通民众已经不再满足于高等教育的数量需求，对质量标准提出更高的期望。可以预见的是，“政府主导”的逻辑仍然会继续，但政府在提升普通大学教育质量方面会做得更精致，只有这样，才能让高等教育继续成为获得政治合法性的重要途径。

参考文献

一　中文文献

（一）专著

《马克思恩格斯全集》第46卷下，人民出版社1980年版。

安方明：《社会转型与教育变革——俄罗斯历次重大教育改革研究》，社会科学文献出版社2006年版。

安双宏、杨柳：《印度教育研究的新进展》，黑龙江教育出版社2008年版。

［巴西］博勒斯·福斯托：《巴西简明史》，社会科学文献出版社2001年版。

陈超：《中国重点大学制度建设中的政府干预研究》，广东高等教育出版社2009年版。

戴晓霞、莫家豪、谢安邦：《高等教育市场化：台、港、中趋势之比较》，高等教育出版社2002年版。

单飞跃、卢代富等：《需要政府干预：经济法视域的解读》，法律出版社2005年版。

丁学良：《什么是世界一流大学?》，北京大学出版社2004年版。

冯绍雷、相蓝欣：《转型理论与俄罗斯政治改革》，上海人民出版社2005年版。

改革开放30年中国教育改革与发展课题组：《教育大国的崛起

（1978—2008）》，教育科学出版社 2008 年版。

顾明远、梁忠义：《世界教育大系·印度教育》，吉林教育出版社 2000 年版。

贺国庆、王保星、朱文富等：《外国高等教育史》，人民教育出版社 2006 年版。

黄志成：《巴西教育》，吉林教育出版社 2000 年版。

焦震衡、王锡华：《巴西》，世界知识出版社 2000 年版。

李莉：《大学与政府：俄罗斯高等教育与国家崛起》，社会科学文献出版社 2012 年版。

李斯特：《政治经济学的国民体系》，商务印书馆 1961 年版。

李仙飞：《知识经济时代高等教育战略性变革》，广东高等教育出版社 2010 年版。

林承节：《殖民统治时期的印度史》，北京大学出版社 2004 年版。

刘念才：《世界一流大学：特征、排名与建设》，上海交通大学出版社 2007 年版。

刘念才、周玲：《面向创新型国家的研究型大学建设研究》，中国人民大学出版社 2007 年版。

刘易斯：《经济增长理论》，上海人民出版社 1994 年版。

吕银春：《经济发展与社会公正：巴西实例研究报告》，世界知识出版社 2003 年版。

彭坤明：《知识经济与教育》，南京师范大学出版社 1998 年版。

尚会鹏：《印度文化传统研究：比较文化的视野》，北京大学出版社 2004 年版。

沈有禄：《中国、印度基础教育比较研究》，人民出版社 2011 年版。

孙士海：《印度的发展及其对外战略》，中国社会科学出版社 2000 年版。

王战军：《中国研究型大学建设与发展》，高等教育出版社 2003

年版。

吴家鹏:《“金砖四国”教育平等程度与高等教育竞争力关系的研究》，载《2010 年中国教育经济学学术年会论文集》，2010 年。

肖甦、王义高:《俄罗斯教育 10 年变迁》，北京师范大学出版社 2003 年版。

肖甦、王义高:《俄罗斯转型时期重要教育法规文献汇编》，人民教育出版社 2009 年版。

曾昭耀:《战后拉丁美洲教育研究》，江西教育出版社 1994 年版。

张男星:《权力·理念·文化：俄罗斯现行课程政策研究》，教育科学出版社 2006 年版。

张双鼓、薛克翘、张敏秋:《印度科技与技术发展》，人民教育出版社 2003 年版。

张应强:《精英与大众：中国高等教育 60 年》，浙江大学出版社 2009 年版。

赵鸣岐:《印度之路：印度工业化道路探析》，学林出版社 2005 年版。

周谷平:《马克思主义教育思想的中国化历程——选择·融合·发展》，浙江大学出版社 2008 年版。

左学金、潘光、王德华:《龙象共舞——对中国和印度两个复兴大国的比较研究》，上海社会科学院出版社 2007 年版。

张建华:《俄国史》，人民出版社 2004 年版。

（二）译著

[巴西] 保罗·弗莱雷:《被压迫者教育学》，顾建新等译，华东师范大学出版社 2001 年版。

[俄] 戈·瓦·普列汉诺夫:《俄国社会思想史（第一卷）》，孙静工译，商务印书馆 1996 年版。

[法] 让·雅克·卢梭:《社会契约论》，何兆武译，商务印书馆

1980 年版。

[加] 约翰·范德格拉夫:《学术权力——七国高等教育管理体制比较》,王承绪等译,浙江教育出版社 2003 年版。

[美] 戴维·查普曼、安·奥斯汀:《发展中国家的高等教育:环境变迁与大学的回应》,范怡红等译,北京大学出版社 2008 年版。

[美] 菲利普·阿特巴赫、乔治·巴兰等:《世界一流大学:亚洲和拉美国家的实践》,吴燕、宋吉缮等译,上海交通大学出版社 2008 年版。

[美] 费正清:《美国与中国》,张理京译,世界知识出版社 1999 年版。

[美] 弗朗辛·R. 弗兰克尔:《印度独立后政治经济发展史》,孙培钧等译,中国社会科学出版社 1989 年版。

[美] 柯文:《在中国发现历史——中国中心观在美国的兴起》,林同奇译,中华书局 2002 年版。

[美] 莱斯利·里普森:《政治学的重大问题:政治学导论》,刘晓等译,华夏出版社 2001 年版。

世界银行:《2009 世界发展报告——重塑世界经济地理》,胡光宇译,清华大学出版社 2009 年版。

[西班牙] 何塞·加里多:《比较教育概论》,万秀兰等译,人民教育出版社 2001 年版。

[英] 阿诺德·汤因比:《历史研究》,刘北城、郭小凌译,上海人民出版社 2005 年版。

[英] 安迪·格林:《教育、全球化与民族国家》,朱旭东、徐卫红等译,教育科学出版社 2004 年版。

[英] 安迪·格林:《教育与国家形成:英、法、美教育体系起源之比较》,王春华等译,教育科学出版社 2003 年版。

[英] 戴维·史密斯:《龙象之争:中国、印度与世界新秩序》,丁德良译,当代中国出版社 2007 年版。

[英] 亚当·斯密:《国富论》,郭大力、王亚南译,商务印书社 1979 年版。

(三) 期刊

安双宏:《印度高等教育规模快速扩充的后果及其启示》,《教育研究》2000 年第 8 期。

安双宏:《印度高科技人才的摇篮——谈印度理工学院的体制创新》,《中国高等教育》2000 年第 22 期。

安双宏:《印度政府对高等教育的管理》,《比较教育研究》2006 年第 8 期。

别荣海:《高等教育转型中的政府与高校关系重塑》,《中国行政管理》2011 年第 9 期。

蔡宗模:《论高等教育国家化范式及其危机》,《中国高教研究》2013 年第 5 期。

陈薇:《印度理工类人才培养特色及启示——以印度理工学院孟买分校人才培养为例》,《南亚研究季刊》2013 年第 3 期。

成思危:《论创新型国家的建设》,《中国软科学》2009 年第 12 期。

单春艳、谭苗苗:《组建联邦大学:俄罗斯区域高等教育均衡发展新路径》,《现代教育管理》2012 年第 6 期。

董泽芳、彭拥军:《实现高等教育合理分流 促进社会有效分化与整合》,《高等教育研究》2012 年第 8 期。

杜瑞军:《扩大的差距——巴西高等教育入学机会分配政策的变迁与面临的挑战》,《比较教育研究》2012 年第 10 期。

杜岩岩:《俄罗斯创新型大学发展战略及其保障机制》,《教育科学》2011 年第 5 期。

杜岩岩:《俄罗斯高等教育体制的变革》,《教育研究》2011 年第

12 期。

杜岩岩：《俄罗斯高等教育体制的源流考察及其创新发展》，《现代教育管理》2014 年第 1 期。

杜岩岩、尚航：《创新经济背景下的俄罗斯高等教育转型策略》，《现代教育管理》2011 年第 6 期。

俄罗斯新闻网：《俄罗斯科学院院长：联邦大学 3 年后仍无法达世界水平》，《世界教育信息》2011 年第 3 期。

葛传红：《“金砖国家”经济转型的比较研究：一个基于文献的分析》，《复旦国际关系评论》2011 年。

顾鸿飞：《俄罗斯私立高等教育的发展及其对我国的启示》，《浙江树人大学学报》（人文社会科学版）2013 年第 1 期。

顾建新：《南非高等教育变革及其主要成效》，《比较教育研究》2008 年第 11 期。

郝大海：《中国城市教育分层研究（1949—2003）》，《中国社会科学》2007 年第 6 期。

何雪莲：《依附与发展：俄罗斯私立高等教育特点评述》，《比较教育研究》2007 年第 3 期。

胡建华：《论近年来的我国高等教育转型》，《南京师大学报》（社会科学版）2008 年第 6 期。

黄斌：《巴西高等教育国际化的现状及问题》，《世界教育信息》2013 年第 22 期。

黄海刚：《冲击与回应：经济危机中的美国高等教育》，《全球教育展望》2009 年第 3 期。

季诚钧：《印度大学附属制对我国独立学院的启示》，《教育研究》2007 年第 7 期。

季诚钧：《印度附属学院与我国独立学院的比较》，《浙江师范大学学报》（社会科学版）2007 年第 2 期。

姜晓燕：《俄罗斯建设创新型高校的背景与措施》，《大学（研究与评价）》2008 年第 2 期。

蒋洪池：《巴西高等教育现代化策略研究》，《复旦教育论坛》2006 年第 1 期。

蒋洪池：《巴西高等教育之嬗变》，《高等农业教育》2005 年第 1 期。

蒋凯：《比较教育研究方法的相关问题分析》，《教育研究》2007 年第 4 期。

雷鸣、杨文武：《中国和印度高等教育体制比较》，《南亚研究季刊》2010 年第 2 期。

李芳：《俄罗斯组建联邦大学述评》，《比较教育研究》2010 年第 2 期。

李建忠：《“金砖四国”教育竞争优势的比较》，《世界教育信息》2009 年第 7 期。

李靖宇、荣丽华：《俄罗斯国家科技基础与普京政府科技政策取向》，《东欧中亚研究》2000 年第 6 期。

李寿德、李垣：《研究型大学的特征分析》，《比较教育研究》1999 年第 1 期。

李勇、闵维方：《论研究型大学的特征》，《教育研究》2004 年第 1 期。

李云霞、汪继福：《印度高等教育跨越式发展的动因及影响》，《外国教育研究》2006 年第 11 期。

李云星：《比较教育研究中的“民族国家”：历史、挑战与应对》，《外国教育研究》2012 年第 6 期。

刘亮亮、李雨锦：《南非高等教育的发展近况研究》，《世界教育信息》2010 年第 3 期。

刘淑华：《实名制国家财政券：俄罗斯高等教育财政体制的可贵探

索》，《比较教育研究》2005 年第 9 期。

刘淑华：《世纪初俄罗斯高等教育现代化的新进展》，《比较教育研究》2005 年第 6 期。

刘希伟：《巴西高等教育肯定性行动探析》，《比较教育研究》2013 年第 9 期。

［美］菲利普 · G. 阿特巴赫、覃文珍：《巨人觉醒：中国和印度高等教育系统的现在和未来》，《大学教育科学》2010 年第 4 期。

［美］马丁 · 卡诺依、罗朴尚、格雷戈里 · 安卓希查克等：《知识经济中高等教育扩张是否促进了收入分配平等化：来自金砖国家的经验》，《北京大学教育评论》2013 年第 2 期。

戚兴宇、谢娅：《印度政府与大学的关系及启示》，《南亚研究季刊》2010 年第 2 期。

乔琳：《"金砖五国"教育投资对经济增长的外溢效应——基于菲德尔模型的实证研究》，《中央财经大学学报》2013 年第 4 期。

任彦：《印度走自主创新强国路》，《上海教育》2007 年第 Z2 期。

任玉珊：《高等教育转型发展与"新大学"的形成》，《长春工程学院学报》（社会科学版）2007 年第 1 期。

邵国良、王满四：《高等教育的转型升级与经济的转型升级——以广州市及其市属本科高校为例》，《教育与经济》2012 年第 1 期。

沈红、熊俊峰：《高校教师薪酬差异的人力资本解释》，《高等教育研究》2013 年第 9 期。

盛学军：《冲击与回应：全球化中的金融监管法律制度》，《法学评论》2005 年第 3 期。

施晓光：《印度高等教育政策的回顾与展望》，《北京大学教育评论》2009 年第 2 期。

石才良、冯静：《高等教育收益率：理论、证据与述评》，《江西财经大学学报》2006 年第 2 期。

石隆伟、刘艳菲：《不公平地扩充——审视巴西当前的高等教育政策》，《外国教育研究》2008 年第 4 期。

宋霞：《试论巴西促进自然知识经济发展的最新举措》，《拉丁美洲研究》2011 年第 3 期。

孙春梅：《俄罗斯计划组建联邦大学网》，《比较教育研究》2008 年第 7 期。

孙远雷：《研究型大学的内在特征分析》，《清华大学教育研究》2003 年第 5 期。

天野郁夫、陈武元：《高等教育大众化：日本的经验与教训》，《高等教育研究》2006 年第 10 期。

天野郁夫、陈武元：《高等教育的发展阶段学说与制度类型论》，《教育研究》2003 年第 8 期。

万晓玲、吴松、邵松林：《印度高校毕业生就业状况评估及启示》，《比较教育研究》2006 年第 2 期。

王超、王秀彦：《印度高等教育的发展战略及启示》，《大学》（学术版）2011 年第 1 期。

Pawan Agarwal、王冬梅：《印度私立高等教育的新动向：私立名誉大学的崛起》，《教育发展研究》2007 年第 10 期。

王华峰、韩文秀、李全生：《世界典型国家高等教育转型发展的比较研究》，《天津商学院学报》2005 年第 1 期。

王建平、荣光宗：《论俄罗斯高等教育政策的时代转型》，《高教探索》2006 年第 5 期。

王丽伟：《俄罗斯“教育优先发展规划”框架下“联邦大学”的组建及问题分析》，《比较教育研究》2012 年第 12 期。

王孙禺、孔钢城：《中国研究型大学建设的思考》，《北京大学教育评论》2009 年第 1 期。

王正青：《高等教育国际化：巴西的因应策略与存在的问题》，《复旦教育论坛》2008 年第 3 期。

吴刚：《巴西高等教育国际化政策概述》，《教育理论与实践》2013 年第 36 期。

吴俊、宾建成：《“金砖四国”经济效率的比较研究》，《世界经济研究》2010 年第 4 期。

肖国芳：《我国高等教育转型发展中的风险共存及政策管理》，《高校教育管理》2014 年第 5 期。

肖甦、孙春梅：《俄罗斯非国立高校的发展及运营策略探析》，《比较教育研究》2009 年第 4 期。

熊昌义：《印度谋求成为世界大国》，《瞭望新闻周刊》2001 年第 2 期。

熊德明：《高等教育分流选择方式策略——国际比较与思考》，《大学（研究与评价）》2007 年第 11 期。

徐永：《区域高等教育非均衡发展的形成机制及其检视：一个“国家行动”的解释框架》，《教育发展研究》2013 年第 19 期。

荀渊、谢安邦：《中国高等教育从传统向现代的转型》，《高等教育研究》2010 年第 6 期。

燕继荣：《论政治合法性的意义和实现途径》，《学海》2004 年第 4 期。

杨东铭：《壁垒突破与协同创新：应用型高等教育转型升级之路》，《职业技术教育》2013 年第 6 期。

杨明、谢卿：《论巴西高等教育财政的改革》，《教育与经济》2003 年第 4 期。

叶赋桂、罗燕：《国际合作：印度理工学院的一流大学之路》，《比较教育研究》2005 年第 5 期。

叶赋桂：《印度理工学院的崛起》，《清华大学教育研究》2003 年第 3 期。

[英] 露西亚·克莱因、西蒙·施瓦茨曼:《1970—1990 年巴西高等教育政策》,龙湲译,《世界教育信息》1994 年第 2 期。

虞学群:《知识经济与印度的迅速崛起》,《社会科学研究》2001 年第 6 期。

袁本涛、潘一林:《高等教育国际化与世界一流大学建设:清华大学的案例》,《高等教育研究》2009 年第 9 期。

岳瑨:《90 年代世界各国“知识经济”发展状况分析》,《苏州科技学院学报》(社会科学版)2004 年第 11 期。

张男星:《俄罗斯高等教育变革与传统的村社文化》,《华东师范大学学报》(教育科学版)2004 年第 2 期。

张学强、许可峰:《“优惠政策”与“预留政策”——民族公平视域下的中、印高等教育招生政策比较》,《比较教育研究》2010 年第 2 期。

赵春丽:《经济全球化背景下的西方民主:冲击与回应》,《长白学刊》2007 年第 3 期。

郑勤华:《印度的高等教育扩展与知识失业》,《教育与经济》2005 年第 1 期。

钟惠波、郑秉文:《“金砖四国”在“国家创新体系”中政府作用的比较:趋同性与根植性的分析角度》,《现代经济探讨》2011 年第 9 期。

周采:《印度高等教育发展及其启示》,《南京师大学报》(社会科学版)2008 年第 2 期。

邹秀婷:《俄罗斯创新经济对中俄经贸科技合作的影响》,《西伯利亚研究》2007 年第 1 期。

（四）学位论文

陈依依:《印度理工学院办学特点研究》,硕士学位论文,湖南师范大学,2009 年。

葛传红：《经济转型中的国家行为研究》，博士学位论文，复旦大学，2010 年。

关红姣：《西部高等教育现代化转型研究》，硕士学位论文，西北大学，2012 年。

郝瑜：《论陕西高等教育大众化及其实现途径》，博士学位论文，华中科技大学，2004 年。

黄碧泉：《印度理工学院管理特色研究》，硕士学位论文，中南大学，2007 年。

黄姗姗：《印度理工学院创建世界一流大学的实践研究》，硕士学位论文，浙江师范大学，2012 年。

柯珂：《巴西促进教育公平的政策研究》，硕士学位论文，浙江师范大学，2011 年。

李明华：《时务学堂的创办及其对湖南高等教育近代转型的影响研究》，硕士学位论文，湖南师范大学，2011 年。

廖彬彬：《俄罗斯高等教育财政政策及其实施研究》，硕士学位论文，厦门大学，2008 年。

刘兆宇：《19 世纪英格兰高等教育转型研究》，博士学位论文，河北大学，2007 年。

吕济峰：《俄罗斯非国立高校的发展趋势研究》，硕士学位论文，上海师范大学，2006 年。

阮克雄：《中越高等教育改革的比较研究——20 世纪 80 年代后“苏式”高等教育的转型发展》，博士学位论文，华东师范大学，2014 年。

邵波：《我国高等教育大众化进程中的应用型本科教育研究》，博士学位论文，南京师范大学，2009 年。

宋洪雨：《俄罗斯高等教育近五年重大改革研究》，硕士学位论文，哈尔滨工业大学，2009 年。

孙长智：《中国高等教育转型矛盾的哲学反思》，博士学位论文，吉林大学，2007年。

王华峰：《基于系统科学的高等教育转型发展研究》，博士学位论文，天津大学，2002年。

王明丽：《俄罗斯创新型大学发展路径研究》，硕士学位论文，黑龙江大学，2013年。

许适琳：《俄罗斯社会转型期非国立高等教育改革发展问题的研究》，硕士学位论文，东北师范大学，2007年。

荀渊：《中国高等教育从传统向现代的转型——对1901—1936年间中国高等教育变革的考察》，博士学位论文，华东师范大学，2002年。

尹丽丽：《拉美四国研究型大学发展研究——比较视野下的特点与趋势分析》，硕士学位论文，兰州大学，2009年。

于翔：《俄罗斯创新型大学战略规划研究》，硕士学位论文，沈阳师范大学，2011年。

张永凯：《全球R&D活动的空间分异与新兴研发经济体的崛起》，博士学位论文，华东师范大学，2010年。

郑顺利：《建国以来我国国防教育转型的动因研究》，硕士学位论文，厦门大学，2007年。

朱炎军：《“金砖四国”高等教育质量保障体系比较研究——基于政府管理的视角》，硕士学位论文，上海师范大学，2010年。

二　外文文献

Agarwal, P., "Higher Education in India: The Need for Change", *Working Paper*, No. 180, 2006.

Aggarwal, J. C., *Landmarks in the History of Modern Indian Education*, New Delhi: Vikas Publishing House, 1984.

Altbach, P. G. , & Teichler, U. , "Internationalization and Exchanges in a Globalized University", *Journal of Studies in International Education*, Vol. 15, No. 2, 2001.

Angrist, J. D. & Krueger, A. B. , "Instrumental Variables and the Search for Identification: From Supply and Demand to Natural Experiments", *Journal of Economic Perspectives*, Vol. 15, No. 4, 2001.

Bain, O. , "The Cost of Higher Education to Students and Parents in Russia: Tuition Policy Issues", *Peabody Journal of Education*, Vol. 76, No. 3 –4, 2001.

Balbachevsky, E. , & Schwartzman, S. , "Brazil: Diverse Experiences in Institutional Governance in the Public and Private Sectors", *Changing Governance and Management in Higher Education*, Springer, Dordrecht, 2011.

Banerjee, R. & Muley, V. P. , "Engineering Education in India", *Report to Energy Systems Engineering*, *IIT Bombay*, *sponsored by Observer Research Foundation*, *September* 14, 2007.

Beteille, T. , "India's Higher Educational Expansion in the Global Knowledge Economy", *Stanford University School of Education*, 2008.

Bhushan, S. , S. P. Malhotra & S. Gopalakrishnan, *Facing Global and Local Challenges*, *Country Report*: *India*, New Delhi: National University of Educational Planning and Administration, 2009.

Blaug, Mark, Richard Layard & Maureen Woodhall, *The Causes of Graduate Unemployment in India*, London: Allen Lane (Penguin), 1969.

Boarini, R. & Strauss, H. , "What is the Private Return to Tertiary Education? New Evidence from 21 OECD Countries", *OECD Journal*:

Economic Studies, No. 2010, 2010.

Bound, K. Brazil, *The Natural Knowledge Economy*, London: Demos, 2008.

Brainerd, E., "Winners and Losers in Russia's Economic Transition", *American Economic Review*, 1998.

Canning, M., *The Modernization of Education in Russia: World Bank Report*, Moscow: World Bank Russia Office, 2004.

Carnoy, Martin, "Rates of Return to Education", *The International Encyclopedia of Economics of Education*, 1995.

Carnoy, M. & Dossani, R., "Goals and Governance of Higher Education in India", *Higher Education*, Vol. 65, No. 5, 2013.

Carnoy, M., Loyalka, P. & Dobryakova, M., et al., *University Expansion in a Changing Global Economy: Triumph of the BRICs?* California: Stanford University Press, 2013.

Carnoy, M. & Samoff, J., *Education and Social Transition in the Third World*, Princeton: Princeton University Press, 1990.

Castells, M., "The University System: Engine of Development in the New World Economy", *Revitalizing Higher Education*, Vol. 1994, 1994.

Chaudhary, L., Musacchio, A., Nafziger, S., et al., *Big BRICs, Weak Foundations: The Beginning of Public Elementary Education in Brazil, Russia, India, and China*, No. w17852, National Bureau of Economic Research, 2012.

Clark, Burton, *The Higher Education System; Academic Organization in Cross-National Perspective*, Berkeley: University of California Press, 1983.

Dale, S. B. & Krueger, A. B., "Estimating the Payoff to Attending a

More Selective College: An Application of Selection on Observables and Unobservable", *The Quarterly Journal of Economics*, Vol. 117, No, 4, 2002.

De Brauw, Alan, and Scott Rozelle, "Reconciling the Returns to Education in Off-Farm Wage Employment in Rural China", *Stanford University*, 2006.

Denisova, I., & Kartseva M., "Advantages of Education in Engineering: Estimates of Returns to Educational Specialization in Russia", *Moscow: State Research University Higher School of Economics Working paper# WP3/2005/02*, 2005.

Fan, E., Meng, X., Wei, Z., et al., *Rates of Return to University Education: The Regression Discontinuity Design*, No. 4749, Institute for the Study of Labor (IZA), 2010.

Fleisher, B. M. & Chen, J., "The Coast-noncoast Income Gap, Productivity, and Regional Economic Policy in China", *Journal of Comparative Economics*, Vol. 25, No. 2, 1997.

Gallego, F. A., "Historical Origins of Schooling: The Role of Democracy and Political Decentralization", *The Review of Economics and Statistics*, Vol. 92, No. 2, 2010.

Garrett, G., "Shrinking States? Globalization and National Autonomy", *The Political Economy of Globalization*, 2000.

Gerschenkron, A., *Economic Backwardness in Historical Perspective: A Book of Essays*, Cambridge, MA: Belknap Press of Harvard University Press, 1962.

Gimpelson, Vladimir & Rotislav Kapelushnikov (Eds.), *The Russian Worker: Education, Occupation, Qualifications*, Moscow: National Research University Higher School of Economics, 2011.

Gorodnichenko, Y. & Sabirianova Peter, K., *Returns to Schooling in Russia and Ukraine: A Semiparametric Approach to Cross-Country Comparative Analysis*, No. 1325, Institute for the Study of Labor (IZA), 2004.

Hirst, P. & Thompson, G., *Globalization in Question*, Cambridge: Polity Press, 1999.

Jain, U. C. & Nair, J., "Encyclopedia of Indian Government and Politics", Vol. 7, Centre-state Relations, Jaipur: Pointer Publishers, 2000.

Jayasuriya, K., "Globalization and the Changing Architecture of the State: the Regulatory State and the Politics of Negative Co-ordination", *Journal of European Public Policy*, Vol. 8, No. 1, 2001.

Jervis, R., *System Effects: Complexity in Political and Social Life*, New Jersey: Princeton University Press, 1998.

Kanikov, F. & O. Trunkina, "Orientation of High School Students towards Education in Engineering", *Socis*, No. 11, 2004.

Kapur, Devesh, "Indian Higher Education", *American Universities in a Global Market*, 2010.

Keeves, J. P. and Adams, D., "Comparative Methodology in Education", *The International Encyclopedia of Education* (*2nd*), 1994.

Kohli, A., "Can Democracies Accommodate Ethnic Nationalism? Rise and Decline of Self-determination Movements in India", *The Journal of Asian Studies*, Vol. 56, No. 2, 1997.

Kohli, A., *Democracy and Discontent*, *India's Growing Crisis of Governability*, New York: Cambridge University Press, 1990.

Krueger, A. B. & Lindahl, M., "Education for Growth: Why and for Whom?", *Journal of Economic Literature*, Vol. 39, No. 4, 2001.

Kuhns, K. M., *Globalization of Knowledge and its Impact on Higher Education Reform in Transitioning States: the Case of Russia*, Stanford University, 2011.

Levin, H. M. & Xu, Z., "Issues in the Expansion of Higher Education in the People's Republic of China", *China Review*, 2005.

Li, H., "Higher Education in China: Complement or Competition to US Universities?", *American Universities in a Global Market*, University of Chicago Press, 2010.

Liu, Z., "Earnings, Education, and Economic Reforms in Urban China", *Economic Development and Cultural Change*, Vol. 46, No. 4, 1998.

Loyalka, P. & J. Zhou, "Resource Allocation Models in Chinese Universities", *Peking University*, CIEFR Working Paper, 2011.

Loyalka, P. K., *Three Essays on Chinese Higher Education After Expansion and Reform: Sorting, Financial Aid, and College Selectivity*, Stanford University, 2009.

Loyalka, P., Wei, J. G., & Zhong, W., *Mapping Educational Inequality from the End of Junior High School through College in China*, CIEFR Working Paper, 2011.

Lucas, S. R., "Effectively Maintained Inequality: Education Transitions, Track Mobility, and Social Background Effects", *American Journal of Sociology*, Vol. 106, No. 6, 2001.

Maurer-Fazio, M., "Earnings and Education in China's Transition to a Market Economy Survey Evidence from 1989 and 1992", *China Economic Review*, Vol. 10, No. 1, 1999.

Mayntz, R., "University Councils: An Institutional Innovation in German Universities", *European Journal of Education*, Vol. 37, No. 1,

2002.

Ministry of Education, Government of India, *Challenge of Education: A Policy Perspective*, New Delhi: Controller of Publications, 1985.

Ministry of Education, Government of India, *Education and National Development* (*Reports of Education Commission*, 1964 – 1966), Repr, Edition, New Delhi: National Council of Education Research and Training, 1971.

Ministry of Human Resource Development (MHRD), *Statistics of Higher & Technical Education*, 2009 – 2010, New Delhi: Bureau of Planning, Monitoring & Statistics, 2011.

Mohrman, K., "The Emerging Global Model with Chinese Characteristics", *Higher Education Policy*, Vol. 21, No. 1, 2008.

Naik. J. P., *The Education Commission and a After*, New Delhi: University Grants Commission, 1982.

Neves, C. E. B., "Using Social Inclusion Policies to Enhance Access and Equity in Brazil's Higher Education", *Financing Access and Equity in Higher Education*, Brill Sense, 2009.

NUNES, S. D. O., CARVALHO, M. D., & ALBRECHT, J. V. D., "A Singularidade Brasileira: Ensino Superior Privado E Dilemas Estratégicos Da Política Pública", Observatório Universitário, 2009.

Organization for Economic Cooperation and Development (OECD), *Economic Surveys: China*, Vol. 2010/6, Feb., Paris: OECD, 2010a.

Organization for Economic Cooperation and Development (OECD), *Education at a Glance* 2011: *OECD Indicators*, Paris: OECD, 2011.

Organization for Economic Cooperation and Development (OECD), *Higher Education Finance and Quality*, *IV.* 18, *Governance in China*, Paris: OECD, 2005.

Park, A., Cai F. & Du Y., "Can China Meet Her Employment Challenges", *Growing Pains: Tensions and Opportunities in China's Transformation*, 2010.

Planning Commission, "*Tenth Five-Year Plan* 2007 – 2012", New Delhi: Government of India, 2008.

Psacharopoulos, G., "Returns to Education: A Further International Update and Implications", *Journal of Human Resources*, 1985.

Psacharopoulos, G., "Returns to Investment in Education: A Global Update", *World Development*, Vol. 22, No. 9, 1994.

Raleigh, D. J., (Ed.), *Russia's Sputnik Generation: Soviet Baby Boomers Talk about Their Lives*, Bloomington: Indiana University Press, 2006.

Schwartzman, S., "Brazil's Leading University: Between Intelligentsia, World Standards and Social Inclusion", *Instituto de Estudos do Trabalho e Sociedade*, *Rio de Janeiro*, *Brazil*, *Obtenido el*, 2005.

Schwartzman, S., "Equity, Quality and Relevance in Higher Education in Brazil", *Anais da Academia Brasileira de Ciências*, Vol. 76, No. 1, 2004.

Schwartzman, S., "Equity, Quality and Relevance in Higher Education in Brazil", *Anais da Academia Brasileira de Ciências*, Vol. 76, No. 1, 2004.)

Shavit, Y., (Ed.), *Stratification in Higher Education: A Comparative Study*, Stanford: Stanford University Press, 2007.

Shi, Y. & Rao, Y., "China's Research Culture", *Science*, Vol. 329, No. 5996, 2010.

Tilak, J. B. & Cubas, A. G., "Private Sector in Higher Education: A Few Stylized Facts", *Quality*, *Access and Social Justice in Higher Ed-*

ucation, 2011.

Tilak, J. B. & Rani, P. G., "Changing Pattern of University Finances in India", *Journal of Services Research*, Vol. 2, No. 2, 2002.

University Grants Commission, *Annual Report* 2002 – 2003, New Delhi: University Grants Commission, 2003a.

Wittrock, B., "The Modern University: The Three Transformations", *The European and American university since*, 1800, 1993.

Yang, D. T., "Determinants of Schooling Returns During Transition: Evidence from Chinese Cities", *Journal of Comparative Economics*, Vol. 33, No. 2, 2005.

Zajda, J. & Zajda, R., "Policy Shifts in Higher Education in the Russian Federation: Autonomy, Standards, and Quality", *European Education*, Vol. 39, No. 3, 2007.

Zhang, J., Zhao, Y. & Park, A., at al., "Economic Returns to Schooling in Urban China, 1988 to 2001", *Journal of Comparative Economics*, Vol. 33, No. 4, 2005.

三 网络资料

DNA-ZEE NEWS SURVEY: IIT-K is India's topengg college, http: //www. srmuniv. ac. in/downloads/24sunday-pg-final. pdf, 2012.

The Global Competitiveness Index, http: //www. weforum. org/pdf/Global_ Competitiveness_ Reports/gcr_ 2006/chapter_ 1_ 1. pdf.

Rediff. com: New IITs: A long Journey ahead, http: //us. rediff. com/money/2005/may/25iit. htm.

百度百科：金砖国家，http://baike. baidu. com/view/49702 23. htm? fr = aladdin。

国家计委，教育部，财政部：为科教兴国奠基——“211 工程”

“九五”建设成就综述，http：//www. people. com. cn/GB/paper39/7174/693180. html。

教育部、财政部：《教育部　财政部关于同意“985 工程”二期建设项目可行性研究报告立项的通知》（教重〔2004〕1 号），http：//edu. qq. com/a/20090109/000158_ 2. htm。

教育部和财政部（2001）：“211 工程”“九五”期间工作总结，http：www. moe. edu. cn/edoas/website18/levell2. jsp？ tablename = 724infoid = 5608。

2014 年世界各国人口排名，http：//www. sundxs. com/phb/11625. html。

新浪财经：高等教育人数：中国将达 3700 万，远超美国，http：//finance. sina. com. cn/stock/usstock/c/20140830/185420169564. shtml。

中国金融信息网：“金砖先生”奥尼尔：南非与“金砖四国”有差距，http://www. xinhua08. com/news/gjcjyw/hqcx/201101/t20110107_ 217030. html。

中国作文网：世界各国国土面积排名，http：//www. zw7. net/guotumianjipaiming. htm。

后　记

从跨国比较的角度，对高等教育转型中的国家行为进行整体的、综合的、系统的、多学科的研究，是一个极富挑战性，也极具理论与实践意义的课题。众所周知，以政府为主导自上而下的改革逻辑，是反思当代中国高等教育转型的关键线索之一。对高等教育转型中政府行为的研究，有助于深化对我国高等教育系统变革的认识并促进治理决策的科学化和现代化。

2009 年至 2012 年，我在兰州大学攻读硕士学位期间，主要从事高等教育的市场改革研究。从伯顿·克拉克的经典三角，到范富格特的“国家控制模型”和“国家监督模型”，仍然难以涵盖一些较为复杂的国家案例。我牛刀小试，以新制度经济学的交易成本理论和委托代理理论为基础，构建了一个高等教育管理的三维混合管理模型，并以此为理论框架分析了新中国成立以来我国高等教育管理模式的嬗变过程。在这一研究过程中，我萌生了对高等教育转型中国家或政府行为进行更为深入的历史和比较研究的想法。

如何理解国家作为一个“行动者”在高等教育领域做出的行为？传统的比较教育学研究大多隐含一个前提：现代化是民族国家高等教育改革与发展的过程特征，其结果是形成现代意义的高等教育体系。然而，现代化范式往往以西方发达国家的发展经验作为评判非西方社会及文化的标准，并进而引申出与西方国家发展路径趋同的对策建议。这种范式最终形成一种“依附性假象”，将非西方社会的变革过程视为一种被迫的、缺乏主体动力的、追随学习西方国家的过程，西方思想的冲击则是整个过程的主要驱动力。在国家于社会发展中履行的职能方面，西方政治学研究也多倾向于将后发的发展中国家视为一种“掠夺性国家”，即国家是掠夺或剥削的产物，是统治者掠夺或剥削被统治者的工具。它遵循统治者租金最大化原则，而非国民福利的最大化。事实上，在本书的研究对象——“金砖四国”开始现代化转型（20 世纪 80 年代）以前，四个国家的确采取了以意识形态为导向的掠夺性发展模式，国家成为实现某种意识形态教条的工具，并未形成整合社会资源的机制。然而，本书认为，在此之后“金砖四国”正从“掠夺性国家”向“自主性国家”转型。四国政府扮演的并不是一个利益集团或某个特定阶级的利益工具，也不是一个仅会简单机械模仿西方社会的国家机器。它们已经具备基于独立社会利益以及外部压力进行决策和变革的能力，逐步转型成一种自主的、关注社会长远利益的政府。而四国政府在高等教育领域发起的变革就是上述转型的有机构成。

那么，有主观能动性的政府会如何行动，其行动的终极目的又何在呢？本书认为，政府作为一个组织，其任何行为的终极目的都是社会的长治久安，即形成一种长久稳定的社会秩序来维持其统治地位。政府的政治合法性对这一秩序至关重要，即政府实施的统治在多大程度上被公民视为合理和符合道义。传统社会统治者的政治合法性主要依靠君主世袭和暴力革命获得，但在现代社会已不再可能。在现代化转型的过程中，“金砖四国”政府主要通过完善民主法治、提升经济绩效和提供公共服务来获得政治合法性，高等教育的变革也被纳入这一框架。高等教育是最为重要的一项公共服务，尤其在教育收益率非常高的国家。在知识经济时代，大学因其知识生产的功能成为社会的轴心机构。因此，改善高等教育系统的资源配置，提升其生产效率，成为民族国家包括“金砖四国”政府获得政治合法性的重中之重。那么，“金砖四国”会不会与其他发达国家类似，像新自由主义主张的“限制政府，鼓吹自由”那样行动呢？

本书主张从“冲击—回应”的模式来看待四国政府的选择性行动。“金砖四国”并不会选择限制政府，因为四国在其现代化转型之前都有过“政府主导”的发展经历，这是他们共有的历史基因，也成为他们转型之初的制度内核。费正清对中国的研究经验表明，一个社会一旦形成传统，就具有巨大的稳定性，即使有发展，也不过是内部稍作调整，除非外来作用，否则难以跳出传统的窠臼。这就是著名的“冲击—回应”模式。那么，四个国家是如何围绕“政府主导”这一内核，来回应内外冲击的呢？我们认为，对内要满足人民对高等教育日益增加的需求，对外要利用大学的知识生产来回应知识经济的冲击。因此，“金砖四国”自20世纪80年代开始在其高等教育领域不约而同地发起以下两种行动：其一，开启高等教育大扩招的浪潮，以满足人民群众对高等教育的需求；其二，建设研究型大学来回应知识经济的诉求。与西方发达国家不同的是，作为后发国家，“金砖四国”的最大现实就是资源有限，借鉴新自由主义的做法，成本分担和权力分化等政策工具被有效地运用到上述国家行动中。然而，与欧美等发达国家和地区高等教育治理本质不同，西方国家的高等教育转型是循着“自下而上”的自发秩序来逐渐构建起现代大学的逻辑，“金砖四国”则是通过“自上而下”的路径来达成自己的目标。其中的重大区别在于前者反复强调要弱化政府的作用，而以“金砖四国”为代表的发展中国家却倾向于强化政府在高等教育转型中的作用。

在上述理论构思的基础上，本书分析框架得以形成。主体六章分别阐述“金砖四国”高等教育转型的形态：即高等教育大众化（数量扩张）、研究型大学建设（精英延续）；高等教育转型的动力：高等教育收益率（内部冲击）、知识经济与创新（外部冲击）；高等教育转型的机制：成本分担与分化（融资变革）、政府控制与分权（权力变革）。通过大量的文献查阅和数据收集，对上述理论框架进行了检验，基本证实了我们的理论猜想。这一发现具有深刻的理论意义，丰富了我们关于高等教育领域国家主义的猜想，也加深了我们对于国家如何以及为何干预高等教育发展的理解。

本书是在我的博士学位论文《“金砖四国”的高等教育转型研究》基础上完成的。论文得到了恩师陈·巴特尔先生深入细致的指导。作为先生的开门弟子，承蒙先生不弃让我得其亲炙。无论是学业、工作还是生活，先生都给予我春风化雨般的熏陶与指导。此外，文章还得到了林荣日、陈洪婕、李素敏、和学新、查强等教授的指点和帮助，在此向他们表示衷心的感谢。中国社会科学出版社的马明编辑和我的开门硕士生王娇同学在书稿的编审和校对过程中付出了很多辛苦。值此书出版之际，谨向他们表示深深的谢意。

萨缪尔森曾说：“一如既往，在做那些能够给我带来纯粹乐趣的事情的时候，我的所得远大于付出。”学术之路漫漫，我心亦然。

孙伦轩

2019 年夏于御溪园